◎ 本成果为凯里学院马克思主义理论校级重点学科建设

U0518695

知识产权刑法保护要论

穆伯祥◎著

知识产权出版社

全国百佳图书出版单位

图书在版编目（CIP）数据

知识产权刑法保护要论/穆伯祥著 . —北京：知识产权
出版社，2016.1
ISBN 978-7-5130-3840-9

Ⅰ . ①知… Ⅱ . ①穆… Ⅲ . ①知识产权保护—刑法—研究—中国
Ⅳ . ①D924.04

中国版本图书馆 CIP 数据核字（2015）第 241303 号

内容提要

　　本书立足于知识产权犯罪罪刑规范的进一步完善及刑法司法保护效能的提高，阐释了知识产权刑法保护的价值取向、功能发挥机制，并就近年知识产权犯罪定罪与刑罚适用中的突出问题进行了专门研究。

责任编辑：宋　云　　　　　　　　责任校对：董志英
封面设计：邵建文　　　　　　　　责任出版：刘译文

知识产权刑法保护要论

穆伯祥　著

出版发行：知识产权出版社有限责任公司　　　网　　址：http://www.ipph.cn
社　　址：北京市海淀区马甸南村 1 号　　　　天猫旗舰店：http://zscqcbs.tmall.com
责编电话：010-82000860 转 8388　　　　　　责编邮箱：songyun@ cnipr.com
发行电话：82000860 转 8101/8102　　　　　　发行传真：010-82000893/82005070/82000270
印　　刷：三河市国英印务有限公司　　　　　经　　销：各大网上书店、新华书店及相关专业书店
开　　本：720mm×1000mm　1/16　　　　　　印　　张：15
版　　次：2016 年 1 月第 1 版　　　　　　　　印　　次：2016 年 1 月第 1 次印刷
字　　数：243 千字　　　　　　　　　　　　定　　价：46.00 元

ISBN 978-7-5130-3840-9

目 录

第一章　知识产权刑法保护的价值取向

知识产权是具有人身性和财产性的权益，刑法作为一种强力手段介入对知识产权的保护是必要的。但是，刑法手段的本质是痛苦性，其对知识产权的保护是应积极还是适度，其介入的旨趣是保护知识产权权利人的利益还是维护创新和竞争秩序的公平性，公权力对私权保护的介入程度究竟有多大，这是知识产权刑法保护理论需要探讨解决的问题，刑法中涉及知识产权内容的修订与完善，尤其是知识产权违法行为入罪化、知识产权犯罪非罪化时应思考的问题。

第一节　研究综述

我国已有学者就刑法保护知识产权的价值取向问题进行了相关探讨，这些研究从不同的视角围绕刑法介入知识产权的深度和方向而展开，推进了对这一命题的认识。

一、主要观点

（一）"权利为本，兼顾秩序"说

田宏杰教授在其《论我国知识产权的刑事法律保护》一文中阐述了自己的见解。她认为，"知识产权的刑事法律保护只有立足于权利本位的立场，在倡扬私权的同时，兼顾秩序，一种真正科学、有效的知识产权市场体系和市场机制才能建立起来；反之，不以'权利'为本位而构建的知识产权刑事法律保护体系，其对知识产权的保护作用只能是有限的、残缺不

全的"。❶

　　田教授认为，从学术上看，通过刑事法律保护知识产权往往是基于"私人财产权之保护""竞争秩序之维护"两种理论。不同国家的理论基本是就何种利益更为偏重而相互区分。就美国而言，其刑事理论偏重于前者。该国往往认为，知识产权作为个人所拥有的无形的财产权益，知识产权严重侵权行为给所有人造成了严重的经济损失。不仅如此，一定的知识产权又关乎社会公共利益，知识产权保护不足，会导致消费者利益受损，造成相关工业的投资数量减少，减缓经济发展速度。在我国，理论上往往认为应偏重于对后者的保护。主要理由在于，侵犯知识产权的严重危害行为，不仅会损害到知识产权权利人利益，更重要的是破坏了正常的市场竞争秩序。所以，我国的罪名体系中，是将侵犯知识产权犯罪作为破坏社会主义市场经济秩序罪而加以规定的。

　　保护财产权与维护市场竞争秩序都是现代知识产权制度的重要功能，无论强化哪一方面，都在情理之中。不过，中美两国在知识产权刑事法律保护侧重点上的差异显现出二者在价值本位、制度设计和社会效果上存在的差别。田教授认为，按照美国的刑事立法保护精神，盗版犯罪行为的危害性主要是对版权所有人私人财产权的侵害，因而，版权受害人因犯罪行为而遭受的经济损失是决定版权犯罪行为社会危害程度的主要因素，相应地，区分版权犯罪与非罪、此罪与彼罪的数量标准就主要是考察复制、销售的侵权作品数量及零售价值。对于我国而言，法律保护的重点是强调维护公平的市场竞争秩序，例如在侵犯著作权犯罪的成立要件上，不论是我国1994年通过的《关于惩治侵犯著作权犯罪的决定》，还是《中华人民共和国刑法》（以下简称《刑法》）中均要求需达到"违法所得数额较大"。田教授认为，在著作权侵权案件呈急剧上升势头的情况下，著作权犯罪案件反而出现逐年递减的不协调趋势，个中原因可能源于此。对于我国知识产权刑事法律保护应当倡扬私权还是强调秩序，田教授认为，对该问题，应先明确市场交易的本质及其运行规律。由于商品交换是不同商品所有者的劳动交换，交换前，商品所有者应该承认对方是经济权利的享有者。此

---

　　❶ 本部分有关论述来自于田宏杰教授的《论我国知识产权的刑事法律保护》一文，参见田宏杰. 论我国知识产权的刑事法律保护［J］. 中国法学，2003（3）：144－145.

具有契约形式的法权关系的核心就是所有者的权利。商品经济从根本上更是一种交换经济，交换从法律角度而言就是权利的互相让渡。从中可以看出，田教授更倾向于主张刑法应保护好知识产权人的权益。

（二）"利益平衡"说

该类观点认为，知识产权的刑法保护应注重不同利益之间的平衡，如吴宗宪教授即提出，知识产权的刑法保护中，应坚持对私权和公众利益的平衡；❶ 王瑞女士认为，知识产权的综合保护中，应协调好国家与国家之间的利益平衡、国内企业与国外企业之间的平衡、权利人利益与社会公众利益之间的平衡。❷

吴宗宪教授认为，"知识产权刑法保护制度的建立和实施，应当考虑这种法律制度的主要目的究竟是保护产权私有，还是促进知识共享？毫无疑问，为了发展知识经济和促进科技创新，必须保护知识产权；同样，为了公共利益和促进社会进步，应当考虑知识共享。因此，只有在保护知识产权的基础上注意平衡权利人与社会公众之间的利益，知识产权的刑法保护才能在一个合理的边界内运行，正义这一刑法所追求的终极价值目标才有可能得以实现。否则，所设计和实施的知识产权刑法保护制度就可能既损害知识产权人的利益，又伤害社会公众的利益"。❸

（三）"利益平衡、功能适度、战略国际保护"说

也有一些学者从多个层面综合认识知识产权刑法保护制度的作用，杨玲梅副教授即是其中的代表之一。其从刑法功能的强度大小、保护战略究竟是国内还是国际等视角，分析了知识产权刑法保护的价值取向。

杨玲梅老师认为，❹ 从传统的社会观念看，人们大都断定一旦将知识产权确认为私有，给予智慧财产的创造人以过度的法律保护，就会容易遏制知识的传播和应用，进而阻碍社会的进步和发展。但是，人们须承认，如果要充分发挥知识产权的激励创新机能，就应扩大知识产权保护的范围。二者如何协调呢？是应以保护产权私有为己任，还是积极促进知识产

---

❶ 吴宗宪. 知识产权刑法保护的基本理念［J］. 山东警察学院学报，2010（1）：8.
❷ 王瑞. 知识产权综合保护的利益平衡［J］. 中国国情国力，2009（7）：46－47.
❸ 吴宗宪. 知识产权刑法保护的基本理念［J］. 山东警察学院学报，2010（1）：8.
❹ 其观点及本书所引内容源于杨玲梅老师的《我国知识产权刑法保护的价值取向评析》一文，参见杨玲梅. 我国知识产权刑法保护的价值取向评析［J］. 理论月刊，2009（1）：105.

权共享？其认为，上述利益价值取向的不同，根植于社会中普遍存在的利益冲突，具体表现为个人利益与社会公众利益的冲突。强调刑法的人权保障机能，在一定程度上意味着社会保护机能的弱化；突出刑法的社会保护机能，则在一定程度上意味着人权保障机能的弱化。因此，在对知识产权的保护与限制中，也存在着社会整体与个人私权之间的冲突与平衡。不同的利益主体出于不同的利益需要而产生冲突就成为必然的结果，知识产权刑法保护制度的利益立场也是如此。所以，利益平衡原则作为现代法的精神之一，也成为建构知识产权刑法保护体系所应遵循的首要原则。在对知识产权的刑法保护范围上，既要承认知识产权为私权，又要兼济知识产权制度的公共利益目的。只有在保护知识产权私有的同时，注重权利人与社会公众间的利益平衡，对知识产权的刑法保护才可能良好运行。

对于功能价值的取向，其认为，刑法功能应"适度"。刑法功能作为刑法可能发挥的积极作用，是纯理性，其实际作用和发挥应在刑法典中表现出来。在刑法对知识产权犯罪的功能价值中，"谦抑"还是"干预"，这两种对立的主张一直存在着。"谦抑精神"论者主张，应将现行法律规定为犯罪行为的不再作为犯罪，改为行政处罚、民事处罚或不处罚。这是因为，刑法具有不完整性和最后手段性，而刑罚则是"不得已的恶"，不到万不得已不能轻易动用。知识产权究其性质，尽管具有"知识共享"的要求，但是本质乃是"私权"，对于侵犯知识产权的行为，通过民事、行政制裁两道防线足以抗制。而且从整个社会情况来看，社会公众对知识产权犯罪认知程度很低，对此类犯罪保持了相当的容忍度。如果一味地运用刑法制裁，势必使法律与社会公共道德发生矛盾，这将会使刑法的有效性大打折扣。因此，当前应将侵犯知识产权犯罪非罪化，对于严重侵犯知识产权的行为通过加强民事、行政制裁手段而予以抑制，是符合我国社会发展实际需要的，是能够收到实效的。"刑法干预"论者则主张，严重侵犯知识产权行为长期以来在我国一直没有作为犯罪处理，此类犯罪缺乏社会公众的一致认同，目前此类犯罪行为呈上升趋势，不仅严重侵犯了权利人的人身权和财产权，也破坏了我国的知识产权制度、市场经济秩序和整个社会尊重知识、崇尚科学的良好风尚，阻碍了我国知识创新的进程和国家经济的增长，必须运用刑罚予以抗制。我国现行刑法典虽然设专节规定了七种有关知识产权的犯罪，但是立法保护的侧重点在于社会公共利益，而不在私人财产权，是不利于刑法对侵犯知识产权犯罪有效打击的，并且规定的罪名过简、过少，是不能完全适应对知识产权保护需要的。应将侵犯专利申请权的行为、反向假冒商标的行为、没有营利目的的严重侵犯著作权的行为予以犯罪化。从侵犯私人财产权的角度，适当提高法定刑的幅度，将罚金刑上升为主刑。虽然我国已经毫无争议地将知识产权纳入刑法的保护范围，但是如果过度地推崇刑法对知识产权的保护，试图以"泛犯罪化模式"来实现遏制知识产权侵权行为的发生率，可能暂时会产生一定功效，但其负面作用会更加突出。因此，理论界所谓的知识产权"谦抑精神""刑法干预"都不是绝对的，在一个适度的范围和力度内对侵犯知识产权罪进行刑法保护才是我国树立知识产权法律保护独立品格的最佳选择。❶

　　在战略价值选择上，杨玲梅老师认为，从长期来看应坚持"国际保护"策略。知识产权作为衡量一个国家是否具有国际竞争力的标志之一，以发达国家和发展中国家区分，存在两种不同的战略价值模式，即"国际保护"与"本土保护"。前者要求知识产权的保护必须符合国际条约和发达国家的要求；后者则主张知识产权保护要与本国经济发展水平相一致。一般而言，由于发达国家拥有目前世界上绝大部分的知识产权，而知识产权的性质又赋予权利人一定时期内的"技术垄断地位"，这使得发达国家希望在技术范围内通过加强对知识产权的保护以获得更多的利润；与之相反，发展中国家为促进本国民族产业的发展，摆脱在国际贸易中的不利地位和对发达国家的技术依赖，一般力主"本土保护"战略。在上述两种战略价值选择中，我国对知识产权的刑法保护并没有表现出单一性，并且在特定时期会出现二者兼顾的状态。杨梅玲老师认为，战略价值的选择应当权衡其利弊，不但要考虑对现实发展的作用，更要考虑对长远发展的影响。要做到这点，必须妥善处理好国际保护与本土保护的关系。首先，应当清晰地看到随着经济全球化、国际市场一体化趋势的不断加剧，法制的趋同已成为扩大对外贸易、参与国际市场竞争的先决条件。知识产权的地域性特征无法消除各国知识产权保护标准越来越向国际化、全面化、实效化和可操作性发展的轨迹。如《保护工业产权巴黎公约》《建立世界知识

---

❶　杨玲梅．我国知识产权刑法保护的价值取向评析［J］．理论月刊，2009（1）：105.

产权组织公约》和 TRIPs 协议等一系列国际公约的陆续制定和生效就是明证。而且，我们也必须承认：知识产权制度的健全与完善往往会促进科技的发展与经济的繁荣；而知识产权保护的缺失则可能导致一个国家科技落后、经济发展缓慢。所以，无视这些客观情况而一味抵触对知识产权的国际保护的观点是不可取的。因此，从长远的发展趋势出发我们必须放弃"本土保护"的价值取向。放任侵权行为乃至犯罪行为，从表面上看降低了成本，节省了资金，减少了对其他国家的工业依赖，"保护"了民族产业，而从实质上看，它培养的是一种消极懈怠、不思进取的社会氛围。智力成果得不到有效保护，最终将不利于本国经济的增长和参与国际竞争。另外，本土保护是以牺牲智慧财产开发的有效的激励机制为代价的。在本土保护的状态下，刑法的保障功能和威慑功能受到了极大限制，严重侵权行为无法得到根本遏制，知识产权无法得到最终的保护。❶

（四）"保障"说

陈忠林、陈可倩认为，包括刑事手段在内的知识产权多元化保护是必要的，刑法保护发挥了对知识产权的保障作用。

在其看来，知识产权的基本属性决定了知识产权的法律保护应该是多元的，必须综合运用民事、行政和刑事等法律手段。这种保护必须以民法为基础，以行政法为辅助，以刑法为保障。

"知识产权的法律保护必须同时具有以下三个目的：第一，确保从事智力成果创造活动的人能够得到合理补偿。作为知识产权内容的智力成果，是知识产权人在创造智力成果过程中投入的劳动和财产的转化形式，知识产权内容的应用对于社会经济文化的发展具有巨大的促进作用。第二，促使智力成果能够被更多的人分享。作为公共利益和公共意志体现者的法律，在保证社会成员合法利益的同时，负有促进社会公共福祉的义务。第三，确保实现上述目的的法律制度能够正常地发挥功能。为了解决智力成果创造者与社会公共福祉之间的冲突，国家制定了相关的法律，来合理地解决智力成果创造者的利益和社会福祉之间的矛盾。

这些法律及其适用形成了刑法介入之前的知识产权法律制度。一旦这种法律制度失去效用，不仅知识产权人和社会公共利益会受到极大损害，

---

❶ 杨玲梅. 我国知识产权刑法保护的价值取向评析 [J]. 理论月刊, 2009 (1)：105 - 106.

而且国家权威也会受到损害，因此，国家还有必要使用特殊法律手段来保护知识产权法律制度的正常运行。"❶

二、观点评价

上述有关对知识产权的刑法保护价值取向的分析，积极探讨了刑法在知识产权保护中的作用，丰富了学界对知识产权刑法保护价值取向的认识，为学界进一步探究刑法在知识产权保护中的价值提供了良好的学术资源和研究样本。

笔者认为，上述探讨并非是完全基于"刑法在知识产权保护中的价值取向"这一命题而展开，多数是围绕"刑法在知识产权保护中的功能"来探讨。"价值"与"功能"是不同的范畴，"价值"探讨的是客体基于自身的价值属性而对主体的意义，同一事物对于不同的主体具有不同的意义；而功能针对的是事物对主体的有用性。我们探讨刑法对知识产权保护的价值，目的在于明确刑法的存在及运行在知识产权保护上的能力，并减轻其消极影响。

对于刑法在知识产权保护上的价值及其取向选择，笔者认为，刑法作为调整社会关系、规范社会行为的强力手段，其存在和良好的运行有利于维护包括知识产权在内的权益受到尊重并有机流转。同时，由于我国整体创新能力尚未达到一定水平，知识产权权利保护体系在维护权利人权益的同时，也不能使知识创新成果因无权利人的授权或许可而无法在社会中得到一定运用。在他人侵权的情形下，刑法介入的必要性在于维护社会正义，但也应顾及强力冲动，刑事制裁不应过多、过强。

第二节　维护正义与恪守谦抑

在法治社会中，任何法律手段都具有特定的作用，且相互补充。刑法手段作为最具有"暴力性"的制裁手段，最重要的价值是用最强力的手段

❶　陈忠林，陈可倩. 关于知识产权刑法保护的几个问题［J］. 中国刑事法杂志，2007（3）：16－17.

进一步确认权利关系，稳定特定的社会关系，消除权利质疑和侵害，使正义得以彰显。作为国家与社会管理者，利用刑法原理，设计知识产权犯罪的罪刑规范，并正确、合理地实施刑事司法，其追求的首先应是恶必惩、罪必罚。

一、感受正义的存在是知识产权人权益受侵后的正当法律心理需求

法治社会中，任何行为人都是法律关系运动的主体，既受法律制约，又受法律保护。越是法治意识浓厚、深入的社会，对遵法、守法和渴望得到法律保护的需求越强。在知识产权权利受到侵犯的情形下，受害人对侵权应当得到制止和"要一个说法"的心理较为普遍。对侵权淡然处之，一笑而过者，鲜有此人。

2014 年，广东省检察机关共批捕侵犯知识产权犯罪案件 1719 件 3122 人，起诉 1537 件 2701 人，批捕和起诉人数分别比 2013 年上升 67.8% 和 51.7%。❶ 对刑法作为的期待中，刑法是否能满足权利人对正义的渴望，将严重影响权利人对法律正义的感知。知识产权罪刑规范是否具备，是否健全？知识产权罪刑结构是否合理？知识产权犯罪的追诉是否及时？刑事制裁结果是否恰当？受害人的财产权益是否得到有效救济？这些问题将直接影响受害人对刑法正义的认识。由是，我们在制定知识产权犯罪构成要件前，应认真调研知识产权犯罪的当前发案情形和规律，对部分新型严重侵权行为需要刑法调整的，应及时予以"犯罪化"，而对已有的某些犯罪罪行规范，应予以合理修正，以便从立法上为正义的追寻寻求到法的正当依据。

二、正义的能否实现是衡量知识产权人权益救济成效的必要标尺

对于受害人而言，救济程序固然重要，但更重要的是随之而来的正义能真正实现。刑事程序的启动会给受害人带来安慰，但这距离其对正义的

---

❶ 朱香山，韦磊，王磊. 广东检察机关通过办案发现侵犯知识产权犯罪仍呈高发态势［N］. 检察日报，2015 – 04 – 26（01）.

期待还很远。权益能否得到切实捍卫？损失能否得到赔偿？犯罪人能否得到制裁？这一切都关乎知识产权受害人的切身利益，是其对正义存在的自身理解。很难想象，一个受害人在犯罪人得不到制裁、自己经济损失无法得到赔偿的情况下，会感受到正义的温暖。

不同于普通的暴力犯罪，知识产权犯罪人的犯罪动机多在于牟利，给知识产权权利人带来的损失也多是财产利益现实损失和可期待经济利益的损失。为此，知识产权犯罪的刑事追求，不仅要使犯罪人受到公正惩罚，还应努力使受害人的利益尤其是经济利益得到适度赔偿或挽回。于是，办案机关在每一程序中，均应充分考量受害人利益的维护，最大限度地维护受害人的权益，使受害人充分感受到正义的存在。

三、刑法手段的严厉性决定了其在保护知识产权时的审慎、克制

刑法手段因其"暴力性""痛苦性"而成为法律制裁手段中的最强者，但这也决定了其一旦适用于犯罪人，带来的"杀伤性"也是极强的。知识产权犯罪因犯罪手段的特定性和侵害对象的专属性而使犯罪的社会危害面得以控制在一定范围内，公众对该类犯罪的容忍度较普通犯罪而言较强，在犯罪态势稳定的情况下，扩大知识产权犯罪圈、提高知识产权犯罪刑罚量均不可取。在知识产权犯罪体系既定的情况下，也不宜过度消耗刑事司法力量，过多过频动用专门力量，强力介入知识产权纠纷。知识产权纠纷的解决核心是秩序维护和利益维护，只要有效解决了这两大核心，就可以优先依法使用其他法律手段，但不能将刑法手段作为优选项。

第二章　知识产权刑法保护功能的发挥机制

刑法对于知识产权保护具有指引、评价、修复、补偿等方面的积极功能，也正是刑法所具有的功能所在，具体在知识产权保护方面，众多国家不仅在刑法规范中确立了知识产权犯罪，而且还加强了知识产权的刑事司法活动。在人类社会的发展进程中，权益多是既不能自然而然获取，也不会自然而然地受到尊重，需要借助于法律、道德、舆论等力量来维护。在知识经济日益发达的当今，尽管权益意识、权益理念广为人知，不过，单靠遵法、守法还是无益于权益的全面保护。作为最具有暴力色彩的刑法手段对于知识产权的保护在功用、价值上是较为得力的，但是，这一保护功能的发挥、显现并不是自动实现的，需要一套有效的保障机制。

刑法对于知识产权的保护主要是通过刑事立法确立知识产权犯罪以及准确实施知识产权刑事司法来完成的，因而，刑法保护功能是否有效发挥，就主要取决于以下几个因素：第一，知识产权犯罪的刑法规范是否合理、明确、具体；第二，知识产权犯罪的刑事司法运行是否顺畅、公正、合理；第三，民众的知识产权刑事司法观念是否进步，等等。只有上述各环节以及运行中的各要素得以有效保障，刑法对知识产权的保护功能才能充分发挥。下面，综合以上几方面的内容予以论述。

第一节　知识产权犯罪规范的合理、明确、具体

刑法立法是知识产权的刑法保护的端口，没有良好的立法，之后的司法便失去了前提。刑法对知识产权犯罪的介入主要体现为罪名体系与刑罚结构的设定。由此，知识产权犯罪的罪刑规范主要涉及三方面问题：一是

从整体上看，知识产权犯罪的犯罪圈设定是否合理，是否符合社会对知识产权保护的需要；二是知识产权犯罪的刑罚结构配置是否合理，是否符合刑罚发展趋势及治理知识产权侵权活动的需要；三是知识产权犯罪的所有罪刑规范是否明确、具体，是否便于刑法认知、指引与司法适用。

一、知识产权犯罪的犯罪圈设定

犯罪圈是刑法网及的打击范围，脱离了"火力网"的犯罪将依据罪刑法定原则而无法受到刑事追究。因而，针对知识产权犯罪而言，犯罪类别体系以及具体个罪规制得如何，将直接影响对知识产权侵权行为的查处。

知识产权犯罪圈的设定应当符合该时期治理知识产权严重侵权行为的需要，既不能过度介入知识产权保护，使不必要的知识产权侵权行为"犯罪化"，也不能对新型的知识产权严重侵权行为无动于衷，而应根据司法经验、知识产权犯罪规律，分析该类行为的发展趋势以及对知识产权权益人、社会竞争秩序的冲击、破坏程度是否剧烈，该破坏程度的下限是否与一般经济犯罪的危害程度相当，是否超出了社会公众的不法行为容忍限度等，据此确定是否将知识产权侵权行为入罪。

二、知识产权犯罪的刑罚配置

刑罚配置状况是影响知识产权刑法保护效能的重要因素。无论是成文法还是非成文法，对不法行为均必须配置一定的后果才能为行为者指明方向，告诫试法者，惩治违法者。作为最严重的制裁手段，刑罚方法的合理配置对知识产权犯罪的防控十分重要。尽管知识产权犯罪并非普通暴力犯罪，但其严重的危害性决定了其制裁手段必须动用刑罚。那么，哪些刑罚手段可以配置，刑种、刑度是否可以任意呢？

并非如此。在当今世界，刑罚主要由生命刑、自由刑、财产刑和资格刑构成。不过，不同的国家，根据其法文化和国情的不同，其刑罚的具体方法及在该国刑罚体系中的地位并不同。就我国而言，刑法就知识产权犯罪确立了以自由刑、罚金刑为主的刑罚结构形式。第一，刑法对四种严重侵犯著作权所构成的犯罪规定了单处或并处罚金、拘役及最高刑为 7 年的有期徒刑。第二，在对专利权的保护中，《刑法》第 126 条明确规定对"假冒他人专利，情节严重的，处 3 年以下有期徒刑或者拘役，并处或单处罚金"。第三，非法使用、销售、伪造、擅自制造注册商标（标识）情节严重的，并处或单处罚金、管制、拘役及最高刑为 7 年的有期徒刑的刑罚。

那么，是否应该提高知识产权犯罪的自由刑刑度或刑种呢？笔者认为，对于知识产权犯罪而言，其刑罚配置应依据该类犯罪的特性而定，应与侵犯人身的犯罪、妨害社会管理秩序等犯罪以及其他经济犯罪相区分。

1. 在刑罚配置中坚持排除死刑、无期徒刑

死刑作为极刑，其适用于罪责刑极其严重的犯罪分子。作为知识产权犯罪，其危害领域的特定性、受害人权益性质的可补偿性、受害范围的有限性等决定了知识产权犯罪从整体上看，其危害性并不与危害国家安全罪、危害公共安全罪、侵犯公民人身权利罪等犯罪的危害性相当。无期徒刑是痛苦性仅次于死刑的刑种，适用于重罪，知识产权犯罪在经济犯罪中的危害性并不在前列，没有必要配置重刑。通过有期徒刑刑期长短的适用可以对危害性不一的知识产权犯罪进行惩治，实现罪责刑相适应。

2. 知识产权犯罪中应强化罚金刑的配置

罚金刑在国内外都是一种重要的刑种，因其对犯罪"贪利性"的有效针对性回击而广为立法者所采用。在我国，其作为附加刑存在，在打击知识产权等犯罪中起到了重要作用。

今后，在强化罚金刑对各类知识产权犯罪惩治之外，还应进一步完善罚金刑的内容及执行。当前，单一的罚金刑在一些地方面临执行难，如果在罚金刑之余，设置罚金刑易科自由刑的制度，则会丰富罚金刑的执行方法，促进罚金刑的适用。

3. 强化资格刑的配置与完善

资格刑，作为一种名誉消减刑、能力受限刑、权利受控刑，对于一直活跃于经济犯罪领域的犯罪人而言具有杀伤性，也是防止其利用犯罪经历、犯罪能力、犯罪体验、犯罪技能再次危害所采取的阻却措施。刑法中的资格刑种类较多，但对于知识产权犯罪而言，配置的应是阻却其再次经济犯罪机会与可能的刑种。主要包括以下两类：

第一，剥夺或限制知识产权犯罪人从事特定职业的权利。这种资格刑既适用于自然人的知识产权犯罪，也适用于单位犯罪的知识产权犯罪。如吊销营业执照、吊销许可证或限制经营权等。

第二，对单位知识产权犯罪可以增设以剥夺荣誉称号为刑罚内容的资格刑。我国现行刑法中有对军人可以剥夺荣誉称号的规定，那么，为何不能推而广之，对某些其他犯罪人也剥夺因其有辱该荣誉称号而剥夺其先期获得的称号呢？

三、知识产权犯罪罪刑规范的明确化、具体化

罪刑规范的科学、明确、具体不仅代表了该国较高的刑法立法技术水平，更重要的是，其为刑事司法奠定了良好条件，避免了司法中的任人解释、适用标准不一、定罪量刑不统一的弊端。无论是知识产权犯罪还是其他犯罪，在罪状规定和刑罚配置中，都面临着语义的理解问题。语言有其含义和边界，但是，中国语言含义的丰富性以及适用者的知识与经历又具有差异性，如此一来，对于同一词语，不同的司法人员可能会存在理解上的偏差，结果就会导致其适用罪刑规范时出现定罪与量刑的差别。同时，鉴于犯罪现象的复杂性，在法定刑的设置上，对某些复杂的知识产权犯罪设置两个或以上的法定刑幅度显然要比单一的法定刑幅度更有利于罪刑规范的适用。不仅应有多个刑档，而且其法定刑的确定也应根据其犯罪性质、危害性大小等加以考量。遗憾的是，目前销售侵权复制品罪和假冒专利罪只有1个法定刑幅度，其余各种侵犯知识产权犯罪虽然有两个法定刑幅度，但是，其法定刑却恰恰完全相同。如果司法实践中的事实证明这些知识产权犯罪行为具有危害程度的轻重区别，那么，对其法定刑加以合理区分就是必要的。

当然，在立法中也不可能穷尽一切手段实现罪刑规范的高度明确、具体，有时，太具体、明确也不符合法律语言概括、精练的原则。其实，所有语言，无论语言多么精细，都无法全部解决司法适用中的明确性、具体性问题。最高人民法院和最高人民检察院曾于2004年颁布了《关于办理侵犯知识产权刑事案件具体应用法律若干问题的解释》对侵犯商标罪、侵犯专利罪、侵犯著作权罪及侵犯商业秘密罪中"犯罪情节严重""非法经营数额""违法所得数额""相同的商标""销售金额""非法所得金额"等的基本含义进行了规定，其目的与罪刑规范本身要求的明确、具体一样，都是为了有利于司法，避免标准的因人而异，保障司法公平、公正。

第二节 知识产权刑事司法的公正、合理

徒法不足以自行，刑法对知识产权的保护功能最终要在案件的适用中加以体现。在制法之后，司法便显得万分重要了。司法机关对知识产权犯罪案件是否重视，司法工作人员在案件处理中能否公正、合理成为制约刑法保护功能的重要因素。

一、知识产权刑事司法是否公正、合理

诚如前所言，刑法之于知识产权具有权利人利益保护与社会秩序维护的价值，在知识产权刑事司法中，权利人的利益、受害人的损害能否得到有效救济、社会正义能否得到实现，就在于司法人员在案件处理中是否秉承了公正司法、严格司法的理念。如果视知识产权犯罪等为社会影响面小、不宜严格司法的"小儿科"犯罪，司法中就可能会网开一面，放纵犯罪，使刑法对知识产权的保护功能受到削弱。如何在知识产权刑事司法中实现公正、合理呢？笔者认为，下面几点是必要的。

第一，司法人员应在知识产权犯罪案件处理中牢固确立司法公正的理念。观念决定行为，对于司法人员也不例外。无论是知识产权犯罪侦查人员，还是审查起诉人员、法官，都应有牢固的法律至上的理念，执行法律不折不扣，任何案件、任何嫌疑人、被告人面前一律平等，以刑法、刑事诉讼法为准绳衡量是否应追究，评判应否定罪量刑以及如何定罪量刑，在任何时候都要不枉不纵，不为人情，不谋私利，忠诚于法。

第二，在知识产权犯罪案件处理中要规范司法行为，避免不公。知识产权犯罪与其他犯罪案件的处理一样，司法人员应严格遵循规范的司法程序和要求，不"抄近道"，不越"雷区"。只有自身行为规范了，才能不近诱惑、抵御诱惑，形成谋私"防护网"。司法机关也要细化办案标准、工作环节，建立、完善知识产权犯罪司法的具体标准，健全办案程序，明确操作规范，跟踪司法人员办案进程，促进知识产权犯罪案件处理中公正的全过程实现。

第三，在知识产权犯罪案件处理中最大程度实行司法公开。司法公开

是司法正义、司法公平的现实，是看得见的正义，阳光下的公平。没有公开，即使司法结果本身十分公平，有时也难以让被告人、受害人信服。在知识产权刑事司法中实行司法公开，就是要确保被害人的权益，及时向受害人通报案件进程，及时回应受害人的诉求，对嫌疑人、被告人的人身权益和辩护权应予尊重，同时，对司法判决结果及时公开。

第四，在知识产权犯罪等案件处理中强化司法监督。司法机关内部的监督应长抓不懈，力度不减弱，监督机制不弱化，对司法不公的案件逐一严厉查处，以身边的反面典型教育人、挽救人。在外部，司法机关应敢于、善于、乐于接受外部监督。有则改之，堵塞漏洞，清除"肌瘤"；无则加勉，鞭策自我，警钟长鸣。

二、知识产权犯罪的刑事司法协作是否顺畅

被害人利益的及时救济、损害的及时赔偿、社会正义的及时、合理实现都是刑法功能彰显的主要标志。知识产权的刑法保护就是要在法律规定的最短时间内尽早让受害人看到正义的身影、自身利益的适当恢复，尽快使受损的社会秩序得到正常化。这一切都需要本地刑事司法机关之间的协作以及区际司法协助。

在新时期，可以在以下两方面加强工作。

一是就犯罪人犯罪事实调查、嫌犯查控、证据收集等在国内外加强协作。在长期的侦查实践中，我国经侦部门与异地经侦部门多次开展了积极有效的合作，积累了丰富经验。目前还应加强两方面的工作，第一是构建与其他部门合作共享的情报信息网络。在知识产权犯罪等经济犯罪的查控上，犯罪所得及资金的流向为侦查控制的重要方向，而掌握犯罪所得及资金流向的关键是建立畅通有效的查扣协作及可疑资金情报信息系统。第二应加强在国际范围内就上述工作如何与国际刑警组织及有关国家的警察部门强化协作，探讨有效合作的新途径、新方式。

二是应加强与有关国际非强力机构和民间性国际组织在知识产权犯罪等智能性经济犯罪情报信息以及查缉技能上的交流培训。我们不仅要重视国内知识产权犯罪情报信息的定期相互交流，加强对经侦人员交流培训的力度，同时，我们也应当重视分析、利用有关国际知识产权组织、专业协会、国际调查机构等的情报信息、技术力量，与之开展平等、有效的合作，以促进我国知识产权犯罪防治工作的发展。尤其在我国经济走出去，从制造大国到制造强国迈进，大力推进"一带一路"时期，我国高新知识产权在海外遭受侵权的可能性逐渐加大。与之平等合作，有利于我们掌握知识产权犯罪等防控的新途径、措施，完善我国知识产权犯罪惩治的内外协作。

第三节　知识产权刑事司法力量的完备与高效

刑事司法力量的完备是知识产权刑法保护的首要基础，没有完备、高效的人员队伍，无论刑法规定得多么详备、被害人多么渴望得到司法干预，最终也会难以获取刑法及时有效的保护。因此，刑事司法力量始终是知识产权刑事司法的关键要素。

一、知识产权刑事司法力量应有良好的犯罪控防观念

犯罪控防观念是支配、制约犯罪控防体系设计的观念性因素。现代社会的犯罪控防观念不仅应当是科学、合理的，也应当是符合社会发展和犯罪抗制的客观要求的。面对知识产权犯罪形势和犯罪治理要求，刑事司法力量应当及时修正知识产权犯罪的控防观念，建立起新时期的知识产权犯罪控防观念体系。当前，尤其应当树立以下几种犯罪控防观念。

（1）社会责任观念。知识产权犯罪的产生有其深刻的社会基础，整个社会对犯罪的产生和防范均应负有责任。长期以来，我们仅侧重于对知识产权犯罪等经济犯罪人个体原因的考察，未能深入挖掘一些经济犯罪产生的诸多社会因素，从而没有很好地认识到包括特定公民、经济组织、国家机构在内的整个社会，对避免、减少犯罪的责任。在预防犯罪领域，尤其应当强调每个社会成员的社会责任，以便更好地堵塞社会漏洞，群治群防，增强知识产权犯罪社会预防的群众性、有效性。因此，刑事司法人员无论是在侦查环节还是在起诉、审判中，均应查清该起知识产权犯罪的社会诱因，事中或事后及时向有关企业、部门发出司法建议书，督促其做好防范、补救工作。

（2）公权谦抑观念。这是指在知识产权犯罪预防中，公权，尤其刑罚

权的发动应是作为维护经济秩序的最后手段。市场经济的运行和发展有其自然法则，公权对经济秩序的维护是必要的，但它又应是谦抑的。国家对经济领域违法犯罪的预防必须通过强有力的管理来进行，但这一手段应是法制的、宏观的。过多地干涉经济生活，将破坏市场经济发展的内在规律和要求。刑罚权是国家对抗犯罪的基本手段，但利用刑罚的手段对付犯罪必须限制在合理的范围之内，滥用刑罚权对抗知识产权犯罪将可能事与愿违。

（3）效益观念。效益观念是指知识产权犯罪控防中，要以最少的控防资源取得最大的犯罪预防效果。由于知识产权犯罪等经济犯罪的复杂性，犯罪控防所需的资源无疑是巨大的，但整个控防体系的设计和运行都应贯穿效益观念，低效甚至无效的犯罪控防体系既消耗大量的社会资源，在抵制经济犯罪上也缺乏针对性、有效性，不符合效益原则。因而，力求预防高效的理念应植入知识产权犯罪控防体系的构建之中。

（4）国际观念。这是指在知识产权犯罪的主体、经济犯罪的犯罪手段、形式以及知识产权犯罪的治理上要有全球意识。我国新领域的侵犯知识产权行为依旧存在，外国人在国内外针对我国实施知识产权犯罪的案件也会增多，犯罪手段也会翻新，而各国在对知识产权犯罪等犯罪的打击、预防上也各有其有益经验和做法，同时，我国也面临向世界介绍业已成功的治理知识产权犯罪经验的任务。基于共同打击犯罪的需要，各国间的刑事司法合作也必将加强。因而，在构建我国知识产权犯罪的控防体系时，应当具有在国际范围内思考、处理知识产权犯罪的观念，以便更好地吸纳治理知识产权犯罪的一切先进成果和有效打击全球范围的知识产权犯罪。

二、知识产权犯罪刑事司法人员应具有良好的司法技能

知识产权犯罪作为经济犯罪，其侦查破获、固定证据、查证事实、审查起诉、案件审理、改造矫正均需要掌握一定的岗位技能，如果不掌握发现犯罪、识别犯罪、揭露犯罪、改造犯罪的能力，知识产权犯罪人就可能因不能被发现、被抓获而逍遥法外，就可能因矫正方法针对性差而无法使犯罪人改过自新，其重新犯罪的可能性就会增加。因而，知识产权犯罪刑事司法人员司法技能的熟练程度将制约刑法对知识产权保护功能的发挥。

三、知识产权犯罪刑事司法力量的完备与效能提升

知识产权犯罪刑事司法力量由公安侦查人员、检察起诉人员、审判人员和行刑人员构成，每一力量的存在、完备及效能提升都会影响各阶段的办案质量，制约刑法保护功能的实现及其程度。公安机关是知识产权犯罪惩治的"端口"，其司法力量的健全与高效对启动刑罚权、有效打击知识产权犯罪至关重要。那么，公安人员力量的完备与效能提升如何生成呢？因素有很多，如公安机关的人员编制是否足够、待遇与权益保障是否到位、训练水平是否科学等。一段时期，社会上及嫌疑人、被告人等人群内一直有对警察的一种错误认识，认为警察介入经济违法犯罪的处理往往有其利益纠葛，并非仅出于职务工作使然，因此，抗法、冲击公安人员刑事执法的情形屡见不鲜，影响了公安人员的执法效能发挥。因此，维护好公安人员的合法权益，捍卫其应有人身尊严和执法权威，对于提高其执法效能是必要的。下面，笔者就此专辟一节作一详细阐述。

第四节　刑事司法人员权益的维护与保障水平

鉴于刑事司法人员群体较多，笔者仅就知识产权犯罪惩治中的第一支群体——侦查人员为讨论对象，以此为代表，论述警察权益的维护与保障水平对刑法保护功能的发挥具有重要影响。

一、警察执法权益的构造与特性

（一）警察执法权益的含义❶

"权益"（right and interests），是指社会中的自然人、法人或者其他组

---

❶ "警察"（police），源于希腊语 politician 一词，其最初之义是指都市的统治方法或都市行政。《说文解字》中对"警"字的注释是，"戒也，从言从敬，敬亦声"，意为戒之以言，谓之警，即是有言在先，不得违戒。"察"的注释是"覆也，从一祭"，意为祭天求示，得神意而明白，反复详谓之察。察之为明。当前，我国理论界对警察的定义通常是"警察是具有武装性质的维护社会秩序、惩治犯罪、保卫国家安全的国家行政力量"。该概念既揭示了警察的性质是国家治安行政力量，同时也指明了警察的任务在于维护社会秩序，保卫国家安全。"警察"一词，一般是指警察这一机构整体，有时也可以指这一机构中独立的个人。本文即是在后者意义上使用的。

织依法可以行使的权利与享有的利益。对何谓警察的执法权益，学者们有不同的界定，众说纷纭。其中，代表性的观点有以下几种。

第一种，"警察执法权益"是公安机关和人民警察在依法履行职责，进行行政执法活动（如治安管理、户籍管理、交通管理、消防管理、边防管理、出入境管理检查、纠正违章、办证、执行行政处罚、执行行政强制措施等）和刑事司法活动（如实施刑事强制措施和执行刑罚等）的过程中享有的权益，包括与执法活动密切联系的公安机关和人民警察的其他合法权益如财物、装备等财产权，健康权、休息权、名誉权、生命权、劳动保障和报酬权以及抚恤优待权等。❶

第二种，"警察执法权益"就是公安机关和人民警察在依法执行职务时，应当享有的不容侵犯的权力。具体来说，是指警察在执行公务时其人格不容侮辱和侵害；其人身、财产、精神及其他不受侵害；警察在执行公务中和执法后不容受到诬告陷害；其家人和亲属不容受到打击报复等。❷

第三种，从某种意义上讲，"警察的执法权益"并不仅仅是其个人的某种权益，而是具有了公共权益的性质。侵犯执法警察，实则是对政府的社会控制机构的侵害，是对警察执法权威的挑衅。❸

上述对警察执法权益的定义，一定程度上都揭示出了警察执法权益的构成要素，体现了对警察执法权益的正确认识。但是，理解警察执法权益时，不能忽视该权益属性的多样性以及内在统一性，不能脱离对对象的整体性考察。由此，笔者认为，对警察执法权益的界定，应当就下列问题先行厘清：一是警察身份的双重性，即警察在依法从事警务活动时其为"国家公职人员"，而在日常的市民生活中其身份与普通公民无二；二是警察执法权益的边际确定，即警察执法权益究竟是指警察个体的个人权益，还是警察所代表的警察机关的权益或其所最终维护的国家权益。

我们将警察执法权益定义为：警察的执法权益，是指警察在执法过程中所产生的，由法律、法规、部门规章、国家政策所规定并加之保护的权利与利益。该权益是警察的个人权益，但此种权益是因公权力的存在、行使而产生的。

---

❶ 李园春. 浅谈警察执法权益维护 [J]. 福建公安高等专科学校学报，2005（6）：56.
❷ 王莹. 浅谈警察权益的保障 [J]. 河北公安警察职业学院学报，2006（3）：43.
❸ 张立新. 警察执法中的权益保护 [J]. 中国人民公安大学学报，2005（2）：98.

（二）警察执法权益的构成

依据现行有关法律规定，笔者认为，警察的执法权益应包含以下权益内容：生命健康权；人格尊严权；申诉、控告权；警务优先权；使用警械、武器权；拒绝执行越权指令权；正当防卫权；伤亡抚恤权；获得工作报酬权；接受教育培训权；休息休假权。鉴于后三种权已相对明确，下面，仅就上述执法权益中的前八种权益予以论述。

1. 生命、健康权

生命权是公民维护其生命安全利益的权利，主要表现为生命安全维护权，当他人非法侵害自身生命安全时，有权依法自卫和请求司法保护。任何致人死亡的非法行为均属侵害生命权的行为。生命对于每个人包括警察群体只有一次，具有最高价值，生命安全是包括警察在内的每个公民从事一切活动的物质前提和基本条件，生命一旦丧失，任何权利对于受害人而言均无价值。"没有对于生命权的法律保障，一切人权的法律保障都将流于空谈或化为乌有。"❶

警察的健康权是警察所享有的维护其身体健康即生理机能正常运行，具有良好身体状态的权利。健康权，有两层含义：其一，保持自身健康的权利；其二，当健康受到不法侵害时，受害人享有司法保护请求权。

2. 人格尊严权

人格尊严权，即人格尊严不受侵犯，是指与人身有密切联系的名誉、姓名、肖像不容侵犯的权利，是人与生俱来的权利。❷ 其基本内容包括：第一，警察享有姓名权。警察有权决定、使用和依照法律规定改变自己的姓名，禁止他人干涉、盗用、假冒。第二，警察享有肖像权。《民法通则》第 100 条规定，公民享有肖像权，未经本人同意，不得以营利为目的使用公民的肖像。第三，警察享有名誉权。名誉权是公民要求社会和他人对自己的人格尊严给予尊重的权利。第四，警察享有荣誉权。公民因对社会有所贡献而得到的荣誉称号、奖章、奖品、奖金等，任何人不得非法剥夺。第五，警察享有隐私权。隐私是公民个人生活中不想为外界所知的事，他

---

❶ 卓泽渊. 生命权的法律保障［EB/OL］. http：//wenku. baidu. com/view/3f724b50, 2014 - 05 - 26/2014 - 12 - 08.

❷ 李震山. 人性尊严与人权保障［M］. 元照出版社, 2002：16.

人不得非法探听、传播公民的隐私。对于警察在执法过程中完全属于其个人隐私的内容，他人不得探听、传播。

3. 申诉、控告权

警察的申诉权利，是指警察对涉及本人执法行为的人事处理决定不服时，可以向原处理机关申请复核，同时有权向同级警察主管部门或者做出该人事处理的机关的上一级机关申诉，其中对处分决定不服的，也可以向监督机关提出申诉。

警察申诉的范围包括：第一，处分。第二，辞退或者被取消录用。第三，降职。第四，定期考核定为不称职。第五，免职。第六，申请辞职、退休未予批准的。第七，未按规定确定或者扣减工资、福利、保险等待遇。第八，法律法规规定可以申诉的其他情形。

警察的控告权利，是指警察对于侵犯其合法权益的行为，有权向有关专门机关提出控告。

警察申诉控告权对于纠正警察处分工作中的失误和不当，保障与救济警察的权利，防止他人对警察打击报复具有重要的意义。

4. 警务优先权

警务优先权是国家为了保障公安机关人民警察履行职责而赋予的一项特殊权力，即公安机关的人民警察因履行职责的紧急需要，可以优先乘坐公共交通工具，遇有交通阻碍时，优先通行；因侦查犯罪的需要，必要时按照国家有关规定，可以优先使用机关、企事业组织和个人的交通工具、通信工具、场地和建筑物等。《人民警察法》第 13 条明确规定，人民警察因履行职责、侦查犯罪的需要，可以行使优先权。❶

5. 使用警械、武器权

使用警械、武器权，是指人民警察为了履行职责依法对违法犯罪嫌疑人员使用警械和武器的权力。《人民警察使用警械和武器条例》规定，警察在执行公务中有权使用警械、武器以制止违法犯罪行为，警察应当依照

---

❶ 《警察法》第 13 条规定："公安机关的人民警察因履行职责的紧急需要、经出示相应证件，可以优先乘坐公共交通工具，遇交通阻碍时，优先通行。公安机关因侦查犯罪的需要，必要时，按照国家有关规定，可以优先使用机关、团体、企业事业组织和个人的交通工具、通信工具、场地和建筑物，用后应当及时归还，并支付适当费用；造成损失的，应当赔偿。"

规定的条件程序针对违法犯罪行为人使用警械和武器。❶

公安机关作为武装性质的国家治安力量和刑事司法力量，依法使用武器不仅是履行职务的需要，也是保护警察自身安全的需要，更是更好地保护人民利益的需要。

6. 伤亡抚恤权

伤亡抚恤权，是指因公牺牲或因公致残的人民警察及其抚养的家属享有国家给予物质补偿的权利。人民警察的抚恤权主要包括死亡抚恤权、残疾抚恤权、优待权。根据《警察法》和有关法律法规的规定，警察因公伤亡后，其本人及其家属享受与现役军人同样的抚恤和优待。人民警察是现代和平年代中最具危险性、艰苦性的职业群体，他们时常用鲜血维护社会稳定和法律的尊严，用生命换来社会和百姓的安宁。为了弘扬正气，敬重英勇，必须对伤亡警察及其亲属予以合理抚恤。中外立法莫不如此。

7. 正当防卫权

警察正当防卫权是指人民警察为保卫国家利益、公共利益和公民合法利益以及自身合法权益，对正在进行的不法侵害所采取的制止侵害的防卫权。人民警察处在同违法犯罪行为做斗争的最前沿，时刻面临着制止、打击犯罪的任务，时常遇有违法、犯罪人继续行凶、抗拒抓捕、疯狂反扑等不法情形，由此导致受害群众及警察的安全随时面临着威胁。我国刑法并未专门就警察的正当防卫权加以规定，但是现行刑法中的正当防卫权是赋予所有公民的，警察自然也享有正当防卫权。此外，《警察法》第 8 条、第 10 条和《人民警察使用警械和武器条例》第 2 条也规定了人民警察在执行职务过程中所享有的独特的防卫权。❷

警察防卫权的享有和行使是人民警察得以顺利执行职务的重要保障，也是人民警察制止犯罪、保护自身安全的必要手段。

---

❶ 《警察法》第 10 条规定："遇有拒捕、暴乱、越狱、抢夺枪支或者其他暴力行为的紧急情况，公安机关的人民警察依照国家有关规定使用武器。"

❷ 《警察法》第 8 条规定："公安机关的人民警察对严重危害社会治安秩序或者威胁公共安全的人员，可以强制带离现场、依法予以拘留或者采取法律规定的其他措施。第 10 条规定："遇有拒捕、暴乱、越狱、抢夺枪支或者其他暴力行为的紧急情况，公安机关的人民警察依照国家有关规定可以使用武器。"《人民警察使用警械和武器条例》第 2 条规定："人民警察制止违法犯罪行为，可以采取强制手段；根据需要，可以依照本条例的规定使用警械；使用警械不能制止，或者不使用武器制止，可能发生严重危害后果的，可以依照本条例的规定使用武器。"

8. 拒绝执行越权指令权

人民警察拒绝执行越权指令权，是指人民警察拒绝执行超越法定职责范围指令的权利。《警察法》第33条规定对该权利作出了规定：人民警察对超越法律、法规规定的人民警察职责范围的指令，有权拒绝执行，并同时向上级机关报告。海南省琼海市公安局曾发生过这样两件事：万泉镇公安派出所所长因听从乡镇政府负责人的指派，在公路上设卡收税，群众反应强烈，琼海市公安局以超越职权范围、违法行使职责为由，撤销了其所长职务；几乎与此同时，琼海市另一派出所所长依法拒绝了乡镇领导指派的收税任务。❶

人民警察行使拒绝权有以下几种情况：

第一，上级的决定或命令违法。对于违法的决定或命令，人民警察可以拒绝。如果上级机关作出的决定或命令只是形式的违法，人民警察可以向上级机关提出意见和建议，在上级机关未更改指令时，人民警察依然要执行上级机关的指令。

第二，对于上级地方单位下达的越权指令，人民警察有权拒绝。譬如，公安机关的管辖实行属地管辖原则，如果上级地方单位要求人民警察跨地区办理治安行政案件或者其他行政工作，警察有权加以拒绝。

第三，对于非警务事项，人民警察可以拒绝执行。人民警察是国家专门群体，其享有法定的职能和职责，对于职责之外的行为不能实施。因而，警察对于上级安排的警务之外的行政事务可以拒绝。《2011年公安机关党风廉政建设和反腐败工作意见》就特别强调，严禁公安民警参与征地拆迁等非警务活动，对随意动用警力参与强制拆迁造成严重后果的，严肃追究相关人员的责任。❷

（三）警察执法权益的特征

具体来说，它有以下特点。

---

❶　毛磊. 让警察远离非警务活动［EB/OL］. http：//news. sina. com. cn/o/2003 - 12 - 03/07031240605s. shtml，/2003 - 12 - 03/2014 - 12 - 10.

❷　人民公安报. 公安部党委下发《2011年公安机关党风廉政建设和反腐败工作意见》要求进一步解决群众反映强烈的执法突出问题对公安队伍违法违纪问题坚持"零容忍"［EB/OL］. http：//www. mps. gov. cn/n16/n1237/n1342/n803715/2708022. html，2011 - 08 - 05/2015 - 01 - 18.

1. 法定性

权益是受法律保护之内的权力和利益。警察的各项执法权益是由国家法律、法规、部门规章及国家政策规定的。警察行使权力的行为，都须在法定权限内依照法定程序行使，不得超越法定权限范围。此外，警察的行为还要受到国家权力机关、司法机关和人民群众依法制约和监督。

2. 强制性

任何权益离开了法律强制保障都将化为乌有。对于警察而言，作为维护国家安全的武装力量，其权益不受非法侵犯与其职能的顺利发挥利害攸关。我国宪法、人民警察法等多部法律对警察的权益及形式、保障手段作出了明确规定，从而为我国人民警察执法权益的维护提供了强有力的法律依据。

3. 特许性

这是指人民警察所享有的执法权益内容，只能由人民警察行使，其他任何机关、团体和个人均无权行使。这不仅是由法律明文加以规定的，也是由国家机关职能分工及警察的特定职责所决定的。在国家职能分工、配置中，每一国家机关享有何种职能是依据该国家机关的性质及任务等多种因素予以决定的，警察机关作为不同于其他任何机关的职能机关，其职能行使离不开每一执法人员的权力行使，因而，从警察执法权益的赋予及行使的所有阶段，国家均会对其作出相应规定，其他机关工作人员不经法律规定不得享有警察的执法权益。

4. 广泛性

同其他普通公民一样，宪法和法律规定的一般公民所具有的所有的权益，警察都可以平等地享有。不仅如此，警察的执法权益还具有不同于一般公民权益的特点，警察的部门执法权益是其他任何公民所不具有的。因而，从权益的内容及类别上看，警察执法权益具有广泛性。

二、警察执法权益受侵害的状况

（一）执法权益受侵害现状分析

1. 生命权、健康权遭受侵害

我国一线警察的人均寿命只有 48 岁。❶ 警察职业已经成为当今中国和

---

❶ 天草. 中国警察健康状况忧思录［N］. 法制早报，2006 – 06 – 02（1）.

平岁月里最危险的职业之一。这主要是由下述几种因素造成的。

第一，暴力袭击案件居高不下。警察担负打击违法、犯罪的艰巨任务，是预防、惩治犯罪的第一线力量，其时刻处在与违法、犯罪分子交锋的前线，其工作特殊性就决定了其时常会面临违法犯罪分子的侵袭，可谓危险四伏，无处不在。无论是在一般的治安案件查处中，还是对群体性事件的处置过程，抑或是特定暴力犯罪案件的事后追捕中，警察遭遇围攻殴打、暴力袭击均并不鲜见。据统计，仅 2011 年 1~4 月，安徽合肥就共发生暴力抗法袭警事件 16 起。❶

第二，警力不足及警务时间的不确定性，部分一线警察处于亚健康状态。一些地方一线基层警察工作任务量大，经常加班加点，体力与精神状况超负荷运转，生物钟的颠倒使身心易遭到破坏，这成为威胁警察生命、健康安全的潜伏"杀手"。

第三，部分地区维护警察执法权益的必要手段缺乏。譬如，有些治安状况严重地区，部分执法民警在巡逻过程中并没有携带必要的警用器械，在面对严重暴力犯罪分子袭击时就难以有效保障自身生命安全。

2. 名誉权受到损害

近年来，警察所处的外在警务环境发生了重大变化，警察执法活动的针对性、有效性、人性化被日益重视，人民群众在对警察充满期待和敬意的同时，对警务活动的要求也逐渐提高，警务活动中的一些失误、不足如果被"放大"，警察形象就会受到损害。与此同时，不同社会成员在面对警察的警务活动时，其心态和行为反应也存在重大不同，一些对社会不满者在警务活动中，屡屡谩骂、侮辱甚至对抗警察。

2010 年 8 月 8 日，海口市公安局国兴派出所、海口市工商局国兴工商所、琼山文化稽查大队执法人员，在海口市流芳路查处一家涉嫌非法经营黑网吧时，一名 20 多岁的年轻男子走进套间将五台游戏机关闭。民警三次要求打开机器，该男子极不情愿地打开游戏机，转身出门时冲民警骂了一句"×你妈"。在民警欲将该男子强制传唤至派出所时，男子仍一边推搡

---

❶ 黄娜娜. 合肥市暴力袭警事件频发［EB/OL］. http://ah. anhuinews.com/qmt/system/2011/04/14/003946896. shtml，2011 - 04 - 14/2014 - 12 - 08.

民警，一边嘴里不停地辱骂。❶ 事实上，就连在上海世博会上负责执行中国馆安保任务的警察也遇到一些游客的当面无理谩骂或谩骂式"投诉"。❷ 该事件严重损害了当事警察的权益，也破坏了警察的应有形象。

在实践中，还有一些行为人基于各种非法的目的和动机，不惜捏造事实、颠倒是非，对警察肆意诽谤。有的在事中或事后向社会散布上述谣言，有的向"110"报警服务台虚假投诉，有的则直接向公安部门纪检、监督部门或及新闻媒体反映与警察有关的不实的"投诉"。根据公安部监督局的统计，2007年全国共受理反映公安警察违法违纪的信访举报和案件线索48 507件，查处3971件，占全部投诉案件的8.186%，涉及警察5724人。2008年共受理反映公安警察违法违纪的信访举报和案件线索42 312件，查处警察违法违纪案件3449件，占全部投诉案件的8.151%，涉及警察4877人。从上述的数据中，我们可以看出，不实投诉、恶意投诉的竟然占到了投诉总数的约92%。

3. 劳动权受到侵害

劳动者有休息和有获取劳动报酬的权利，警察也不例外，但在实践中，警察的上述权利保障状况并不乐观。目前，世界发达国家警察与人口的平均比率达万分之三十五，而我国约为万分之十二，远远低于世界发达国家，甚至低于巴西、印度等发展中国家。可以说，我们公安机关以其他国家三分之一甚至四分之一的相对警力，在保障着国家经济社会的加速发展。据公安部的调查统计，派出所、刑警队的民警每周加班时间最高可达50小时，基层和一线民警平均每周加班时间也都超过了20小时。如此看来，如果按每周加班20小时和每个工作日8小时计算，基层和一线民警每年就要多工作130天。正是由于长期的超负荷工作，任务压力大，工作状态高度紧张，却又得不到适当的放松和休息，久而久之，警察成为各种疾病和潜在疾病的高发群体。❸ 有的民警长期带病坚持工作，积劳成疾，牺牲在工作岗位上。2005年，湖南益阳市公安局对2760名民警体检发现，

---

❶ 良子. 南国都市报海口一黑网吧店主儿子谩骂民警、威胁记者被行政拘留5天［EB/OL］. http://hainanjj. gov. cn/info/InfoContent/992/64641. html，2014 – 05 – 16/2014 – 12 – 08.

❷ 李芹. 公安局局长常被无预约券游客谩骂80民警抓黄牛［EB/OL］. http://2010. qq. com/a/20101001/000005. htm，2010 – 10 – 01/2014 – 10 – 12.

❸ 董智永. 河北公安民警健康忧思录［EB/OL］. http://news. xinhuanet. com/focus/2014 – 08/16/content_ 6543722. htm，2014 – 08 – 16/2014 – 12 – 11.

患不同疾病的有 1870 余人，其中患癌症的 30 人，患其他严重疾病的 572 人。❶

4. 物质保障权无法实现

警察作为行政主体，享有国家财政保障其顺利履行职务的权利。自 2004 年以来，财政部、公安部集中采购了 1 万辆警务用车，全部配发给中西部地区基层公安机关，并为 21 个省、自治区、直辖市的基层公安机关无偿调拨了大量警用装备，警用装备条件得到了较大改观。此外，自 2004 年以来，中央补助地方公安机关基础设施建设，投资高达 29 亿元，使许多基层公安所、队开始拥有独立的办公场所，基层警队装备得以适应实战需要的非致命性武器，保证出警、出勤民警得以装备有防弹防刺背心及防弹头盔。不过，在一些经济欠发达的地区，警察的物质保障水平依然还较低。

5. 使用武器权受到损害

警察使用武器应合理、合法。由于实践中一些使用武器不当的事件引发社会舆论关注，武器、警械的配置、使用在一些地区出现过度谨慎，甚至视为"洪水猛兽"。而这恰恰影响了警务活动的顺利开展，也损害了警察依法使用武器的正当权益。

6. 伤亡抚恤权保障不力

目前，我国已经建立了公安警察抚恤制度，但是，这些制度还存在许多不足。

第一，抚恤制度适用的主体范围稍窄。目前的抚恤范围仅是针对牺牲和致残的警察，而在被害警察中，牺牲及致残的毕竟占少数，伤而未残的被害警察无法得到合理抚恤。

第二，抚恤标准偏低。目前我国适用的是 1996 年公安部制定的《公安机关人民警察抚恤办法》和 2004 年民政部、公安部联合颁布的《关于国家机关工作人员、人民警察伤亡抚恤有关问题的通知》。依据该通知，人民警察死亡，根据死亡性质和本人死亡时的工资收入，由持证明书的死亡人民警察家属户口所在地的民政机关计发一次性抚恤金。一次性抚恤金的标准为：革命烈士，80 个月工资；因公牺牲人民警察，40 个月工资；病故人民警察，20 个月工资。参照 2009 年全国城镇非私营单位在岗职工

---

❶ http://news.sina.com.cn/c/2013-02-23/11209181699.shtml，2013-02-23/2014-08-17.

年平均工资 32 736 元的标准，革命烈士的抚恤金不足 22 万元，病故警察仅有 5 万余元。

（二）警察执法权益受侵害的原因分析

1. 警察执法活动的特性使然

公安机关的打防活动与不法分子的违法犯罪及其逃避打击本能永远是一对矛盾，警察时刻面临着各种复杂的警务局面和危险的执法对象。而警察的职责和使命决定了警察面对凶险无法却步，必须及时制止犯罪，凛然应对来自不法分子的侵害危险。由此，警察权益遭受侵犯也就不足为奇了。

2. 社会转型导致执法环境错综复杂

目前，我国正处于社会价值观多元化、社会利益格局多层化、社会结构复杂化的时期，各种社会矛盾积聚，当前基层组织职能弱化，矛盾纠纷得不到及时化解，逐步衍化升级，就可能使各类群体性事件大量增多。在处置群体性事件中，公安机关常常被推到风口浪尖，成为群众不满情绪的宣泄对象。与此同时，部分公民的价值观扭曲，道德观滑坡，私欲膨胀，公然抗法的情形层出不穷。

3. 公众需求越来越多，人民警察疲于奔命

在一些地区，公安机关"四有四必"的承诺❶诱导了社会和公众对警察的期望过高，警察的服务职能被不断不当延伸，由此造成非警务的求助泛滥，有限的警力不能满足群众的无限需求时，即容易引起群众的不满和指责，警察的良好形象也就难以得到完全树立。

4. 警察职能泛化导致警察被侵犯

目前，我国公安机关的管理体制是"条块结合，以块为主"。❷ 在这种管理体制下，一方面公安机关的经费完全由地方政府财政负担，而各地的

---

❶ "四有四必"是公安机关"110"出警对社会的承诺，具体是指"有警必接、有难必帮、有险必救、有求必应"。

❷ 所谓"条"，就是指公安部对地方各级公安机关及上级公安机关对下级公安机关的统一领导关系；所谓"块"，就是指地方各级党委政府对本地公安机关的领导。"条块结合，以块为主"，就是地方各级公安机关在公安部和上级公安机关及地方各级党委政府的共同领导下，以地方党委政府的领导为主，根据各地的实际情况确定工作重点，积极开展工作。如此便形成了公安机关接受政治领导（党的领导）、行政领导（同级政府的领导）、业务领导（上级公安机关的领导）的多重领导的管理体制。即公安业务工作由上级公安机关负责指导，而人、财、物则由各级地方党委政府加以管理。

经济状况千差万别，难以形成稳定的经费保障机制，由此造成了相当一部分公安机关需要运用执法权力来解决经费问题。在利益的驱动下违法行为便会潜滋暗长，警察受到袭击的危险也就相应地增加了。

事实上，由于地方公安机关的人、财、物受制于当地政府，公安机关的工作也就易听命于当地政府的"安排"。一些地方党政或主管部门领导随意指令调用警察参与非警务活动。地方政府在计划生育、房屋拆迁、土地征用、环境整治等工作中碰到困难后，常常动用警力，公安机关被迫"冲锋陷阵"。这不但加大了公安部门的工作负担，而且使公安机关常常成为干群矛盾的焦点，从而使公安机关招致冲击，造成警民关系恶化。非警务活动的不当参与成为警察权益受侵犯的重要因素之一。

5. 舆论宣传的片面性、失实性

近些年，随着公安机关队伍建设力度的加大，一些警察违法违纪案件不断被揭露，警察的轻微不当行为都易成为媒体争相挖掘的新闻点。有些新闻媒体为寻找"卖点"、追求轰动效应，对涉及公安机关和个别警察的事件，恶意炒作，误导了舆论；有些媒体以正面宣传报道的形式刻意挖掘警界"丑事"以满足人们的猎奇心理，提高自身所谓"正义"媒体的形象。警察在公众中的被"妖魔化"，给警察造成了严重的负面影响。

6. 部分警察缺乏维权胆识和能力

一些地方的公安机关出于维护和谐警民关系及避免影响扩大的考虑，对警察在履行职责过程中被侵犯，不敢大胆地予以反对，对部分民警正当维护自我权益的行为不予支持，只采取内部慰问的形式予以自我消化。这导致部分警察在维护自我执法权益时畏首畏尾。

同时，部分警察在维护自我权益时也缺乏相应能力。如有些警察查缉战术意识较差，敌情观念淡薄，没有足够的警惕性；有的在执行公务中不能熟练运用有关技能，采取果断措施制服违法犯罪嫌疑人；有的对法律不熟练、证据意识不强，袭警案件发生后，不注意保护现场等。警察自身素质欠缺也是人民警察合法权益遭受不法侵害的重要原因。

三、警察执法权益的法律保护现状

（一）现行立法与行政措施保护状况分析

1995 年出台的《中华人民共和国人民警察法》（以下简称《警察法》）以法定的形式赋予警察应有的权益。其后，国务院及其有关职能部门相继出台了一批维护警察权益的规章、制度。如 2006 年《公安机关组织管理条例》（国务院令第 479 号）、《公安机关人民警察奖励条令》《人民警察优抚对象及其子女教育优待暂行办法》（公通字〔2005〕78 号），这些文件从警察的待遇、家庭等角度给予警察权益一定的保障。

1.《警察法》对警察权益的确认与保护

《警察法》第 2 条第 1 款规定，"人民警察的任务是维护国家安全，维护社会治安秩序，保护公民的人身安全、人身自由和合法财产，保护公共财产，预防、制止和惩治违法犯罪活动。"第 6 条规定，"公安机关的人民警察按照职责分工，依法履行下列职责：（一）预防、制止和侦查违法犯罪活动；（二）维护社会治安秩序，制止危害社会治安秩序的行为；（三）维护交通安全和交通秩序，处理交通事故；（四）组织、实施消防工作，实行消防监督；（五）管理枪支弹药、管制刀具和易燃易爆、剧毒、放射性等危险物品；（六）对法律、法规规定的特种行业进行管理；（七）警卫国家规定的特定人员，守卫重要的场所和设施；（八）管理集会、游行、示威活动；（九）管理户政、国籍、入境出境事务和外国人在中国境内居留、旅行的有关事务；（十）维护国（边）境地区的治安秩序；（十一）对被判处拘役、剥夺政治权利的罪犯执行刑罚；（十二）监督管理计算机信息系统的安全保护工作；（十三）指导和监督国家机关、社会团体、企业事业组织和重点建设工程的治安保卫工作，指导治安保卫委员会等群众性组织的治安防范工作；（十四）法律、法规规定的其他职责。"该法第 7 条、第 8 条规定，"公安机关的人民警察对违反治安管理或者其他公安行政管理法律、法规的个人或者组织，依法可以实施行政强制措施、行政处罚。""公安机关的人民警察对严重危害社会治安秩序或者威胁公共安全的人员，可以强行带离现场、依法予以拘留或者采取法律规定的其他措施。"

2. 《人民警察使用警械和武器条例》对警察执法权益的确认与保护

该法制定于 1996 年 1 月 8 日由中华人民共和国国务院令第 191 号发布。依据该法，"人民警察制止违法犯罪行为，可以采取强制手段；根据需要，可以依照本条例的规定使用警械；使用警械不能制止，或者不使用武器制止，可能发生严重危害后果的，可以依照本条例的规定使用武器。人民警察判明有下列暴力犯罪行为的紧急情形之一，经警告无效的，可以使用武器：（一）放火、决水、爆炸等严重危害公共安全的；（二）劫持航空器、船舰、火车、机动车或者驾驶车、船等机动交通工具，故意危害公共安全的；（三）抢夺、抢劫枪支弹药、爆炸、剧毒等危险物品，严重危害公共安全的；（四）使用枪支、爆炸、剧毒等危险物品实施犯罪或者以使用枪支、爆炸、剧毒等危险物品相威胁实施犯罪的；（五）破坏军事、通信、交通、能源、防险等重要设施，足以对公共安全造成严重、紧迫危险的；（六）实施凶杀、劫持人质等暴力行为，危及公民生命安全的；（七）国家规定的警卫、守卫、警戒的对象和目标受到暴力袭击、破坏或者有受到暴力袭击、破坏的紧迫危险的；（八）结伙抢劫或者持械抢劫公私财物的；（九）聚众械斗，暴乱等严重破坏社会治安秩序，用其他方法不能制止的；（十）以暴力方法抗拒或者阻碍人民警察依法履行职责或者暴力袭击人民警察，危及人民警察生命安全的；（十一）在押人犯、罪犯聚众骚乱、暴乱、行凶或者脱逃的；（十二）劫夺在押人犯、罪犯的；（十三）实施放火、决水、爆炸、凶杀、抢劫或者其他严重暴力犯罪行为后拒捕、逃跑的；（十四）犯罪分子携带枪支、爆炸、剧毒等危险物品拒捕、逃跑的；（十五）法律、行政法规规定可以使用武器的其他情形"。

人民警察依照上述规定使用武器，来不及警告或者警告后可能导致更为严重危害后果的，可以直接使用武器。

3. 《公安机关人民警察抚恤办法》《关于国家机关工作人员、人民警察伤亡抚恤有关问题的通知》对警察执法权益的确认与保护

《公安机关人民警察抚恤办法》由公安部、民政部于 1996 年联合颁布。依据该办法，人民警察死亡，根据死亡性质和本人死亡时的工资收入，由持证明书的死亡人民警察家属户口所在地的民政机关计发一次性抚恤金一次性抚恤金的标准为：追认属革命烈士的发放 40 个月工资；属因公

牺牲的，发放 20 个月工资；属病故的，发放 10 个月工资。2004 年民政部、公安部联合颁布的《关于国家机关工作人员、人民警察伤亡抚恤有关问题的通知》根据变化的社会经济发展实际，在《公安机关人民警察抚恤办法》的基础上大大提高了一次性抚恤的额度，一次性抚恤金实现了翻番：将原来的 40 个月工资提高到 80 个月工资；因公牺牲的，由原来的 20 个月工资提高到 40 个月工资；病故的，由原来的 10 个月工资提高到 20 个月工资。

4. 成立中国公安警察英烈基金会

2003 年，公安部成立了"中国公安警察英烈基金会"。该基金总额目前已逾 115 亿元，累计向 7500 多个公安英烈家庭发放各类抚恤补助金、助学金、慰问金 2000 多万元。抚恤补助金是对 2002 年 1 月 1 日后因公牺牲并被批准为革命烈士的警察家属，给予一次性抚恤补助金 2 万元，比 1997 年的抚恤补助金 1 万元的标准提高了一倍。英烈子女助学金是对在大专以上学校就读的革命烈士、因公牺牲的英模和致残二等乙级以上子女，给予一次性助学金，其中大专生 3000 元，本科生 5000 元，硕士生 6000 元，博士生 8000 元。

此外，各省市也成立警察基金会，通过警察入会和社会力量赞助的方式，为伤残警察和重病大病警察提供必要援助。如，深圳市警察基金会于 1995 年 2 月 12 日成立，截至 2010 年 10 月，募集资金已达 1.63 亿元。

5. 成立了警察维权机构

从 2005 年起全国公安机关警察维权工作全面启动，公安部率先成立了警察维权的相关机构，各省市厅级公安机关也相继成立警察维权相关机构。如，2006 年 7 月，济南市公安局就成立了"维护公安民警正当执法权益委员会"。"维护公安民警正当执法权益委员会"的主要职责是：研究制定有关保护公安民警正当执法权益的制度措施，审议有关保护公安民警正当执法权益的工作事项；提出保护公安民警正当执法权益、改善执法环境的工作意见和建议；开展专项调研，听取和指导基层关于公安民警正当执法权益保护工作的汇报；对严重侵犯公安民警正当执法权益的案（事）件开展调查或复查，做出处理；与司法机关、行政部门及有关单位进行沟通、协调，妥善处置相关事项；对在正当执法和执行公务时受到人身伤害的公安民警进行慰问、奖励等。同时，济南市公安局各分、县（市）局及刑侦、治安、交警、巡警、特警、户政等各业务部门也成立了相应的维权机构。今后凡是发生暴力袭警、打骂侮辱民警和妨碍执行公务的案件，济南市公安局各级维权机构将及时赶赴现场处置，对侵害民警执法权益的人员，积极协调有关部门依法惩处。

截至 2006 年底，北京、天津、黑龙江、江西、山东、河南、广西、海南、四少、贵州、西藏、宁夏、新疆及新疆生产建设兵团等30个省、直辖市、自治区、兵团成立了以主要领导为主任的维护警察执法权益委员会，并在警务督察部门成立维权办。❶

6. 开展警察心理辅导

公安部针对警察工作压力大，长期接触社会黑暗面可能导致的心理负担重的情况，通过网上发布心理调查，专家电视电话会议辅导、发放心理辅导书籍等形式对警察进行心理辅导，促进了警察的心理健康。

（二）现行法律保护之不足

在我国涉及警察权益的行政法、法规、部门规章主要有《中华人民共和国国家安全法》《中华人民共和国警察法》《公安机关督察条例》《公安机关人民警察抚恤办法》《关于国家机关工作人员、人民警察伤亡抚恤有关问题的通知》《人民警察使用警械和武器条例》《公安机关人民警察录用办法》《公安机关人民警察辞退办法》《公安机关人民警察训练条令》《公安机关人民警察内务条令》《公安机关人民警察奖励条令》《公安机关人民警察基本素质考试考核暂行办法》等。上述行政法律规范在维护警察执法权益方面起到了较好作用，成为维护警察权益的必要法律保障。

但随着社会的快速发展和维护警察执法权益的客观新需要，这些法律规范面临诸多不完善之处，主要表现在以下几个方面。

1. 现行法律保护的范围太窄

警察在非工作时间里受到不法势力和不法分子报复、陷害的事件时有发生，子女家属因为警察执行公务遭报复侵害的也时有发生。现行法只对执行公务时的警察权益予以确认、保护，而排除了执行公务后，并且只限定对警察权益保护，而排除了警察家属和子女予以立法保护。❷

---

❶ 另可参见王淑波在其《维护警察权益的思考》一文中的相关论述。见王淑波. 维护警察权益的思考 [J]. 吉林公安高等专科学校学报，2007（2）：30.

❷ 王午鼎. 应增设袭警罪震慑凶顽 [EB/OL]. http://news.sohu.com/2014/03/08/39/news219343945.shtml，2014－03－08/2014－11－07.

2. 现行法的操作性存在不足

如《警察法》虽然明确规定警察有权拒绝执行超越职权的指令和其他警务条款，但缺乏具体的操作、保障措施。《公安机关督察条例》等内部监督法规、制度侧重于建立健全对违法违纪警察的查处工作机制，缺乏对警察遭受侵犯如何救济制度的规定，保障和维护警察执法权益的措施不多。警察在执法过程中遭到不法分子侵害时自卫权不足。武器是警察的第二生命。但是现行法律对什么情况下使用武器、如何使用武器的规定过于原则笼统，不具操作性，极大地束缚了警察的手脚。警察执行公务必须携带什么装备，什么具体情况下可以使用警械、武器，已经成为困扰一线执法的突出问题。

四、警察执法权益的法律保护之完善

（一）强化警察正当权益应当得到尊重、维护的法治理念

公安机关担负着保障公民权利、维护社会秩序的重要职责，其内容与具体程序都有法律的明确规定。以人性的关怀为基本价值取向的法治力量既表现为对公民基本权利的保护，同时也表现为对侵害警察合法权益的违法行为的严厉惩处。在现代社会中，社会关系变动日益复杂、剧烈，社会冲突、矛盾不断涌现，警察作为执法力量的中坚，对于维护社会的稳定功不可没，其在执法中的权益得到保障既是其顺利履行职责的保障，也是法治社会下，特定群体的公民权利得到尊重、维护的具体体现。警察是法治社会构建的参与者、实现者，也是法治社会下的受保护者。漠视或弱化警察执法权益的任何观念都是极为有害的，而对警察"责之过严"，则会严重影响对警察执法权益的保护，❶ 必须树立正确的警察执法权益维护理念。

（二）切实推进警务公关关系工作制度，积极创造利于警察执法权益维护的外部环境

在信息化时代，新闻媒体对警察的形象、警民关系的塑造起重要影响。恰当的新闻媒体报道，能营造良好的警民关系舆论氛围，能促进公众对公安工作的理解和支持。反之，新闻传媒就可能成为损害警察形象的发

---

❶ 王月英. 试论以公安执法监督保护警察执法权益［J］. 北京人民警察学院学报，2008，（11）：76.

音器。多数媒体以事实为依据，往往会客观报道警务活动，即使是警务中的不当、不法事件。但是，不可否认，仍有部分新闻媒体有将警察"负面化"的倾向，● 做好警务公共关系，积极营造良好的警察权益保护外部环境，可以从以下几个方面入手。

一是要把握正确舆论导向，坚持以正面宣传为主的方针，利用适当时机，广泛宣传基层警察的先进典型和模范事迹，提高公众对警察职业的认同感和理解度，增强警察的美誉度和知名度。

二是要完善警察形象危机处置办法，提高应变能力。媒体对警务负面新闻的报道会对公安工作带来动力，也会有巨大压力。为此，事先科学制定警察形象危机的公关预案是必要的。媒体有损警察形象的失实报道后，要及时召开新闻发布会以正视听，表明态度，督促媒体及时报道更正信息，将危机的损害控制在最小范围内。同时，要本着公开、透明的原则，快速全面调查事情真相，及时完全公开调查结果，消除社会猜疑。

三是对妨碍甚至侵害警察正当执法的行为，采取适当形式公开曝光、公开处理。要有力打击侵害警察正当执法权益的行为，惩治违法犯罪分子，警示、教育公众知法、守法。

四是要对报道不实警务新闻产生负面影响的新闻媒体交涉，并请其主管机关予以处理。对屡有此行为者，可以予以起诉追究。

（三）完善、强化警察维权机构的职能

近些年以来，我国各地公安机关按照公安部要求很快成立了警察维权机构，此类机构一般都设在公安机关内部，由公安机关的纪检、督察、政工等部门兼任。不过，由警察处理涉警察自身的案件易产生不公正之嫌。笔者建议，可以由地方政府牵头，建立一个类似"维护警察合法权益委员会"的社团组织，吸收公、检、法机关的司法工作者、党委纪检干部、政府监察干部、人大代表、政协委员、新闻记者、社会知名人士及律师等人参加可能更为妥当。成立此机构有诸多积极作用。

● 如史建华在其《维护民警正当执法权益的调查与思考》一文中即认为，有的媒体过于注重对公安机关的揭露性报道，有的记者将一些问题扩大化，甚至出现主观推断式的失实报道。据不完全统计，对区里公安分局的 11 次批评性报道中，竟然有 60% 以上的不实内容，由此引发群众对警察执法活动产生非议与抵触。详见史建华. 维护民警正当执法权益的调查与思考 [J]. 公安教育，2004（4）：33 - 34.

第一，可以以非官方机构名义，从社会的角度来为警察合法权益的保障呼吁，有利于与党委、政府、公安机关出面维护警察权益等路径形成合力。

第二，可以化解某些群众认为党委、政府和公安机关偏袒涉事警察的无理怀疑。

第三，社会各界人士的参与可以避免其他机构的牵制，工作易顺利展开。

此外，维权工作还应规范化、制度化，建立科学有序的工作程序和工作方法，受理警察投诉、跟踪处理、案件登记重点案件报告等都应有相应制度。

（四）促进警察权益保障现行制度的进一步规范化

1. 落实经费保障

在公安机关经费保障问题上，笔者建议对公安机关现有的财政供给机制进行改革，实现公安机关的经费保障由中央财政和地方财政统一供给，并根据目前公安工作的基本需要，将各公安机关的经费保障进行分类，明确中央、省、市、县四级财政应予保障的范围，并实行"双轨制"，即地市、县（市、区）所有的行政经费、办公办案经费和必要保障经费全部由省财政直报直销，公安基本建设经费则由地方财政予以解决。同时，各级公安机关必须严格按照编制、岗位、职责，切实实行按劳分配，把有限的经费作用最大化。❶

2. 落实武器装备保障

武器装备是人民警察在执法过程中顺利执法、打击犯罪、保护人民的基本手段。为有效地完成警务任务和保障民警的自身安全，必须强化公安装备配备、装备使用和管理制度等方面的规范化建设。笔者建议，一要充分利用现代高精尖科学技术，研制使用简便、可普遍推广的警械武器和防护装备，用先进的技术装备武装警察；二要把车辆、通信设备、防护用具、非杀伤性武器装备配发至公安机关基层单位、民警手中，以切实提高警察的自卫能力，有效地保护自己的生命权益。三是最大限度地发挥现有

---

❶ 对于经费的数额确定，有学者建议以"高于地方，略低于军队"的原则给予配置。详见欧阳洁慧，连扬达. 当前民警执法权益受侵害的原因及对策［J］. 政法学刊，2005（3）：65.

警用装备的作用，尤其是高危地区的一线民警在执行巡逻、侦查、追捕、设卡以及值班接处警等任务时，必须依法携带、使用枪支和防护装备，保证民警攻防能力得到有效的提高。

3. 强化教育培训保障

警察教育培训应当面向公安实践，切忌空洞。必须把握岗前培训、在职培训和日常教育三个环节，注重警务技能的培训和战术行动程序规范化的训练，以提高警察业务素质，尽最大可能地减少伤亡。笔者建议，在教育培训中，应坚持以下几点：一是对于新入警的岗前培训，要以实践性教学为中心，增加警察体能、技能、擒敌、射击技术训练等自我防范能力的训练设备、训练方法、训练场馆及师资力量投入，加大培训时间，丰富培训内容，切实提高警察的安全保护能力和警务技能。❶ 二是对于在职民警的岗位培训，要注重技能战术运用和指挥协调培训等操作性、应用性教育，强化基本体能和武器警械使用技能训练。同时，建议在技能培训中增加警察自救技能培训。三是在日常工作中，要培养警察处警时的自我防范、保护意识，让警察牢记正确的对敌作战方法，形成良好的战斗意识与习惯。

4. 落实休息休假制度的保障

笔者建议，民警在规定的时间内认真完成工作任务，不提倡民警加班加点超负荷工作。确因侦查办案、专项行动和突击性工作必须加班的，公安机关应给予补休，对民警在国家法定节假日值班、执勤的应给予较高的补贴，使民警工作之余能够有充分的时间休息，劳逸结合，确保民警的身心得到休整。各级公安机关不得以工作忙、任务重、人手少等理由，安排民警连续超时工作，更不能以发值班补贴、加班工资等形式代替补休。

上级公安机关要把执行民警年休假和体检制度的情况纳入对下级公安机关领导班子的年终考核，确保民警年休假和体检制度落实到实处，以保证民警得到必要的休整，从而切实保证民警身心健康，维护民警合法权益。

5. 完善心理健康的保障

保障民警的心理健康，主要应做好以下几个方面的工作。

一是严把招警关，在招收警察时把民警心理素质测试纳入录用民警考

---

❶ 有学者曾就此现象提出，要做到一对一能战胜，一对二能制服，一对三不吃亏。详见王淑波．维护警察权益的思考［J］．吉林公安高等专科学校学报，2007（2）：30.

试内容，通过面谈或测试，对新警进行人格测验、智力测验、兴趣和性格测验，以测定候选人的心理健康状况与警察职业是否相符，对有心理疾病和心理障碍或是有此方面倾向的人员不得录用。

二是加强警察心理训练。要通过记忆力训练、快速反应能力训练、意志品质训练、放松训练等多途径来提高警察的临场反应能力和心理调节能力，从而增强警察的心理素质，以适应高应激的警务工作。

三是开展心理咨询、治疗。一方面可以开设心理讲座、心理咨询热线，通过专家门诊来缓解警察内心的压力，也要从制度上制定、落实真正缓解警察的心理压力的措施。如对刚击毙凶手的狙击手民警应进行心理检查与辅导，帮助警察平稳度过心理危机。

（五）完善保障警察执法权益的相关法律、法规

1. 健全对警察及其家属法律保护的规范

我国《治安管理处罚法》第42条规定，对证人及其近亲属进行威胁、侮辱、殴打或者打击报复的，要受治安管理处罚。但警察因执法而致使其本人或近亲属遭受打击报复时，依据现行法律却难以得到应有的保护。笔者建议在今后的法律制定和修订中，应增加对保护警察及其家属不受打击报复的规定。警察处于打击违法犯罪的最前线，尤其是从事缉毒、反黑、反恐等严重刑事犯罪侦查的刑警，他们面对的往往是有组织的、强大的、残忍的犯罪集团，极容易招致对方的打击报复。

2. 适当扩大警察权并进行细化

我国现行的《警察法》《人民警察使用警械和武器条例》《城市人民警察巡逻规定》中，虽然分别规定了"人民警察执行任务受法律保护"，"以暴力方式抗拒或者阻碍人民警察依法履行公务的，袭击人民警察的，危害公共安全、社会秩序和公民人身安全的，需要当场制止的，可以使用警械和武器"，但这些规定较为抽象，操作性差，应根据实际情况进行细化。对此，我们可以借鉴西方国家的立法经验，在有关法律中适当扩大警察权并进行细化。笔者建议从以下三方面完善我国的警察法律体系。

一是对《警察法》等行政主体法进行修订，明确警察职权，界定侵犯警察权益具体形式和所应负的法律责任，增加保障警察名誉权、健康权、休息权、接受教育培训权、警务物质技术保障权等方面的内容。

二是强化警察防卫权，美国有"警察在执行职务中永远处于正当防卫

状态"的规定，我们也可以授予警察比其他公民正当防卫更大的职务防卫反制权，使警察能始终占据主动控制地位。

三是尽快制定人民警察使用警械和武器条例实施细则和值勤装备配置、值勤战术规定。具体说来，即是对人民警察可以使用警械或武器的具体条件加以规定；对人民警察出警、巡逻盘查时应携带的警械武器种类加以规定；对人民警察对值勤战术，如盘查、查验证件时的规范用语、行为方式、被盘查人应遵守的行为方式加以规定。

3. 补充完善对妨碍警察执行公务行为的种类及其处罚的立法

对扰警、辱警、谤警、袭警等妨碍警察执行公务行为及其处罚结果和处罚程度，应在《警察法》中加以区分。《警察法》可结合《刑法》和《治安管理处罚法》的相关规定，明确设定相应的处罚种类，分别规定相应的处罚幅度。对于现在协助警察执法的人员，如联防队员、交通协管员的合法权益的保障，也应适当在法律中予以体现。

4. 推动警力编制修订，扩充警力配置

《俄罗斯联邦警察法》规定，警察每年有 30 天的带薪假期，往返于休假地所需的时间另计。除此之外，警察还有额外增加的带薪假期：任职 10 年以上的，每年为 5 天；任职 15 年以上的，每年为 10 天；任职 20 年以上的，每年为 15 天。在气候条件恶劣地区工作的警察，其假期每年为 45 天，且不受任职年限的限制。美国规定警察年休假应多于 137 天。我国可以借鉴国外的相关的规定，充实警力，增加警察的休息休假机会，以缓解警察执法压力。

5. 完善警察录用、训练、培训制度，提升警察自身素质

纵观国外，一些国家的警察伤亡比例远远低于中国，这与其十分注重结合警务实战加强对警察的教育训练，增强警察素质，提升警察的自我保护能力有关。参照国外的经验，我们应该提高警察自身素质和执法水平。为此，第一，应提高入警标准。当前，我国国民的文化素质大为提高，专业化、高智商犯罪不断出现，警察的学历、技能要求也应相应提高。第二，加强对警察的培训力度、提高警察的业务素质和执法水平，增强保护自身的能力。第三，切实增强警察的岗位责任感和荣辱感，树立执法公正、高效服务的警务活动形象，促进警民之间的和谐，积极争取人民群众的支持和拥护，减少暴力抗法袭警事件的发生。

（六）持续推进警察执法权益内部救济途径的不断创新

内部救济是保障警察执法权益的重要途径。目前，我国警察的内部救济途径主要包括提请复核、申诉和控告。提请复核是指权益受到侵害的警察本人就公安机关或人事组织部门的人事处理决定向原处理机关提出予以重新复核的请求，请求予以改变原处理决定。申诉是指权益受到侵害的警察本人就相关人事处理决定，包括因执法受到处分、辞退、取消录用、降职、考核为不称职、免职、扣减工资、福利、保险待遇等向原处理机关的同级人事部门或者上一级机关予以辩解、陈述，请求予以改变原处理决定。控告是指权益受到侵害的警察本人就侵害其合法权益的有关行为向上级机关或有关的专门机关提出，并要求对侵权行为予以处理。

提请复核、申诉、控告路径，属于行政内部监督制度的一环，对于保障警察执法权益是十分必要的。不过，目前，许多警察因种种因素较少选择申诉、控告的途径寻求权益救济。因而，不断对行政内部救济途径加以创新，使之更为畅通、便捷，对于提高警察执法权益的内部救济效用至为重要。

譬如，可以尝试扩大申诉的范围以及实行"正名制""援助制"。在申诉范围的扩大上，试用期的警察对取消录用资格可以申诉；警察对机关强令其提前退休的行为可以申诉；对省级以下机关作出的申诉处理决定不服的，可以向作出决定的上一级机关提出再申诉；公务员对涉及本人权益的任何人事处理决定不服都可以直接申诉。"正名制"是指对于遭受诬告、陷害的警察，在调查清楚后，在一定范围内为其正名，消除对其的负面影响。"援助制"，是指对于受到报复、陷害等的人民警察，公安机关可以对其控告在财力、时间及其他方面予以援助，并督请有关机构依法受理、解决。

第三章　知识产权犯罪定罪问题研究

知识产权犯罪定罪问题是知识产权犯罪司法中的首要问题，犯罪是否成立以及成立后是一罪还是数罪，是犯罪既遂还是未遂、中止、预备，是主犯还是从犯、教唆犯等都是司法人员应解决的问题。从实践中看，主要涉及犯罪的构成要件是否充足、犯罪的停止形态认定以及共犯从犯的认定等问题。

第一节　"违法所得"的司法认定

"违法所得"作为定罪标准，是侵犯著作权罪，销售侵权复制品罪，非法制造、销售非法制造的注册商标标识罪和假冒专利罪的重要的定罪量刑要素。在刑法范围内，我国尚无对"违法所得"的明确界定。

一、"违法所得数额"在刑法中的价值

诚如前面所言，对于侵犯知识产权犯罪，"违法所得"是大多数知识产权犯罪的成立要件，由此成为决定知识产权违法、犯罪性质界限的主要客观标准，某种程度上，成为反映知识产权犯罪本质的量化形式。

某一因素在刑法中的作用，一般都体现在对定罪和量刑的作用上，那么，"违法所得"在刑法中对定罪和量刑是否具有相应作用呢？

（一）"违法所得"是区分知识产权侵权行为与犯罪的重要客观依据

最高人民法院、最高人民检察院《关于办理侵犯知识产权刑事案件具体应用法律若干问题的解释》第1条规定，未经注册商标所有人许可，在同一种商品上使用与其注册商标相同的商标，具有下列情形之一的，属于

《刑法》第 213 条规定的"情节严重",应当以假冒注册商标罪判处 3 年以下有期徒刑或者拘役,并处或者单处罚金:(1)非法经营数额在 5 万元以上或者违法所得数额在 3 万元以上的;(2)假冒两种以上注册商标,非法经营数额在 3 万元以上或者违法所得数额在两万元以上的;(3)其他情节严重的情形。具有下列情形之一的,属于《刑法》第 213 条规定的"情节特别严重",应当以假冒注册商标罪判处三年以上七年以下有期徒刑,并处罚金:(1)非法经营数额在 25 万元以上或者违法所得数额在 15 万元以上的;(2)假冒两种以上注册商标,非法经营数额在 15 万元以上或者违法所得数额在 10 万元以上的;(3)其他情节特别严重的情形。其中,我们不难看出,"违法所得"及其数额对于犯罪的成立在客观要件上起了决定性影响。如此一来,行为人实施侵犯知识产权的行为,如果"违法所得"数额符合法定要件,那么就可能构成犯罪,没有违法所得,那么就难以构成犯罪。

"违法所得"成为区分罪与非罪的标准在刑法上有两种类型:第一,《刑法》明文规定"违法所得"的数额即是构成特定侵犯知识产权犯罪的必要客观条件。譬如,销售假冒注册商标的商品罪、侵犯著作权罪、销售侵权复制品罪等的罪状中,都明确要求"违法所得数额较大"方可构成犯罪,"违法所得数额巨大"时因危害结果更为严重而成立适用较重法定刑的结果加重犯。第二,"违法所得"及其数额能够成为评价"情节严重""造成重大损失"等构成要件的判断依据。我国《刑法》假冒注册商标罪,非法制造、销售非法制造的注册商标标识罪、假冒专利罪以及侵犯商业秘密罪都规定,只有"情节严重"或"造成重大损失"时才成立犯罪。如何理解其中的"情节严重""造成重大损失"呢,"违法所得"可以成为判断"情节是否严重""损失是否重大"的重要依据。

(二)"违法所得"是知识产权犯罪适用法定刑刑档的重要判断依据

"违法所得"数额的大小,反映了该危害行为对社会关系的破坏程度,数额越大,危害越严重;数额较小,危害则较轻。由此,刑法在刑罚及法定刑刑档的配置上也不同。我国许多知识产权犯罪都规定了多个法定刑刑档,不同刑档的设置即基本是以销售或违法所得"数额较大"以及"数额巨大"为依据的。

（三）"违法所得"对定罪量刑的影响不应扩大或缩小

"违法所得"是知识产权犯罪定罪量刑中的唯一标准吗？对此，理论界有不同的观点。有学者主张"唯数额论"，认为在刑法规定以"违法所得"数额为构成要件的犯罪中，"违法所得"数额能够直接反映和决定其社会危害程度，是决定罪与非罪的一个绝对标准。而反对者则认为，"违法所得"数额只是区分罪与非罪的重要因素，但不是决定其社会危害性和是否构成犯罪的唯一因素。❶ 笔者认为，后一种观点较为合理，决定犯罪社会危害性及其程度的因素既有客观因素，也有主观因素，单纯靠"违法所得"数额无法准确、全面考量犯罪的危害性及其大小。即使在"违法所得"数额是构成必备要件的犯罪中，犯罪数额也无法完全准确地反映该行为的社会危害程度，将其视为定罪的唯一和绝对的标准容易造成出入人罪，应全面审视其他多种情节因素在犯罪成立上的作用。

二、"违法所得"的司法认定

虽然"违法所得"数额不能直接决定犯罪是否成立，但却是影响犯罪成立的重要因素之一，该要件的不齐备，将直接影响犯罪的构成。那么，究竟什么是"违法所得"？在司法实践中如何准确认定"违法所得"呢？

对于"违法所得"，我国相关法律法规有不同的解释。

第一种是将"违法所得"界定为"非法销售额"。如 1989 年《药品管理法实施办法》颁布后，卫生部为便利实施，便发布了《关于〈药品管理法实施办法〉有关名词解释》，其中就对"违法所得"进行了规定。依照该规定，"违法所得"，"系指上列条款所述的违法活动中牟取的全部营业收入（包括成本和利润）"。此处营业收入就是销售额，从而，"违法所得"与"非法销售额"没有实质区别了。1993 年卫生部颁行的《药品监督管理行政处罚规定（暂行）》第 67 条也作了相同规定，"违法所得系指违法活动中牟取的全部营业收入（包括成本和利润）"。

另一种是将"违法所得"界定为"获利额"，即从销售额中扣除成本之后的获利数额。最高人民法院《关于审理生产、销售伪劣产品刑事案件如何认定"违法所得"的批复》中规定："全国人民代表大会常务委员会

---

❶ 张勇. 犯罪数额研究［M］. 中国方正出版社，2004：76 – 77.

《关于惩治生产、销售、伪劣商品犯罪的决定》规定的违法所得数额，是指生产、销售伪劣产品获利的数额"。最高人民法院在《关于审理非法出版物刑事案件具体应用法律若干问题的解释》中也规定："违法所得数额"是指获利数额。上述法规、司法解释都将"违法所得"界定为"获利额"。

就知识产权犯罪的"违法所得"认定而言，目前，并没有直接的明确的法律规定。我们认为，宜将"违法所得"数额理解为"获利额"。这是因为，我国刑法对于知识产权犯罪成立的客观要件规定了不同的构成要素，"违法所得"作为客观危害结果的数额标准，立法上一般都较低，理解为"获利额"较为恰当、合理。譬如，假冒注册商标罪的成立，在客观要件上是非法经营数额在5万元以上或者违法所得数额在3万元以上，假冒两种以上注册商标的，是要求非法经营数额在3万元以上或者违法所得数额在2万元以上。从中可以看出，"非法经营额"作为含有成本的数额，在具体数额标准上高于"违法所得"的数额，从语义的合理性和协调性上理解，知识产权犯罪中的"违法所得"理解为"获利额"较为适宜。

第二节　未完成形态的界定

知识产权犯罪作为一种主观犯意较强的犯罪，在犯罪的发动、实施、推进过程中，会出现犯罪的完成形态，也会容易因犯罪人意志以外的原因或自我对犯意的放弃等造成犯罪的未完成。在司法实践中，常见的是既遂形态的知识产权犯罪，不过，容易引起处理争议的往往是未完成形态的知识产权犯罪。对这些在犯罪完成之前而停止的犯罪，究竟是应认定为预备犯还是未遂犯、中止犯还是未遂犯等，需要专门研究。这里，笔者从犯罪未完成形态认定的一般原理出发，结合知识产权犯罪的具体情形渐次分析。

一、犯罪未完成形态的一般理论

（一）犯罪预备

1. 成立要件分析

我国《刑法》第22条第1款规定，"为了犯罪，准备工具、制造条件的，是犯罪预备。"不过，这仅仅是法律的明文规定，并非是犯罪预备的完整定义。所谓的犯罪预备，是指为了实行犯罪，准备工具、制造条件，但由于行为人意志以外的原因而未能着手实行犯罪的犯罪停止形态。据此，犯罪预备需具有以下四方面的条件方可以构成。

（1）该形态主观上是为了实行犯罪。

犯罪预备形态，要求行为人主观上是为了实行犯罪而实施了一定的活动，是着眼于实行行为的实施。

为了实行犯罪，既包括为自己实行犯罪，也包括为了他人实行犯罪，只要有犯罪意图即可。为了实行犯罪体现出行为人明确、具体的犯罪故意，在该犯罪决意影响下，行为人为犯罪的着手实行而准备工具、制造条件，为实行行为的开展、推进、顺利实施创造便利。在主观上，其也能认识到该积极准备行为与危害结果之间的联系性。

（2）客观上从事了实行行为之前的犯罪预备行为。

预备行为的开展是为后面的犯罪实行行为创造便利，一旦顺利，实行行为便会顺利着手实施、推进、完成。预备行为不是孤立的、单独的，从犯罪人的犯意及谋划看，预备行为是其整个犯罪行为的一部分，条件成熟后，预备行为会顺利结束，转入实行阶段。预备行为虽然不可能直接对实行行为指向的利益造成实质损害，但是，其预备行为仍然对合法利益造成现实威胁，具有现实损害性，应予刑法评价。

预备行为在刑法上可以划分为两类：准备犯罪工具和制造犯罪条件。前者的行为表现形式一般有：购买某种物品，如生产原料、生产工具、车辆、绳索、侦听侦探定位设备等作为犯罪工具；制造、改造、改良犯罪工具，使之用于特定犯罪的实施或逃匿；租赁、借用、盗窃他人物品以备犯罪之需等。后者是指准备工具之外的一切为实行犯罪制造条件的行为活动。该行为的表现形式一般有：第一，制造条件便于下一步犯罪的实行。如，摸清作案场所，前往作案场所，守候被害人的到达，诱骗被害人前往、到达作案场所，排除实行犯罪的外部障碍等；第二，为实行犯罪创造行为主体条件，如寻找、引诱、拉拢同案犯等；第三，为实行犯罪而谋议行为计划等。

（3）客观上未能着手实行犯罪。

犯罪预备形态是在预备阶段停止而未能着手实行犯罪。一旦着手实行了犯罪，就脱离了犯罪预备阶段。未能着手实行犯罪主要包括两种情形：一是预备行为未实施终了，由于某种原因不能继续实施预备行为，因而不可能着手实行；二是预备行为尽管已经实施终了，却因某种原因未能着手实行犯罪。

（4）未能着手实行犯罪是因行为人意志以外的原因。

行为人的危害行为在预备阶段停顿下来，未能着手实行刑法法定的危害行为，必须是行为人意志以外的原因，如此才能构成犯罪预备。也就是说，行为人本欲在实施预备行为后继续推进犯罪进程着手实行既定犯罪，但由于发生行为人意志之外的原因，使得行为人客观上无法继续推进危害行为、进入实行行为阶段。尽管刑法未明文规定犯罪预备是因意志以外的原因而未能着手实行犯罪，不过，刑法在中止犯的规定上，明确了在犯罪过程中自动放弃犯罪的成立犯罪中止。如此一来，若行为人自动放弃犯罪预备行为，或者自动不着手实行犯罪，则应认定为犯罪中止，若是因意志以外的原因而未能着手实行犯罪时，才构成犯罪预备。

2. 预备犯的刑事责任配置

依据我国《刑法》第22条第2款的规定，对于预备犯，可以比照既遂犯从轻、减轻处罚或者免除处罚。这一规定体现了罪刑相称原则。由于预备犯未能着手实行犯罪，没有对刑法保护的利益造成实质性损害，其危害性通常小于既遂犯对法益的破坏程度，故预备犯可以比照既遂犯从轻、减轻或者免除处罚的规定具有合理性。不过，在处罚预备犯时，应注意以下两个问题。

首先，对预备犯量刑时，"可以"比照既遂犯从轻、减轻或者免除处罚，也可以不从轻、减轻与免除处罚。在一般情形下，对预备犯比照既遂犯从轻、减轻或者免除处罚，但在特定情况下，如果行为人恶意较深，精心谋划，准备实行手段特别恶劣、罪行较为严重的犯罪时，可以不予从轻、减轻与免除处罚，这都符合法定精神。

其次，预备犯虽然可以"比照既遂犯"从轻、减轻或者免除处罚，但是所比照的既遂犯，应是在性质、情节、危害程度等方面与预备犯发展进程可能达成的既遂犯相同或相似。譬如，知识产权犯罪的某个罪有两个法定刑刑档，那么，就相应有基本犯和加重犯。知识产权犯罪的犯罪人在实行预备犯罪中，如果其行为发展的方向是加重犯，那么该预备犯的处罚就应依照加重犯相对应的刑罚为比照依据，而不应是基本犯的刑罚配置。

最后，预备犯可以比照既遂犯"从轻、减轻处罚或者免除处罚"，但是，究竟是适用从轻处罚、减轻处罚，抑或免除处罚，应当对犯罪预备的整个案件加以综合考察后来决定。此处主要考虑的因素有：犯罪预备行为是否已经实施终了，犯罪预备行为本身是否导致法律保护的利益受到严重威胁以及威胁的程度是否巨大等。

（二）犯罪未遂

1. 成立要件分析

根据《刑法》第23条第1款的规定，已经着手实行犯罪，由于犯罪分子意志以外的原因而未得逞的，是犯罪未遂。从学理上看，犯罪未遂就是行为人已经着手实行了犯罪，但因为犯罪人意志以外的原因而未得逞的犯罪停止形态。

对于处罚未遂犯的正当根据，刑法理论上一直有客观危害性与主观危险性两种不同的解释。前者因坚持从客观方面考量而又被称为"客观的未遂论"，其基本观点是：对未遂犯加以处罚是基于其行为引发法律利益受到侵害的客观危险性；在缺乏客观危险性存在的情况下，即使存在犯罪的主观故意，也不能认定为未遂犯予以处罚。既遂犯存在的场合是因为行为人的行为侵害了法益而受处罚，未遂犯是因为行为人的行为具有侵害法益的危险性而受处罚。持该类解释论者又存在不同的学说。"形式的客观说"坚持以各刑罚法规规定的构成要件为基准，对是否具有客观危险性进行形式上的判断。该观点认为，处罚未遂犯，主要在于其危害行为发生了构成要件结果的现实危险性或者实现犯罪的现实危险性。"实质的客观说"则认为，应从实质上判断行为人的行为是否具有危险性。

从行为人主观危险性上得出处罚未遂犯的根据，是另一种学理看法，此类主张又被称为"主观的未遂论"。该论者的基本看法是，未遂犯存在的场合都显现出犯罪人的主观危险性、反社会性，该犯意与既遂犯的犯意没有明显差异。

观点争议的背后是对刑法中两个基本命题"应受处罚的应该是行为还是行为者""刑法的价值是侧重社会防卫还是公民自由的保障"的认识存在分歧。从以上可以看出，从客观的未遂论看来，刑法处罚的对象应是行为而不是行为人，行为所导致的对法律利益的破坏才是未遂犯的处罚根据；就主观的未遂论看来，刑法处罚的不应是行为，而是行为人，行为人是行为的发动者、实施者，行为者的主观罪过具有非难性是未遂犯的处罚根据。刑法应侧重社会防卫，抑或公民自由的保障？从客观的未遂论立场看，刑法应首先保障公民自由，如果危害行为未能侵害或者威胁法律所保护的利益，则刑法不必以刑罚处罚公民；从主观的未遂论观点看，刑法的重要作用在于防卫社会不受侵害和威胁，人身危险性较强的人对社会存在着现实的威胁，经查证行为人主观上有人身危险性的，刑法就应该予以处罚。

对未遂犯处罚根据的探讨，不仅仅在学术理论上存在价值，现实中也直接影响着对未遂犯的一些司法适用。譬如，未遂形态是已经着手的状态，那么如何认定"着手"呢？客观的未遂论既然是以行为为理论依据，那么，在其看来，着手的认定可以"行为对法益侵害的危险性达到一定程度或紧迫程度"为认定标准。由于主观的未遂往往强调行为人的主观人身危险性，那么，依照该理论基点，"行为人显露出特定的犯罪意思时"就可认定"着手"。再如，未遂犯与不可罚的不能犯究竟如何区分问题，如果坚持客观的未遂论的观点，那么，就可能会以"行为对法律利益侵害的危险性的有无"来区分未遂犯与不可罚的不能犯，如果坚持"主观的未遂论"的立场，就可能会不再区分未遂犯与不可罚的不能犯，因为二者在行为人的主观人身危险性要素上是相同的。

从《刑法》第23条第1款的规定看，犯罪未遂必须具备以下条件。

（1）已经着手实行犯罪。

"着手"是行为的开始，是犯罪实行行为的开始。"着手"标志着犯罪预备阶段已经结束，行为人由着手行为开始进入了犯罪实行阶段，从此，行为人所实施的全部活动都是实行行为。

是否"着手"是认定未遂与否的重要依据，究竟如何认定"着手"，国内外学界存在不同的观点。对于"着手"的认定，在国外刑法理论上一直存在着"主观说、客观说、折中说"等多种学说。

从新派出发者往往主张主观说。在其看来，既然犯罪是行为人的主观罪过下的有意行为，行为人主观的犯罪意思显现时就应是实行行为的着手。有论者对该主观说提出异议，认为该说不能成立：第一，该说一方面主张根据行为人主观的危险性显现为着手开始，却又认为显现应从客观方面加以证明，如此谋求主客观两方面的认定依据，难免会造成标准的含糊。第二，一旦在认定着手时重视主观的人身要素，既遂、中止等状态也是着手后的犯罪状态，那么实行行为所具有的区分未遂与预备等犯罪形态的功能将无法发挥。第三，此说会造成着手的提前。按照此说，为了入室盗窃而推开窗户的行为就是盗窃罪的着手，以抢劫犯意进入受害人院落时就是抢劫罪的着手，毕竟在这些场合，行为人各自的犯意已经暴露于外。不过，在司法实践中，此类结论并不被司法人员认可。

"客观说"从行为人所实施的行为是否具有现实的危险性来认定"着手"。其中，又有"形式的客观说"和"实质的客观说"两种观点。形式的客观说认为，行为人只要从形式上实施了一部分符合《刑法》分则所规定的某一犯罪构成要件的行为，即进入了实行阶段，构成"着手"。"实质的客观说"因对客观行为和结果的认识不同，而又区分为"实质的行为说"与"实质的结果说"。前者认为，开始实施具有显现犯罪的现实危险性的行为时就是实行的"着手"。后者则认为，当行为出现了作为未遂犯的法定结果的危险性时，即行为对法益的危险性达到一定程度时，才是实行的"着手"。

"折中说"中存在不同的观点。其中"主观的折中说"认为，应以行为人意欲实施的整体活动为基础，如果实施对构成要件的法定利益造成直接危险的行为，显现出行为人的犯罪意思时，就是实行的"着手"。"客观的折中说"认为，犯罪行为是主客观的统一体，实行的"着手"也必须从主、客观两方面认定。因此，在故意犯罪的场合，如果行为人主观上具有实现某个犯罪的故意，并实施符合该罪的一部分构成要件的行为时，就是实行的"着手"。

我国刑法理论通常认为，所谓"着手"，就是行为人开始实行《刑法》分则所规定的某一犯罪构成客观要件的行为。

（2）犯罪未得逞。

"犯罪未得逞"这一要件是犯罪未遂与犯罪既遂相区别的基本标志。但理论上对何谓"未得逞"存在一定争议。

有观点认为，"犯罪未得逞"，是指行为人实施的犯罪行为未具备《刑法》分则规定的某一犯罪构成的要件，也即该犯罪行为没有具备具体犯罪构成的全部要件。不过，从理论上讲，凡是犯罪都是完全符合具体犯罪构成的，否则也无法成立犯罪。该观点将犯罪既遂的成立条件作为具体犯罪的构成要件，将犯罪的成立等同于犯罪既遂，有失合理性。

也有观点认为，"犯罪未得逞"，是指没有发生法律所规定的犯罪结果。在此观点看来，犯罪结果是一切犯罪的构成要件，未产生犯罪结果也就不符合某罪的犯罪构成。

另有观点认为，"犯罪未得逞"，是指未达到犯罪人主观上的犯罪目的，也即虽然实施了犯罪行为，但是犯罪人所追求的结果未发生。犯罪未得逞，是指犯罪人所追求的、受法律制约的危害结果没有发生。

笔者认为，"犯罪未得逞"是指行为人实施的犯罪行为未具备《刑法》分则规定的某一犯罪构成的全部客观要件，也即该犯罪行为没有齐备具体犯罪构成的全部客观要件。《刑法》分则对某一类行为的状态，即是该罪行为的既遂状态，满足其全部客观要件即是既遂，实施了行为但未满足全部客观要件的，即是"未得逞"，而停止在既遂前。有学者认为《刑法》分则的全部客观要件在一些犯罪中并不明确，不过，这仍可以在司法经验的基础上，通过刑法学理解释、判例、司法解释等进行明确。

（3）犯罪未得逞是由于犯罪人意志以外的原因。

犯罪人意志以外的原因，是指违背犯罪人的主观犯罪意志，客观上使犯罪行为不可能既遂，或者使犯罪人认为不可能既遂从而被迫停止犯罪的各种内外因素。在犯罪未遂场合，犯罪人希望发生危害结果的欲念与追求并没有改变与放弃，只是某种因素的出现迫使行为人放弃犯意，致使行为人追求的结果没有发生。该因素的出现违背了行为人的犯罪本意，与其既定的犯罪意志相冲突，目前发展的结果是其不愿看到的。

2. 犯罪未遂的不同形态剖析

依据犯罪行为人行为实施的程度不同、所导致结果发生的可能性及现实状况，犯罪未遂可以划分为不同的类型。

（1）实行终了的未遂和未实行终了的未遂。

此类划分是根据犯罪人的实行行为是否实行终了所做的未遂类型认定。对于所谓"实行终了的未遂"，一般认为，这是指犯罪人将其认为达到既遂所必需的全部行为已经实行终了，不过由于意志以外的原因却未得逞的行为状态。譬如，犯罪人对被害人砍杀多刀，致被害人昏死，犯罪人以为受害人死亡而离开。但是被害人后醒来呼救被送往医院抢救而脱险。

此处，犯罪人砍杀受害人，将实施的砍人行为全部实施完毕，不过，却因意志之外的原因导致未得逞。

所谓"未实行终了的未遂"，一般是指犯罪人因意志以外的原因，使得其未能将其认为实现既遂的全部行为实行终了，导致未得逞的行为形态。譬如，犯罪人在毒杀他人时，正要将毒药投放到受害人的面粉时，被受害人的亲属发觉而败露。

此类划分重在考察行为人行为实施的进展程度，并不意味着"实施终了的未遂"的危害性与行为人的人身危险性就绝对重于"未实行终了的未遂"，对于犯罪行为社会危害性的大小，应根据行为的限制、侵害对象、数量以及对法益的侵犯程度等综合来判断。

（2）未造成任何危害结果的未遂与造成一定危害结果的未遂。

此类划分是以犯罪人的行为是否导致一定结果的发生为标准。犯罪未遂虽然未造成既遂，可能未造成任何危害结果，但是也可能造成了一定危害结果，只不过，该结果并不是行为人所追求的，而是因该行为性质以及发展所导致的结果。譬如雇凶杀人，雇凶者指使他人挟持被害人，并将受害人捆绑在汽车后备箱内，不料，受害人在汽车行驶过程中极力挣扎，摆脱捆绑，跳车逃脱获救，仅在心理上受到惊吓，身体上未受到伤害。此种未遂即是"未造成任何危害结果的未遂"。假如受害人在跳车时身体受到伤害，虽未造成死亡，但仍构成"造成了一定危害结果的未遂"。

之所以区分这两种不同的犯罪未遂，主要在于，如此划分有利于正确认识不同情形下的未遂会对刑法所保护的利益造成不同的的损害，尽管都是未遂，但仍有结果上的不同。

（3）能犯未遂与不能犯未遂。

此种划分是以犯罪行为本身能否真正实现既遂为标准所作的区分。一般认为，所谓"能犯未遂"，是指犯罪人所实施的行为本身可能达到既遂，但由于犯罪人意志以外的原因而未得逞。譬如，犯罪人某男，在某夏夜潜入一女性家中，扑向受害人，意欲强奸受害人时，因自身生理原因未能与受害人发生性关系。此种情形下，犯罪人已经面对受害女性，在客观上通常具有实现既遂的可能，但因意志之外的自身生理原因导致未得逞，即属于"能犯未遂"。

所谓"不能犯未遂"，是指犯罪人所实施的行为本身因具备客观无法实现既遂的条件，致使未得逞。根据影响不能犯的客观因素是行为对象还是行为手段，"不能犯未遂"又进一步分为对象不能犯未遂与手段不能犯未遂。譬如，犯罪人某男深夜尾随一长发妖娆"女子"，意欲强奸。在从背后勒紧受害人脖子、向路边草丛拖入时，发现该"女子"实为一男扮女装的男同性恋者，在殴打受害人后，犯罪人逃离。此种情形下，犯罪人意欲奸淫的对象由于客观是男性，其最终是无法实现的，面对的行为对象在客观上导致其无法既遂。再如，行为人意欲用放毒蛇的手段杀害受害人，在山区购买"毒蛇"并偷偷将蛇放进受害人房间，但受害人并未被咬伤，经林业部门鉴定，该蛇并不是毒蛇，对人不具有杀伤性。此种情形下的未遂，即属"手段不能犯未遂"。

3. 未遂犯的刑事责任配置

依据《刑法》第 23 条第 2 款的规定，对于未遂犯，可以比照既遂犯从轻或者减轻处罚。

犯罪未遂行为，虽然未既遂，但仍具有社会危害性，应当负刑事责任。鉴于犯罪未遂的社会危害性一般低于犯罪既遂，因而，对未遂犯应该实行从宽处罚政策，可以比照既遂犯从轻或者减轻处罚。

（三）犯罪中止

1. 成立要件分析

犯罪中止也是犯罪未完成形态的一种。依据《刑法》第 24 条第 1 款的规定，在犯罪过程中，自动放弃犯罪或者自动有效地防止犯罪结果发生的，是犯罪中止。由此，犯罪中止的成立，需要由下列条件构成。

（1）犯罪中止必须存在于"犯罪过程中"。

此条件是强调，中止形态的构成是犯罪人在开始实施犯罪行为之后、犯罪呈现结局之前的整个时期，但不能在犯罪结束之后再中止，或既遂之后再停止犯罪。

（2）犯罪中止应当是犯罪人"自动"放弃犯罪或者"自动"有效地防止犯罪结果发生。

这是中止犯区分于预备犯、未遂犯的重要标准。后两者虽然也属于未完成形态，但是，均是因犯罪人意志之外的原因而引起的，中止犯却是犯罪人自动放弃导致未完成。那么，从解释上看，犯罪人的"自动"应该如何理解呢？国外刑法理论主要有主观说、客观说、折中说三类不同的观点。

　　关于主观说。该观点认为，如果行为人放弃犯罪的继续实施是因对外部障碍产生认识，就属于未遂犯，其他放弃犯罪继续实施的场合都属于自动中止。判断方式基本是：能达目的而不欲时，为犯罪中止；欲达目的而不能时，为犯罪未遂。该学说注重犯罪人"自动"放弃犯罪时的主观心理因素考察，不过，对于如何判断"能实施"与"不能实施"，标准依然不明确。

　　关于客观说。该理论主张，行为人放弃犯罪或防止结果发生时的自动，应由社会的一般观念予以客观评价：若犯罪时，一般人基于该情形不会放弃犯罪，而行为人放弃的，便构成中止犯；若一般人基于该情形往往会放弃犯罪时，行为人放弃的，应认定为未遂犯。此种观点，注重通过一般情形下多数人的客观行为反应，来考察行为人的行为是否异于一般人的通常表现，进而确定行为人的放弃行为是否属于"自动"。但，毕竟每一行为人都是独立个体，犯罪的认定是对犯罪人及其行为的个别化考察，完全将行为人与一般人相比较，也具有一定的不合理性。

　　折中说主张将上述两种观点的合理方面加以综合。对"自动"的认定，应先判断行为人是否认识以及如何认识外部影响犯罪实现的障碍因素，再考察该障碍因素是否对行为人的意识产生了强制性影响。压制犯罪人实施的，属于未遂，未压制的属于中止。

　　笔者认为，中止的自动性应理解为，犯罪行为人已认识到客观上能够继续实施犯罪或者可能既遂，但自己因某种考虑自愿放弃原来的犯罪意图。在中止犯的场合，犯罪行为人往往面临着两种行为方向的选择以及对危害结果意愿的改变：可以继续实施犯罪、使犯罪既遂，也可以不再继续实施所进行的犯罪、不使犯罪既遂；犯罪行为人基于一定考量，希望危害结果不发生，不再是之前的希望危害结果如期而至或早至。在可选择、能选择的情境下，犯罪行为人基于一定考量不再继续实施犯罪、不使犯罪既遂的，构成自动放弃犯罪或自动防止犯罪结果发生，应认定为中止犯。

　　实践中，行为人放弃犯罪继续实施的原因可能是多种多样的，譬如，真诚悔悟，对被害人产生怜惜，惧怕处罚，受到规劝，受害对象不符合自己选择要求等。在区分中止犯与未遂犯时，应对影响犯罪人继续实施、促使犯罪人放弃犯罪继续实施的原因进行实质性分析。譬如，在一起强奸案中，犯罪行为人从受害女性身后看，色心大起，尾随受害人，行至僻静处侵犯时，发现受害人的面容不是自己臆想的漂亮，便松开了手，使受害人逃离。此种情形下，犯罪人面对受害人"相貌并不如意"这一外在障碍因素，有能力继续实施，但其不愿继续实施，不愿强奸结果的后续出现，在面临行为选择及结果意愿取向选择的情形下，其放弃犯罪，应认定为中止。

2. 中止犯的刑事责任配置

中止犯属于未完成犯，较之于既遂，从法理意义而言，刑事责任应该较轻。不过，应该轻到何种程度呢？这既涉及中止犯处罚减免根据，也与一国的刑事政策相关。

对中止犯从宽刑罚的理由，国外刑法在解释论上有不同观点。依照刑事政策论的观点，从宽处罚旨在促进其回归社会；根据违法性减少说的解释，从宽处罚在于中止行为的实施客观上使犯罪行为的社会危害性减小，而依据责任减少说，从宽处罚是基于行为人的犯意放弃减轻了国家对其行为的非难程度。

笔者认为，对中止犯应该从宽处罚，有其主客观的内在根据，并且从有利于犯罪防控和防卫社会的角度看，也应该对中止犯从宽处罚。第一，行为人放弃犯罪或者有效地防止犯罪结果发生的行为，使得对社会的危害性大为减小，从罪刑相称原则出发，应该从宽处罚。第二，犯罪人主动放弃犯罪或自动有效地防止犯罪结果的发生，表明行为人对先前发动的犯罪已经不再继续推进，对社会损害的人身危险性大为减小，对该行为人的谴责与非难也应与既遂犯相区别。第三，从宽处罚中止犯，客观上有利于鼓励犯罪人在犯罪过程中及时中止犯罪，鼓励行为人对已实施的危害较强的行为及时采取防止危害结果出现的有效措施，从而有利于积极防卫社会，以最大限度地避免合法利益受到较大损害。如此政策导向，有利于积极引导犯罪人在犯罪中及时迷途知返。

我国《刑法》第 24 条第 2 款对中止犯的从宽处罚幅度进行了规定：对于中止犯，没有造成损害的，应当免除处罚；造成损害的，应当减轻处罚。此处的所谓"没有造成损害"，是指未造成任何损害合法利益的危害结果；"造成损害"，是指犯罪人的危害行为虽未造成行为人意欲追求的、行为性质所决定的法定危害结果，但导致了损害合法利益的一定危害结果的发生。

二、知识产权犯罪的未完成形态分析

（一）知识产权犯罪中的数额犯与情节犯

《刑法》分则第三章第七节对侵犯知识产权罪的规定中，包括以商标、专利、著作权和商业秘密为保护对象的七种犯罪。仔细分析该七种犯罪的罪状，结合犯罪类别的一般理论，我们可以将知识产权犯罪划分为"数额犯"与"情节犯"。

1. 数额犯

对知识产权犯罪中以数额作为构成要件客观要素要求的，可以成为"数额犯"，但凡以"情节严重"作为犯罪构成要件的客观要素的，我们可以称其为"情节犯"。以数额标准在构成要件客观要素中的空间分布不同，又可以对"数额犯"再次深层分为：结果数额犯和行为数额犯。前者是指数额在犯罪构成要件中作为结果要素存在，不充足的，不构成犯罪，如销售侵权复制品犯罪、侵害商业秘密犯罪等。后者是指数额在犯罪构成要件中作为行为要素存在，不充足，客观要件不成立，犯罪不成立，如销售假冒注册商标的商品罪。

2. 情节犯

知识产权犯罪中的假冒注册商标犯罪、非法制造和销售注册商标标识犯罪、假冒他人专利犯罪、侵犯著作权犯罪在罪状中均规定，犯罪的成立需要以情节严重作为客观构成要件，依据刑法基本理论，这些犯罪均属于情节犯。

（二）行为数额犯的未完成形态

1. 行为数额犯是否存在未遂

依据我国《刑法》第214条的规定，销售假冒注册商标的商品罪是指销售明知是假冒注册商标的商品，销售金额数额较大的行为。从最高人民法院、最高人民检察院《关于办理侵犯知识产权刑事案件具体应用法律若干问题的解释》第2条规定看，此处的"数额较大"是指销售金额在五万元以上。《刑法》第214条将"销售金额在五万元以上"作为该罪的基本罪状加以认定，确立了该罪成立的定量标准，不过，却也造成学界对"销售金额在五万元以上"究竟是犯罪成立要件还是既遂充足要件的理解分歧，导致学界对该犯罪行为是否可能存在未遂有不同认识。

一种观点认为，"销售金额在五万元以上"是犯罪成立要件，未满足这一要件的，不构成本罪，自然也就不存在既遂、未遂问题。满足这一条件的构成犯罪。

另一种观点认为，"销售金额在五万元以上"是犯罪既遂条件，条件满足的构成既遂，未满足的构成未完成形态。● 该观点的主要理由是我国《刑法》分则对具体犯罪的状述基本是以犯罪既遂作为标准模式，分则列出的构成要件是既遂状态下的行为模式。

笔者认为，从现有规定看，刑法并没有将未遂行为完全排除在刑事处罚的范围之外。销售假冒注册商标的商品时，虽进行了销售行为，但未能销售出去，销售金额较大的，可以认定构成本罪的犯罪未遂。如果销售行为尚未着手，但案值金额较大的，可以认定构成本罪的预备犯或中止犯。

2. 未遂和预备的区分

依据《刑法》第 23 条第 1 款的规定，"已经着手实行犯罪，由于犯罪分子意志以外的原因而未得逞的，是犯罪未遂"。行为人为销售假冒注册商标的商品而进行的购买、存储、招揽等活动应当认定为本罪的犯罪预备行为。如果行为人事先与购买人达成了销售合意，那么也就意味着其已经确定了销售对象、销售商品、销售价格，销售行为已经着手实施，脱离了预备行为，应认定为构成本罪的未遂。

（三）结果数额犯的犯罪未完成形态

销售侵权复制品犯罪和侵害商业秘密犯罪均属结果数额犯，《刑法》分则将"违法所得数额巨大"或"造成重大损失"作为犯罪构成要件中的客观要素加以规定。

如果没有相应的危害结果发生，犯罪便无法成立。销售侵权复制品的行为人在"违法所得"未发生或未满足法定数额时，即使行为人实际销售了侵权复制品，这一行为也不具有刑事可罚性。因而，结果数额犯仅有犯罪既遂形态，未完成形态是不存在的。

侵害商业秘密罪这一犯罪以给商业秘密权利人造成重大损失为构成要

● 赵秉志，许成磊. 侵犯注册商标权犯罪问题研究［J］. 法律科学，2002 年（3）：68.

件，此类犯罪也不可能存在未完成形态的犯罪。

（四）情节犯的犯罪未完成形态

假冒注册商标犯罪、非法制造和销售注册商标标识犯罪、假冒他人专利罪都明确以"情节严重"作为犯罪构成的必备要素，均属于情节犯。

情节犯无所谓犯罪既遂或者未遂，行为不满足法定的情节要求的，犯罪便不能成立，没有犯罪中止、未遂或者预备等形态。

下面，择一情节犯案例剖析：

2012 年 5 月，被告人翁某、沈乙以他人名义注册成立上海××电子科技有限公司，并在淘宝网注册"××数码专营店"。2013 年 5 月，被告单位上海××电子科技有限公司取得"WD 西部数据"全系列存储产品的经销商资格。被告人翁某购入"WD 西部数据"笔记本电脑硬盘内核后，从网上购买假冒"WD 西部数据"的移动硬盘外壳、数据线、外包装等，由被告人沈乙负责在上海市闵行区龙吴路某住所内组织员工组装成"WD 西部数据"的移动硬盘，通过淘宝网的"××数码专营店"掺杂在正品行货中销售。2014 年 3 月 11 日，公安机关在组装地抓获被告人沈乙，并查获标有"WD 原装正品 500G"字样的移动硬盘 575 个，标有"WD 原装正品 1TB"字样的移动硬盘 681 个，移动硬盘包 1800 个，移动硬盘外壳、数据线、说明书等硬盘组装件 5 箱（每箱 100 套）。经西部数据公司鉴别，除55 个"WD 原装正品 1TB"移动硬盘为正品外，其余移动硬盘的内核为正品，外包装（包括移动硬盘外壳、数据线、说明书等硬盘组装件）均为假冒注册商标的商品。参照网上销售单价计算，上述假冒注册商标的商品货值人民币 445 093 元。

被告单位上海××电子科技有限公司和被告人翁某、沈乙在开庭审理中对上述事实均无异议，且有证人沈甲、王某、汪某某、龚某某、任某某的证言及辨认笔录，公安机关出具的扣押决定书、扣押清单及抓获经过，商标权利人及其委托代理人提供的商标注册资料、代理委托书、鉴定材料、证明书及价格证明等，上海闵行区物价局出具的关于假冒注册商标的结论书，上海沪港金茂会计师事务所有限公司出具的司法会计鉴定意见书，西部数据香港有限公司出具的授权证明书及伟仕电脑（香港）有限公司出具的授权书等证据证实，足以认定。

被告人翁某的行为是既遂还是未遂呢？被告人翁某认为，被查获的假冒注册商标的商品尚未销售，应属犯罪未遂。其实，其行为所触犯的罪名为假冒注册商标罪，该罪属情节犯，不存在未完成形态的问题。翁某未经注册商标所有人许可，在同一种商品上使用与注册商标相同的商标 1201 件，涉案产品已完成组装，假冒注册商标的行为业已构成，当属"情节严重"，其行为已构成犯罪，并不属于犯罪未遂。

第三节　共犯的司法区分

知识产权犯罪作为侵犯他人智慧财产的犯罪，在司法实践中常常表现为自然人共同犯罪或自然人和单位共同犯罪。对该类犯罪的共犯性质以及共犯人的认识与认定，应在我国刑法对共犯的基本规定以及我国共犯理论的基础上，结合知识产权犯罪的特性加以分析。

一、共犯认定的一般理论

（一）共同犯罪的内涵界定

共同犯罪是一种特殊的、复杂的犯罪，其与单独犯在人员构成、犯意形成与联络、危害行为实施与推动、危害结果的形成等方面均存在重大不同，所以，对该罪应注重区分与责任厘定。

从人员构成和数量上说，共同犯罪是二个以上的犯罪主体共同故意实施的犯罪。由于共同犯罪人在犯意发动、犯罪推进及完成犯罪中所起的作用可能不同，从罪刑相适应的角度而言，需要研究各共犯人在犯罪中的作用、地位以及应负的刑事责任。与此同时，司法实践中，有些涉案人在作案过程中的行为貌似共同犯罪的一部分，但未必符合共犯的构成条件，存在着共犯人与非共犯人的可能。

从共同犯罪的特质上看，共犯要比单独犯的危害程度更为严重。二名以上犯罪主体的共同行为使各行为人的犯意相对单独犯更加坚决，完成犯罪的可能性更大，行为的后果可能更为严重，应该就该共犯形态加以研究。

有鉴于此，就共犯作出专门规定成为各国刑法典立法时的惯常行为，我国刑法也不例外。《刑法》第 25 条第 1 款即对何谓共同犯罪作出了规定："共同犯罪是指二人以上共同故意犯罪。"共同犯罪这一定义揭示了共同犯罪的内在属性，体现了主、客观相统一以及罪刑相称的刑法原则，为共同犯罪的认定及有效惩治提供了法律标准，在研究上，也为共同犯罪理论指明了研究的边际与方向。

从我国刑法就共同犯罪的规定我们可以看出我国共犯的一般特性：第一，共犯在主、客观上具有统一性。我国刑法规定的共同犯罪要求犯罪主体间既有共同故意，又有共同行为。第二，共犯在犯罪推进、完成中的整体性。共同犯罪是二个以上犯罪主体就犯罪的实施达成共同犯意，并共同实施、推进、完成犯罪，犯罪前后过程形成一个有机整体，并非两个单独犯罪人犯意的叠加或危害行为的简单组合。分析共犯问题的基本思维就是：所有共犯行为在整体上是统一体，是一个"整体行为"，应从犯罪的整体行为实施、推进、发展的过程和造成的结果出发，分析各犯罪人的作用与地位。第三，共同犯罪既具有相同特点，又存在类型上的差异性。共同犯罪作为多人故意犯罪，有其一般特点，但是，由于犯罪人构成及犯罪特点不同，共同犯罪又有不同类型，譬如事先有通谋的共同犯罪和未通谋的犯罪，前者相对于后者而言，推进和完成犯罪的，恶意深，人身危险性大，造成的后果可能会更严重。

（二）共同犯罪的成立条件

共同犯罪是独立于单独犯的一种特殊犯罪类型，但是，是否意味着多人一起实施的犯罪就是共同犯罪呢？这需要依据共同犯罪这一概念的内涵来理解。我国《刑法》第 25 条第 1 款对共同犯罪进行了定义，由此，也就框定了共同犯罪的内涵与外延。共同犯罪的成立条件分析，也就要据此为基础进行分析。从既有刑法规定和法理分析看，我国共同犯罪的成立需要三大条件：第一，必须有两个以上的行为主体；第二，行为人必须存在共同故意；第三，行为人客观上实施了共同行为。下面，我们逐个分析。

（1）在行为主体的性质、数量条件上，应有二个以上的犯罪主体方才构成共同犯罪。

既然是共同实施犯罪，行为人应不低于"二人"，若是单个行为主体实施犯罪，只能成立单独犯。至于行为主体最多可达至多少人，法律并无限制，可以是 3~5 人，也可以是十几、几十人，但从司法实践看，几百人共同实施犯罪的情形较为罕见。

行为主体可以是自然人。依据我国《刑法》第25条第1款规定，共同犯罪的必须是"二人以上"，也即二人共同故意犯罪时即能成立共同犯罪。不过，此处的二人以上也并非是任何人，因为，纳入刑法视野、在刑法上具有评价意义的人才能作为犯罪主体，因而，刑法中的自然人犯罪主体应当是符合该国刑法规定的具备一定条件的自然人。究竟应当具备何种条件，才能作为犯罪主体进行刑法评价呢？人类从对抗、防治犯罪的历史经验以及社会人道主义的立场出发，一般认为，达到一定年龄，对社会行为具有正常认识、判断能力的人应对自己实施的社会活动负责，一旦实施了刑法中的犯罪行为，就可以纳入刑法考量。但是，究竟应达到多大年龄、如何判断行为人的认识与判断能力，每一个国家因本国青少年生长、发育情况不同，本国法律文化不同等原因对此规定也不一样。

根据我国《刑法》的规定，在认定犯罪主体要件时，应注意以下几个方面：第一，共同犯罪的犯罪主体必须已满14周岁，否则，不能构成犯罪。第二，共同犯罪主体可以是已满14周岁未满16周岁的未成年人，但其行为涉嫌罪名只能是《刑法》第17条第2款规定之罪，行为涉嫌其他罪名的，不能构成共同犯罪。第三，已满16周岁的自然人，其行为涉嫌《刑法》规定之罪的，均可以构成共同犯罪的犯罪主体。第四，达到法定年龄、具有辨认控制能力的自然人，为实施犯罪，利用不足法定年龄或不具有辨认控制能力的人实施犯罪行为的，属于利用他人作为工具实施犯罪，被利用者在刑法上不予单独评价，利用者仍属单独犯，不构成共同犯罪。

在自然人之外，单位也是我国刑法中的犯罪主体。在共同犯罪上，既然两个以上的自然人能够构成犯罪主体，在单位主体上，两个单位也可以构成共同犯罪。不过，也应当注意以下问题：第一，并非任意两个单位都可以构成共同犯罪的主体，只有共同实施了《刑法》分则已确定的、单位可以构成的犯罪时，两个以上的单位才可以构成共同犯罪。第二，单位直接负责的主管人员及其他直接责任人员与所在单位并不构成共同犯罪。因为，直接负责的主管人员及其他直接责任人员是单位意志的实施者、执行人，其行为属于为单位执行犯罪活动，利益由单位支配、享有，其是单位的一部分，不具有独立的意识、意志。因而，不能作为独立犯罪的犯罪主体。但是，直接负责的主管人员及其他直接责任人员未执行单位犯罪意志和活动安排，或者在已经执行单位意志和犯罪活动安排后又独立实施犯罪活动的，应作为犯罪主体对待，与其他犯罪主体共同实施的，可以构成共同犯罪主体。第三，单位与自然人共同实施犯罪活动的，可以构成共同犯罪。如，未经商标权利人许可，李某联系某印刷厂，请其印刷某饮料有限公司的饮料罐罐盖2万多个，即李某与某印刷厂就涉嫌在非法制造注册商标标识罪上构成共同犯罪。

（2）在主观罪过上，应有共同故意。

我国《刑法》第25条第1款规定，共同犯罪必须是"共同故意"犯罪。所谓"故意"是指刑法中犯罪主体主观罪过状态上的故意心理，那么"共同故意"又是指何意呢？是指相同的故意内容，还是指共同谋议，抑或其他？笔者认为，共同犯罪作为独立于单独犯的一种独立犯罪形式，是一个整体犯罪，在犯罪心理状态上，所有行为人应当具有相同的认识和意志取向，对行为指向有清晰的认识，对目标和目的有良好的把握。基于此，笔者认为，共同犯罪形成要件中的"共同故意"应有两方面的内容：一是各行为人在行为性质、行为对象、行为目的等方面均有相同的犯罪故意；二是各行为人相互之间在犯罪的谋议、推动、实施、完成上具有意思联络。

具体说来，包括以下方面内容。

第一，"共同故意"心理状态下，各行为人都明知共同行为的性质、方向和危害社会的结果，并且希望或者放任危害结果的发生。譬如，两名行为人经过谋划后，共同实施抢劫了受害人的兰花，各行为人对同一种犯罪持有了相同故意，即均认识到是强行劫取他人财物，并追求该结果的发生。不过，两个犯罪主体是否必须均是直接故意或间接故意呢？笔者以为，并不需要故意的形式与具体内容完全一致，只要求符合刑法的规定，属于故意即可。就故意形式来看，犯罪主体均为直接故意或均为间接故意以及一方为直接故意一方为间接故意均可，犯罪主体的主观罪过只要是属于同一种犯罪的故意内容，就可成立共同犯罪。从共同故意的具体内容而论，各行为人应在同一种犯罪上具有相同的认识因素与意志因素，每人故意的具体内容如果不完全相同，也不影响成立共同犯罪。譬如，甲教唆乙杀人，甲有唆使杀人的犯罪故意，属于已经认识到自己的唆使行为性质为非法有害，且追求结果发生，而乙接受教唆，实施杀人，属于在主观上认识到杀人的非法和有害，尽管在认识的具体内容上有差异，不过，仍旧不影响共同故意的成立。

第二，"共同故意"之下，各行为人在主观上都认识到自己并非是单独犯罪，而是在和他人一起共同实施。

第三，"共同故意"中，各行为人在主观上具有相互意思联络。在共同谋划、推进和完成犯罪行为上，彼此有犯意沟通、犯意呼应、犯意强化，对共同推进、完成犯罪有相互的意念传递。

如果一方未有与他方共同犯罪的意图，单独实施犯罪，却不料他方却理解为和自己共同犯罪时，是否构成共同犯罪呢？这即是"片面共犯"应否属于共犯的问题。

"片面共犯"，是指在同一个犯罪过程中，一方认识到自己是与他人共同犯罪，而另一方却未认识到有他人与其共同犯罪。"片面共犯"一般存在三种情况：

一是片面的共同实行行为。这是指实行的一方在行为过程中并没有认识到另一方也在从事实行行为的情形。譬如，乙男子正欲对丙女实施强奸行为时，遇到丙反抗，不过，在反抗中逐渐减弱，直至倒地不再反抗，乙得以顺利实施奸淫行为。事实上是在乙不知情的情况下，甲为抢劫目的事先在丙的饮品中投放了麻醉药品。此类情形下，甲乙的行为均是实行行为。

二是片面的教唆行为。这是指行为人教唆他人实施犯罪，而被教唆者未认识到自己被教唆的情形。例如，行为人甲意图除掉乙，经过一段时期的观察后，甲发现乙与丙的妻子丁多次通奸，便将二人通奸的相关照片偷偷拍照后发给丙。随后，甲将一支枪放在丙回家的小路上，丙发现后以为别人丢失便捡回家中藏匿。丙在一次与丁的吵架后故意杀人，用枪将丁和乙先后杀死。此种情形下，甲有教唆丙杀死乙的犯意，而丙却并不知情。

三是片面的帮助行为。这是指一方暗中帮助另一方实行犯罪，而着手犯罪实行行为的行为人却并未认识到他方有帮助行为。譬如，行为人甲对丙怀恨在心。一次，甲发现行为人乙与丙争吵并持刀追砍丙，便偷偷唆使自己的狗在丙前方拦截，丙躲避不及，被赶来的乙杀害。此种情形下，乙并未意识到甲在帮助他，而甲却是客观上帮助乙实施了犯罪行为。

如何看待和处理"片面共犯"，中外刑法理论都存在一定争议。有观点认为不应存在"片面共犯"的概念。所谓的"片面共犯"，缺乏共同故意的要件，不成立共同犯罪，这一称谓的存在没有必要。也有观点认为，"片面共犯"概念可以存在，并认为所有片面共犯都成立共同犯罪；同时，也有论者认为，应只承认片面教唆犯与片面帮助犯，也有论者坚持只承认片面帮助犯。

片面共犯并不完全符合共犯犯罪的共同故意条件，笔者认为，不应作为共犯对待处理。但是作为多人同时犯罪的一种特殊情形，该称谓可以存在。

根据"共同故意"的性质及内涵，下列情况不成立共同犯罪：

第一，犯罪人均存在过失的，不成立共同犯罪。依照《刑法》第25条第2款规定，二人以上共同过失犯罪，不以共同犯罪论处；应当负刑事责任的，按照他们所犯的罪分别处罚。

第二，行为人一人有犯罪故意，另一方是犯罪过失的，不成立共同犯罪。譬如，看守所值班民警押解犯罪人去医院看病，路过一卫生间时，民警甲擅离职守，前去卫生间，由民警乙一人看守。犯罪人谎称肚子疼蹲地，民警乙下蹲查看时被犯罪人撞倒，犯罪人乘机脱逃。此情形下，民警甲存在过失，犯罪人存在故意，二人并不是在共同故意支配下结成共同的逃脱犯意，因此不成立共同犯罪。当然，故意、过失心理与无罪过事件的场合，更不可能成立共同犯罪。

第三，同时犯尽管可能同时存在犯罪故意，但是缺乏犯意的协同，不成立共同犯罪。同时犯是二人以上同时单独侵害同一对象的情形。如行为人甲、乙二人相互并不认识，未有相互谋议。在一个暴雨之夜，二人分别从大门和后门潜入受害人别墅内，甲将客厅、卧室内价值3万元的物品窃走，乙在后门附近的储藏室将价值4万元的物品窃走。由于甲、乙二人在犯罪过程中始终没有相互联络，虽属同时犯，仍不成立共同犯罪。

第四，先后故意实施相关犯罪行为，但彼此缺乏主观联系的，不成立共犯。譬如，受害人丙常年外出务工。一日，行为人甲深夜2点到丙家窃取一台彩色电视机；2点24分，乙也到该村盗窃，至丙家时发现有一辆摩托车便窃走。甲乙二人虽然有相同的盗窃行为，并且均是指向同一作案对象，但明显缺乏共同故意的共同认识与共同意志，不成立共同犯罪。

第五，二人以上共同实施不同犯罪行为时，在主观上缺乏共同犯意内容的，不成立共同犯罪。譬如，行为人甲、乙二人共同利用了丙的一条船在公海用于走私，但是，甲走私毒品，乙走私电子物品。在返回途中，甲、乙二人被抓获。甲、乙二人虽实施的均是走私犯罪，但二人在行为的主观故意内容上不同，没有共同的认识与意志内容，不成立共同犯罪，应分别予以处罚。不过，如果甲、乙二人分别为对方的走私行为实施了帮助行为或者为共租船走私进行了共谋，则主观上对走私的内容有了共同性，应构成上述两罪的共犯。

第六，行为人的主观犯意超出共同故意之外的，不成立共同犯罪。譬如，甲女为教训情敌乙女，便教唆丙男强行与乙女在隔壁发生性关系。丙男胁迫乙女发生性关系后，发现乙女钱包内有多张银行卡和3000多元现金，便当乙女的面拿出1200元，声称是对乙女抢夺她人男人的惩罚。对1200元钱，甲女并不知情，丙男也未告知。甲、丙二人在奸淫他人上有共同的犯罪故意，构成强奸罪的共犯，但由于甲女对丙的事后行为缺乏共同犯意，因而，甲女并不成立抢夺罪的共犯。

第七，对于事前无通谋的窝藏、包庇、窝藏赃物、销售赃物等行为，行为人之间主观上缺乏通谋，不构成共同犯罪。不过，如果事前有通谋的，则共同犯意存在，应按照通谋的犯罪成立共犯。

（3）应有共同行为。

共同犯罪行为不仅是多个犯罪主体的活动，该活动还应有共同性。我国《刑法》第25条第1款明文规定，共同犯罪是二人以上"共同故意犯罪"。犯罪是危害社会的行为，作为共同犯罪，自然也应当有其客观行为事实存在，这就是"共同行为"。那么，究竟应如何理解共犯中的"共同行为呢"？

共犯中的"共同行为"，是否是指共同实行行为？"共同行为"不仅应当是指各共犯人都实施了属于同一犯罪构成的行为，如行为均指向涉嫌的销售侵权复制品罪等，而且指各共犯人的行为在共同故意支配下互相支持、相互协同，你中有我，我中有你，全部行为形成一个整体，并非单人行为的机械叠加。"共同行为"行使之下，各共犯人的行为互相支撑，协调并进，每个人的行为都成为整体犯罪行为的有机构成部分；在对造成结果的推动上，各行为主体的行为作为一个整体的一部分，都对危害结果的发生产生原因力，与结果之间具有因果关系。

共同行为的表现形式有哪些呢？从行为是作为还是不作为看，下列三种情况都应该是各犯罪主体所实施的共同行为：第一是各自实施的行为均是作为。即各共犯人的行为都是作为形式，如共同抢劫中，甲持枪威逼受害人，乙用绳索捆绑受害人。第二是各自实施的行为均是不作为，即各共犯人的行为都是不作为，譬如，物流公司三名保安人员为看电视直播足球赛事，在听见财务室可疑响声的情况下，未按照公司夜巡规定查看可疑情况，致使财务室被盗1万余元。第三是共犯人的行为既有作为，也有不作为。譬如，甲、乙为一对夫妇，对患精神病的儿子医治无效后，感到恼火。丈夫甲一日趁儿子熟睡后，将儿子放在车内欲将其送到三百里外的外地遗弃，妻子乙看到后叹了声气，没有说话。此案中，甲的行为是作为，乙的行为就是不作为。

从行为是实行行为还是非实行行为看，下列两种形式都可以是共同行为：第一是共同实行行为。也即各共犯人的行为都是实行行为类型，譬如，甲、乙共同出手殴打受害人。第二是共同预备行为。也即各共犯人的行为都是停留在预备阶段，因为意志之外的原因未着手实行行为。譬如，甲、乙共同谋议杀害受害人，为此，跟踪受害人多日，并购买了凶器，设计了行动方案。不料，受害人在一次下班途中遭遇车祸而不幸死亡。甲、乙的行为即是共同预备行为。

从司法实践看，共同行为的分工情况大致有四种类型：一是实行行为，即《刑法》分则所规定的直接导致危害结果发生的行为，其在共同犯罪故意支配下对犯罪目的的实现起关键作用；二是组织行为，即共犯人组织、策划、指挥共同犯罪的行为，其对共同犯罪的发动、推进和行为规模等起决定性作用；三是教唆行为，即共犯人故意引起他人犯罪意图的行为，其对他人犯意的形成起引发、加强作用；四是帮助行为，即帮助他人实行犯罪的行为，其在共同犯罪中起支持作用，往往是促进实行行为的推进与完成。

共同行为是否是同步进行的呢？笔者认为，共犯人既可以同时实施，也可以不同时实施。譬如，甲、乙、丙共谋抢劫一种植大户，甲事前准备枪支和汽车，乙前往受害人种植地多次踩点，甲乙共同抢劫后，将劫取到的名贵花草交给丙销赃。甲、乙、丙三人的行为虽不是同步实施的，但是，都是在共同抢劫故意的支配下相互配合、协调一致开展活动的，符合共同行为的实质特征,应当构成共犯。

构成共同犯罪的上述三个条件缺一不可,既有各自特性,又密切联系,是各类共犯认定的必要条件。

(三)共犯人的类型划分

共犯人的类型是对形形色色的共犯从类别上加以区分,是进一步认识共犯的一种研究思路。研究共犯类型,有助于从整体上深入考察共犯人的特点,有助于依据不同共犯的类型寻求制定相适应的刑事政策,为完善国家刑事政策和防控共犯提供理论支持。

关于共犯人的分类标准,主要有两种:一是分工标准法,即按照共犯人在共同犯罪中的分工或行为的形式,将共犯人分为组织犯、实行犯、教唆犯、帮助犯;二是作用标准法,即依照共犯人在共同犯罪中所起的作用大小,将共犯人分为主犯、从犯、胁从犯。

上述两种分类各有优点,不过,作用标准法的分类更符合对共犯人进行分类的目的。之所以对共犯人予以分类,目的在于正确确定各共犯人在共同犯罪中的刑事责任大小,而刑事责任的大小又受到犯罪人行为的性质、危害程度的影响,因而,共犯人分类的实质标准应是各共犯人在行为中的危害程度及其大小。通常看,共犯人在共同犯罪中所起的作用大小往往直接、明确地反映了共犯人在行为中的危害程度及其大小。因此,作用标准法能较好地解决共犯人的刑事责任问题。从共犯人在共同犯罪中的分工角度看,其虽能说明共犯人参与了犯罪,但只能从参与程度方面反映行为的危害程度,不能全面、明确地说明共犯人行为的危害程度。

我国《刑法》将共犯人分为主犯、从犯、胁从犯与教唆犯四类,不过,这是将作用标准法与分工标准法混合了,其实,教唆犯是按照分工进行划分的,与主犯、从犯、胁从犯不宜并列。

我国《刑法》第26条至第28条根据共犯人在共同犯罪中的作用大小,分别规定了主犯、从犯、胁从犯的含义及其处罚原则。并规定,集团犯罪的首要分子按照集团所犯的全部罪行处罚,其他主犯按照其所参与的或者组织、指挥的全部犯罪处罚;从犯应当从轻、减轻或者免除处罚;胁从犯应当减轻或者免除处罚。由于教唆犯的作用大小,不可一概而论,其在共同犯罪中既可能起主要作用,也可能起次要作用,因而,我国《刑法》第29条第1款规定:"教唆他人犯罪的,应当按照他在共同犯罪中所起的作用处罚。"这一规定表明，对于教唆犯应视实际发挥作用的大小，分别按主犯或从犯论处。

1. 主犯的认定及其处罚原则

（1）主犯的认定依据。

依照我国《刑法》第 26 条第 1 款之规定，组织、领导犯罪集团进行犯罪活动的或者在共同犯罪中起主要作用的，是主犯。据此，我国刑法中的主犯就包括两类：一是组织、领导犯罪集团进行犯罪活动的犯罪分子；二是其他在共同犯罪中起主要作用的犯罪分子。

所谓"组织、领导犯罪集团进行犯罪活动的犯罪分子"，就是指犯罪集团的首要分子。此处的"组织"，主要是指行为人纠集他人组成犯罪集团，使集团成员固定或基本固定。"领导"，一般是指"策划""指挥"。"策划"，主要是为犯罪集团的犯罪活动出谋划策，担负制订犯罪活动计划的任务。"指挥"，主要是指依据犯罪集团的犯罪计划安排，直接指使、安排集团成员从事相应的犯罪活动。从司法实践上看，犯罪集团的组织者一般是既组织又策划、指挥集团的犯罪活动，但有时也存在分工情况。行为人只要从事上述活动之一的，便是首要分子，故犯罪集团中的首要分子既可以是一人，也可以是多人。

刑法明确将犯罪集团中的首要分子列为主犯，这一方面是因为组织犯在集团犯罪中是绝对起主要作用的犯罪分子，应该专门立法予以严惩，另一方面也是出于刑事政策首恶必办的原则，为犯罪防控和打击确立方向与重点。

所谓"在共同犯罪中起主要作用的犯罪分子"，一般是指除犯罪集团的首要分子以外的，对共同犯罪的形成、实施与完成起决定或重要作用的犯罪分子。此处的"共同犯罪"，应包括各种形式的共同犯罪。在判断犯罪分子是否起主要作用方面，应坚持从主客观方面来综合判断：既要考察犯罪分子对共同犯罪故意的形成是否是提议、坚定、加强还是附和、摇摆；又要分析犯罪分子究竟实施了哪些具体犯罪行为，对危害结果的发生所起的作用究竟是主要引发力还是次要影响力。

在对主犯的认定中，应以共犯人所存在的主客观事实为依据，以《刑法》第 26 条的规定为准绳，不能任意扩大与缩小主犯的范围，要绝对避免因主观打击需要而人为将主犯扩大化，或有意枉法而缩小主犯的范围。

首要分子是否都是主犯呢？我国刑法多处使用了"首要分子"这一概念，主犯与首要分子并不是——对应的关系。依据我国《刑法》第 97 条的规定，首要分子，是指在犯罪集团或者聚众犯罪中起组织、策划、指挥作用的犯罪分子。从中可以看出，首要分子可以分为两类：一是犯罪集团中的首要分子，二是聚众犯罪中的首要分子。如前所述，犯罪集团中的首要分子都是主犯。但犯罪集团中的主犯却不一定是首要分子，这是因为在犯罪集团中，除了首要分子是主犯以外，其他起主要作用的犯罪分子也会是主犯，但是并不属于首要分子。同时，根据《刑法》分则中一些聚集型犯罪的构成要件来看，有些首要分子，如聚众阻碍解救被拐卖的妇女儿童罪的首要分子，仅是成立该罪的犯罪主体资格，在该罪中，其他非首要分子类的行为人，如被纠集人等并不构成犯罪。还譬如聚众扰乱公共场所秩序、交通秩序罪，《刑法》分则同样规定只处罚首要分子。因而，此类犯罪中的首要分子一般而言并不是主犯。若首要分子只有一人，则只有一人的行为构成犯罪，也就无所谓共同犯罪，无所谓主犯与从犯之分。若案件中的首要分子为二人以上，则构成共同犯罪，此时，每一首要分子是否应区分主犯，可以对首要分子在犯罪中的作用进行比较、分析，以此判断主犯是否存在。不过，不能将首要分子与不构成犯罪的其他行为人进行比较，那样，没有刑法评价意义。如果二人以上均在组织、策划、指挥聚众犯罪中起主要作用，则均应为主犯，不再相互区分；有一方犯罪人对于犯罪的发起、推动和完成起主要作用，他人明显起次要作用，则应分别认定其为主犯与从犯。所以，聚众犯罪中的首要分子不一定是主犯，既可能是从犯也可能是主犯，也可能全不是。那种认为聚众犯罪的首要分子均为主犯的观点，不但不符合《刑法》第 26 条的规定，同时也不符合《刑法》分则关于聚众犯罪的具体规定以及聚众犯罪的实际情况，司法实践中应该注意区分鉴别。

（2）主犯的处罚原则。

主犯作为在共同犯罪中起主要作用的犯罪人，是否应当从重处罚呢？我国《刑法》第 26 条第 3 款规定："对组织、领导犯罪集团的首要分子，按照集团所犯的全部罪行处罚。"该条第 4 款规定："对于第三款规定以外的主犯，应当按照其所参与的或者组织、指挥的全部犯罪处罚。"从中看出，我国刑法立法并没有绝对地规定主犯应从重处罚，而是从罪行责任范围上规定了其责任。

犯罪集团的首要分子，除了对自己直接实施的具体犯罪行为及其结果承担刑事责任外，还要对集团所犯的全部罪行承担刑事责任，也就是说其要对其他成员按该集团犯罪计划所犯的全部罪行承担刑事责任。此种规定原因何在呢？这是因为这些罪行是由首要分子组织、策划、指挥实施的，按照刑法罪刑相称主义，如此规定符合刑法原理。实践中应注意，对犯罪集团的首要分子，是按"集团"所犯的全部罪行处罚，并非是按"全体成员"所犯的全部罪行处罚。如果犯罪集团分子实施的行为超出集团犯罪计划，其独自实施的犯罪行为，则不属于集团所犯的罪行，首要分子对此不承担刑事责任。

如果是犯罪集团首要分子以外的主犯，包括在犯罪集团中起主要作用的主犯、聚众共同犯罪中的主犯、一般共同犯罪中的主犯等，应分具体类别进行相应处罚：如果是组织、指挥共同犯罪的人，譬如聚众共同犯罪中的首要分子等，应当按照其组织、指挥的全部犯罪处罚；如果是没有从事组织、指挥活动但在共同犯罪中起主要作用的人，则应按其参与的全部犯罪处罚。

一个共同犯罪案件中可能会有两个以上的主犯，该两个以上的主犯因在共同犯罪中的作用存在差异从而会对整个犯罪的推进、完成造成不同的影响，其作用力仍会有区别，各自行为的危害程度会有差异，这些主犯也需区别对待，个别化处理，不能同等量刑。

2. 从犯的认定及其处罚原则

从犯是相对于主犯而言的，有从犯的情景中必然存在主犯。依照《刑法》第27条第1款的规定，在共同犯罪中起次要或者辅助作用的，是从犯。由此，从犯包括两种类型：一是在共同犯罪中起次要作用的犯罪分子，也即行为人在共同犯罪中对共同犯罪的形成与共同犯罪行为的实施、完成所起作用次于主犯，譬如，起次要作用的实行犯与教唆犯等情形；二是行为人在共同犯罪中起辅助作用，即为共同犯罪提供犯罪便利、帮助创造犯罪条件的犯罪分子，一般是指帮助犯。

认定从犯时，应综合行为人在共同犯罪中的地位，对引发、形成共同故意所起的作用力，实际行为参与的程度，危害行为的实际样态与危害性，对危害结果所起的作用力大小等进行具体分析，判断其在共同犯罪中所起作用究竟是否是次要或辅助的，若肯定，即是从犯，如果共犯人之间所起作用不分伯仲，难平分秋色，那么均属主犯，不存在从犯。

从犯相对于主犯，所起作用较小，因而，应当承担与主犯不同的刑事责任。我国《刑法》第27条第2款规定："对于从犯，应当从轻、减轻处罚或者免除处罚。"这里，刑法采取了从犯责任必减的规定，这既是考虑到从犯在共同犯罪中起次于主犯的作用，也是基于有利于分化共犯人，促使共犯人积极发挥能动性主动降低自己在共同犯罪中所起的作用，从而能够更好地防卫社会。

3. 胁从犯的认定及其处罚原则

依照现行规定，我国刑法中的胁从犯是被胁迫参加犯罪的人，即受他人威胁而不是完全自愿地参加共同犯罪，并在共同犯罪中起较小作用的人。如果行为人起初是被胁迫参加共同犯罪，但后来发生心理变化，积极主动实施犯罪行为，在共同犯罪中起到主要作用的，则应认定为主犯。

应当注意的是，如果行为人身体完全受强制，完全丧失意志自由时实施了某种行为，因为其主观上缺乏罪过要素，尽管客观上有危害社会的行为，对其仍不认定为胁从犯。譬如，杀人犯张某在将前妻杀死后，又持枪劫持一过路车司机，威逼司机将其送往其妻弟处，意图再杀死其妻弟。被威逼的司机由于完全丧失了独立的意志自由，其驾车帮助张某杀人的行为不构成故意杀人罪的胁从犯。同时，如果行为人在遭受紧迫的危险时实施了有害他人的行为，但其行为符合紧急避险的，仍不成立胁从犯。譬如，一过路出租车司机在行驶中被持枪歹徒劫持，歹徒要求其驶入广场，并威胁如不就范，将开枪打死2名女乘客。司机在驾驶中，为了防止歹徒在广场人群聚集区行凶，便开车撞向广场路旁中间的隔离带，结果造成歹徒与一名女乘客头部受伤。该司机为避免广场人群更大伤亡，不得已开车撞向隔离带，属于紧急避险行为，不应是劫车犯的胁从犯。

在胁从犯的刑事责任上，我国《刑法》第28条规定，"对于被胁迫参加犯罪的，应当按照他的犯罪情节减轻处罚或者免除处罚"。如此规定，是基于胁从犯的主客观特征确定的。从主观上看，胁从犯并不是完全自愿参加犯罪，对社会危害的主观人身危险性小；从客观上看，其在共同犯罪中所起作用较小，行为的危害程度也较轻。所以，对胁从犯处罚应从宽处罚。在处罚胁从犯时，一定要以行为人的犯罪情节为依据来决定胁从犯所负刑事责任的大小。犯罪情节包括行为人被胁迫的程度和其在共同犯罪中所起的作用。鉴于胁从犯所起的作用一般轻于从犯，我国《刑法》第28条对于胁从犯确立了减轻或免除处罚的刑事立场。

4. 教唆犯的认定与处罚原则

教唆犯是指以授意、怂恿、劝说、利诱或者其他方法故意唆使他人犯罪的行为人。教唆他人犯罪，而他人却未必一定去实施犯罪，所以，教唆犯既可能存在于共同犯罪中，也可能存在于非共同犯罪的场合。从教唆犯的本质以及我国刑法的规定看，教唆犯的成立应具备以下两个条件：第一，就被教唆对象而言，应当是达到法定年龄、具有辨认和控制自己行为能力的人。否则，会构成以他人为工具而成立间接正犯，不能构成教唆犯。第二，就教唆行为而言，必须有教唆他人犯罪的实行行为。所谓"教唆"，就是引致他人的犯罪故意。如果行为人的唆使行为引起被教唆人的犯罪故意心理，被教唆人进而实施被教唆的犯罪行为，从而使教唆行为与被教唆人实施犯罪行为之间存在因果关系，教唆行为与被教唆人的犯罪行为也就结合而成共同犯罪。实施教唆行为的犯罪人便是共同犯罪中的教唆犯或简称为共犯教唆犯。若行为人虽然实施了教唆行为，但被教唆人并没有犯被教唆之罪，那么，就只能存在教唆犯一人，此时则不存在共同犯罪，该教唆犯就只成立单独教唆犯。

教唆有哪些类型和形式呢？刑法对此并没有明确规定。从解释学上看，对此，应该没有限制。教唆不但可以是口头的，也可以是书面的，同时还可以是示意性的动作，如使眼色、做手势等显露动作指向性质及内容的体态活动。教唆行为的方法使用上也没有限制，无论是劝告、嘱托、哀求、指示、引诱、怂恿，还是命令、威胁、强迫等均可以成立。不过，如果行为人的威胁、强迫导致被教唆者完全丧失意志自由，则应认定为间接正犯较为恰当。

从行为的内容上看，教唆行为应当是唆使他人实施较为特定犯罪的行为，如果行为人让他人实施不特定犯罪，对其较难以认定为教唆行为。如果所教唆的是较为特定的犯罪，即使该犯罪的对象还不存在，而是以出现对象为条件的，也仍应认定为教唆行为。例如，甲男教唆怀孕的女友待分娩后将婴儿丢弃在荒野，其行为就构成教唆行为。对于教唆行为指向的犯罪时间、地点、方法、手段等是否必须具体，一般并无此要求，教唆人无须做出明确指示。

从行为人的主观罪过看，教唆犯主观上必须有教唆故意。从故意的形式上说，对于共犯教唆犯，既可以是直接故意，也可以是间接故意；而对于单独教唆犯，通常只能是直接故意。如果行为人持间接故意唆使他人犯罪，而他人未犯被教唆的罪，行为人不成立教唆犯。那么，如何认识教唆犯的故意内容呢？笔者认为，该故意内容应当是：行为人认识到自己的教唆行为会使被教唆人产生犯罪意图进而实施犯罪，认识到被教唆人的犯罪行为会发生危害社会的结果，希望或者放任被教唆人实施犯罪行为及其危害结果的发生。

鉴于教唆犯的情况较为复杂，在认定教唆犯时，应注意以下问题。

第一，对教唆犯，应当依照其所教唆之罪定罪，而不能定为"教唆罪"。譬如，行为人教唆他人犯故意杀人罪的，应定故意杀人罪；教唆他人犯盗窃罪的，应定盗窃罪。若被教唆的人对被教唆之罪产生认识错误，进而实施了其他犯罪，或者在犯罪时超出了被教唆之罪的范围，又实施了其他犯罪，对于该教唆犯，只在自己所教唆的犯罪范围内承担刑事责任。

第二，对于《刑法》分则明确地将教唆他人实施特定犯罪的行为规定为独立犯罪，则应依照分则相应条文规定的罪名定罪处罚，对教唆者不能依所教唆之罪定罪，不再适用《刑法》总则关于教唆犯的规定。

第三，行为人有间接教唆行为的，应按所教唆的罪定罪。所谓间接教唆，是指教唆者的情况。例如，甲为了报复丁女，教唆乙女，让乙女教唆丙男对丁女实施强奸罪，甲的行为便是间接教唆。日本刑法对此明文规定应处罚间接教唆者，我国刑法对此并无明文规定。不过，从解释论上看，只要是"教唆他人犯罪的"，就是教唆犯，那么，教唆他人实施教唆犯罪的，也是教唆他人犯罪，仍可以成立教唆犯。因而，间接教唆的成立教唆犯，并不存在难题。

第四，如果教唆犯教唆他人实施不特定的犯罪时，对该教唆犯应按被教唆者实施的具体犯罪定罪。譬如，甲教唆乙对丙要教训教训，并没有强调如何教训以及教训的程度。那么，如果乙造成丙伤残，实施了故意伤害罪，则对甲也定故意伤害罪；如果乙将丙杀死，实施了故意杀人罪，则对甲亦定故意杀人罪。

在教唆犯的处罚上，应把握以下三个方面。

第一，在共犯教唆犯场合，教唆他人犯罪的，应当按照他在共同犯罪中所起的作用处罚。若教唆犯在共同犯罪中起主要作用，就以主犯论处；若教唆犯在共同犯罪中起次要作用，则以从犯论处。教唆犯有时也可能是胁从犯，届时，应以胁从犯论处。认定中，不能将教唆犯一概视为主犯，否则既有悖于《刑法》规定，也不符合司法实践。应当说明的是，如果被教唆人只是实施了犯罪预备行为，教唆犯与被教唆者尽管成立共同犯罪，但对教唆犯不宜适用本规定，而应适用《刑法》第29条第2款，否则与第29条第2款存在不协调。否则会出现在被教唆者根本没有实施被教唆的罪的情况下，对于教唆犯可以从轻或者减轻处罚，而在被教唆者实施了犯罪预备行为的情况下，则可以从轻、减轻处罚或者免除处罚。这显然不够合乎情理，不符合罪刑相称原则。同时，在二人以上共犯共同故意教唆他人犯罪的情况下，即使被教唆者没有犯被教唆的罪，对于教唆犯也应适用上述规定，对共犯人分清所起作用后予以处罚。

第二，教唆不满十八周岁的人犯罪的，应当从重处罚。行为人选择不满18周岁的人作为教唆对象，反映行为人的人身危险性较重，危害程度严重，从重处罚并不过分。

第三，如果被教唆的人没有犯被教唆的罪，对于教唆犯，可以从轻或者减轻处罚。如何理解"被教唆的人没有犯被教唆的罪"呢？是仅包括教唆犯进行教唆后，被教唆的人没有进行任何犯罪活动，还是除此之外，也包括被教唆的人接受教唆后犯了非被教唆的罪呢？对此，学界意见并不统一。

（四）知识产权犯罪中的共犯认定

我国刑法总则规定了共犯的构成要件，这为知识产权犯罪中的共犯认定提供了准绳。在司法实践中，共犯的认定问题，主要集中于两大问题：第一，各行为人之间是否构成共犯，并据此区分刑事责任大小；第二，在构成共犯的情况下，是否存在主犯、从犯，各行为人是否都属于主犯。作为第一种情况，最为常见的是，犯罪人雇用的工人是否属于共犯，第二种较为常见的是在多人参与犯罪的情况下，如何正确区分从犯和主犯。

1. 雇工行为是否构成共犯

司法实践中，许多知识产权犯罪分子往往会雇用他人，对于雇员而言，是否构成共犯，不能一概而论，而应依据共犯的实质以及成立要件加以判断。作为共同犯罪，各犯罪人在共同犯罪意图之下，实施的是具有相互协同行为。但凡不具备此特征，则不构成共犯。在认定共犯时，应当注意以下两点。

一是考察雇员与雇主之间是否形成了共同的犯罪故意。即需要有客观证据证明雇员明知自己所从事的、雇主所安排的岗位活动是在实施危害他人知识产权的活动，仍然为了自身利益而追求或放任行为结果发生，雇员和雇主在犯罪认识及犯罪意志上有共同性、协同性。雇员对自身及雇主活动的认识状态是明知，认识内容是自身及雇主在从事危害他人知识产权的活动。

二是考察雇员实施的生产、帮助等活动是否与雇主的行为协同，是否相互联系在一起，是否对知识产权犯罪活动有直接帮助作用。雇员的行为对于知识产权犯罪的推进和完成，有直接的促进作用，并非作用甚微或可有可无。如果雇员的行为对整个知识产权犯罪的产生、推进、完成并不具有直接促进作用，则不应列为共犯处理。

据此，在知识产权犯罪中，雇员明知雇主实施知识产权犯罪仍参与其中的，应当认定为共犯。对于仅为获取工资报酬，未参与知识产权犯罪的主要活动，所起作用较小，在犯罪的产生、推进、完成中情节显著轻微、危害不大的，应不作为犯罪处理，不成立共犯。

下面，择一实例说明。

上海市第二中级人民法院刑事裁定书（2015）沪二中刑（知）终字第3号

上海市黄浦区人民法院审理上海市黄浦区人民检察院指控原审被告人王某某、刘珍丙犯销售假冒注册商标的商品罪一案，于2015年2月15日作出（2014）黄浦刑（知）初字第14号刑事判决。原审被告人王某某不服，提出上诉。上海市第二中级人民法院依法组成合议庭，公开开庭审理了本案。上海市人民检察院第二分院指派检察员瞿某、代理检察员陈某出庭履行职务。上诉人王某某到庭参加诉讼。现已审理终结。

上海市黄浦区人民法院依据证人时某某的证言；相关商标权利人提供

的商标注册证、续展清单、价格证明，犯罪现场及赃物照片，搜查笔录、扣押清单，相关行政处罚决定书、刑事判决书，公安机关出具的关于赃物收缴及两名原审被告人到案的证明；上海市黄浦区发展和改革委员会出具的价格鉴定意见书；原审被告人王某某、刘珍丙的供述等证据判决认定：

2014年6月起，王某某在本市静安区南京西路××号韩城服饰礼品市场2楼101室"Alice"店铺经营过程中，雇用刘珍丙作为店员进行协助，共同对外销售包袋、皮夹、眼镜等商品。同年9月3日，公安人员赴上述店铺进行搜查，当场从店铺暗间货架查扣标注有"GIVENCHY""CE-LINE""MARCBYMARCJACOBS""LV""GUCCI""BOTTEGAVENETA""Christian Dior""CHANEL"系列注册商标的待销售商品共计483件，并抓获正在看店经营的两名被告人。两名被告人到案后如实供述了自己的犯罪事实。

经相关商标权利人鉴定，上述查扣商品均系假冒注册商标的商品。经上海市黄浦区发展和改革委员会物品财产估价鉴定，上述483件商品中，除18件因无明确的对应款式型号而无法进行鉴定外，其余465件按被侵权产品市场中间价格计算，共计人民币6 157 330元。

另查明，2007年4月16日、2010年10月12日、2012年3月16日，王某某均因销售假冒注册商标商品的行为被上海市工商行政管理局静安分局予以行政处罚。

上海市黄浦区人民法院认为，王某某、刘珍丙销售明知是假冒注册商标的商品，尚未销售商品金额数额巨大，其行为均已构成销售假冒注册商标的商品罪。在共同犯罪中，王某某起主要作用，系主犯，刘珍丙起次要作用，系从犯，依法应当从轻处罚。两名被告人已经着手实施犯罪，由于其意志以外的原因而未得逞，系犯罪未遂，依法可以比照既遂犯减轻处罚。刘珍丙在刑满释放后五年内重新犯罪，系累犯，依法应当从重处罚。两名被告人到案后能如实供述罪行，依法可以从轻处罚。据此，依照《刑法》第214条、第25条第1款、第26条第1款、第4款、第27条、第23条、第65条第1款、第74条、第67条第3款、第53条、第64条，最高人民法院、最高人民检察院《关于办理侵犯知识产权刑事案件具体应用法律若干问题的解释》第2条第2款，最高人民法院、最高人民检察院《关于办理侵犯知识产权刑事案件具体应用法律若干问题的解释（二）》第3

条第（1）项之规定，以销售假冒注册商标的商品罪分别判处王某某有期徒刑一年四个月，并处罚金人民币二万二千元；判处刘珍丙有期徒刑一年，并处罚金人民币一万五千元；查获的涉案假冒注册商标的商品，予以没收。

王某某上诉提出，原判对其量刑过重。

上海市人民检察院第二分院认为，原判认定王某某、刘珍丙犯销售假冒注册商标的商品罪的事实清楚，证据确实、充分，定罪量刑并无不当。综上所述，建议上海市第二中级人民法院驳回上诉，维持原判。

上海市第二中级人民法院经审理查明，上海市黄浦区人民法院（2014）黄浦刑（知）初字第14号刑事判决认定事实的证据，均经一审当庭出示、辨认、质证等法庭调查程序查证属实。上海市第二中级人民法院审理查明的事实和认定依据，与原判相同。

上海市第二中级人民法院认为，上诉人王某某、原审被告人刘珍丙共同销售明知是假冒注册商标的商品，尚未销售商品金额数额巨大，其行为均已构成销售假冒注册商标的商品罪，依法应予惩处。原审法院根据原审被告人王某某、刘珍丙犯罪的事实、性质以及情节等，所作判决并无不当，且审判程序合法。王某某提出原判量刑过重的上诉理由不能成立。上海市人民检察院第二分院建议上海市第二中级人民法院驳回上诉，维持原判的意见正确。据此，依照《刑事诉讼法》第225条第1款第（1）项之规定，裁定如下：驳回上诉，维持原判。

从上述案例中不难看出，司法实践中，对于明知的雇工，一般是认定为共犯的，不能以所谓打击面太大为由，缩小共犯成立范围，放纵犯罪人。

2. 共犯中从犯的认定

在成立共犯的情况下，就要区分各犯罪人是否均是主犯，是否存在从犯。主、从犯的判定自然也应依据共同犯罪的一般原理。从知识产权犯罪的具体案情出发，认定中应重点从各行为人在共犯犯意提议、犯罪方案谋划、犯罪实施与推进、犯罪利益分配、组织管理中的作用大小等方面进行考察。综合分析后，对共同犯罪中所起作用较小，并不起支配、突出、主要作用的，应认定为从犯；行为人所起作用均较强，难以区分作用大小的，均为主犯。

下面，我们不妨从司法案例中具体分析主、从犯的认定。

案例一：

2012 年至 2014 年 5 月，被告人姜某某、李某某为获取非法利益，在并未获得"VW"（大众）以及"Castrol"（嘉实多）注册商标所有权人授权许可的情况下，由被告人姜某某从他人处购买散装机油及印有上述注册商标标识的纸箱、空桶等材料后交给被告人李某某，由被告人李某某在其承租处，采取用散装机油灌装的方式，生产假冒"VW"（大众）注册商标的汽油发动机桶装机油、变速箱油以及假冒"Castrol"（嘉实多）注册商标的发动机桶装机油。被告人姜某某将所生产的假冒注册商标的产品分别销售给上海某某贸易有限公司、上海某某汽车配件有限公司，非法经营数额共计 46 万余元。

2014 年 5 月 21 日，工商行政管理机关在日常工作检查中，发现被告人李某某承租的厂房内存放的大量产品涉嫌假冒"VW"（大众）。犯罪侦查机关随后在被告人李某某承租处，扣押尚未销售的假冒"VW"（大众）注册商标的发动机机油 800 多瓶，货值金额共计 6 万余元。

有人认为，在实施生产、销售假冒注册商标机油过程中，两被告人虽然分工不同，但各环节均重要，故不宜区分主从犯。但是，从全案来看，应区分主从犯，李某某应成从犯。两被告人共同故意实施生产销售假冒注册商标商品行为，构成共同犯罪。在共同犯罪中，被告人姜某某负责原料采购、产品销售等环节，而被告人李某某仅负责加工；非法所得方面，被告人姜某某按瓶向被告人李某某支付加工费。被告人姜某某在共同犯罪中起到了主要作用，构成主犯，应当按照其所参与的全部犯罪处罚，被告人李某某起次要作用，成立从犯，应当从轻、减轻处罚或者免除处罚。

案例二：

被告人李某某于 2014 年 5 月 29 日开始，按照其上家"老头"要求，以非法营利为目的，在未取得惠普公司授权许可的情况下，非法制造假冒"HP"（惠普）注册商标的硒鼓包装盒，并租用某某新村某一楼房屋作为存放仓库。被告人李某某从"老头"处接到订单后，向被告人张某某下单，被告人张某某随即按订单数量请被告人范某某负责印刷，三人从中获利。2014 年 7 月 18 日，侦查机关根据工作线索，在被告人李某某租赁的某某新村的仓库内查获大量带"HP"注册商标的产品，其中带"HP"注册商标的硒鼓包装盒 69 432 个、带"HP"注册商标的型号标签 270 840 个，带"HP"注册商标的说明书共计 1595 份。随后，侦查机关又分别将被告人李某某和被告人张某某抓获。同时，侦查机关在该市某某纸品印刷有限公司抓获了被告人范某某，从其公司查获带"HP"注册商标的硒鼓包装盒 47 250 个、半成品包装盒 22 840 个、铝制的 PS 版 7 块、刀模 5 块。根据惠普公司鉴定的结果，缴获的这些产品标识，均属假冒"HP"注册商标标识，均为假品。

本案中，李某某、张某某未经注册商标权利人的许可、委托或授权，擅自制造"HP"注册商标标识，属非法行为，情节特别严重，已构成非法制造注册商标标识罪。范某某在没有注册商标权利人的许可、委托或授权情况下，参与非法制造"HP"注册商标标识，情节严重，已构成非法制造注册商标标识罪。

经过审理，一审法院认为，公诉机关指控李某某、范某某、张某某犯非法制造注册商标标识罪，基本事实清楚，证据确实、充分，罪名成立，法院予以支持。视李某某、范某某、张某某的犯罪情节、认罪态度和悔罪表现，依照《刑法》第 215 条、第 67 条第 3 款、第 53 条、第 64 条，最高人民法院、最高人民检察院《关于办理侵犯知识产权刑事案件具体应用法律若干问题的解释》第 3 条第一款第（1）项、第 2 款第（1）项，最高人民法院、最高人民检察院《关于办理侵犯知识产权刑事案件具体应用法律若干问题的解释（二）》第 4 条的规定，判决被告人李某某犯非法制造注册商标标识罪，判处有期徒刑四年三个月，并处罚金人民币 25 000 元；被告人张某某犯非法制造注册商标标识罪，判处有期徒刑三年二个月，并处罚金人民币 15 000 元；被告人范某某犯非法制造注册商标标识罪，判处有期徒刑二年，并处罚金人民币 10 000 元。

一审判决后，被告李某某人不服，提出上诉。其不服意见为：（1）在范某某工厂查获的侵权标识并非都是自己下单，自己只有 2 万多件在供货商张某某处没有收回；（2）从李某某仓库查获的涉案型号标签和涉案说明书，不能算为李某某非法制造注册商标标识罪的犯罪数量，这是客户提供的，李某某只是按客户要求将其放进包装盒内；（3）在生产过程中，李某某并非明知是侵权而故意为之，在接订单时客户明确告知李某某有商标授权书，李某某也多次向客户索要授权书。综上所述，李某某认为原审判决认定事实有误，量刑过重。

上诉人张某某提出：（1）自己只下单给范某某生产，从未下单给其他人，因此自己和范某某的涉案数量应是一样的，对于在李某某处查获的包装盒，同样只能认定其中的 21 000 件是张某某生产的；（2）案件中的大量半成品当作完整的产品来认定，不合理、不公平；（3）自己并不知道李某某下的单是非法的，自己曾向李某某要求看商标授权书；（4）自己在犯罪中所起作用较小，构成从犯，应法定从轻。据此，张某某及其辩护人认为一审判决认定事实的有误，量刑明显偏重。

一审被告人范某某对原审判决认定的犯罪事实和裁判结果没有异议，不过，其辩护人提出：范某某归案后主动如实供述犯罪事实，认罪态度良好，且并不是恶意侵权，在整个犯罪中的作用较小，希望二审法院酌情从轻处罚，建议对范某某适用缓刑。

那么，究竟张某某是主犯还是从犯呢？李某某从 2014 年 5 月 29 日开始，按照其上家"老头"的要求，以非法营利为目的，在没有取得惠普公司授权许可的情况下，非法制造假冒"HP"（惠普）注册商标硒鼓包装盒，并租用某某新村某街一楼房作存放仓库。李某某从"老头"处接到订单后，向张某某下单，张某某转单给范某某负责印刷，三人从中获利。从中可以看出，张某某在知道李某某所下订单是非法制造注册商标标识的情况下，仍转单给范某某生产，其主观恶意明显，具有较强罪过和非难性；从客观上看，其行为在整个犯罪过程中链接前后，承上启下，所起作用较为关键。从其主客观特征看，其属于积极参与犯罪，对于共同犯罪的推进、完成所起作用较强，应认定为主犯，属从犯的辩解没有依据。

第四节　知识产权犯罪重点罪名辨析

刑法的刑事司法不外乎两大问题：定罪和量刑。在司法实践中，大量案件一般知识产权犯罪案件，定罪量刑并不困难。但是，也有许多时候，由于行为人危害行为的复杂性以及案发领域、环节、手法等的非典型性，某些案件在定性上并不容易。这就需要我们清晰地理解和掌握知识产权犯罪各罪名的根本特征和构成要件，并在此基础上，认清与相关易混淆罪名的区分点，从而面对复杂案件时，就能较为轻松地对案件定性。

一、假冒注册商标罪的认定

（一）假冒注册商标罪的成立要件分析

假冒注册商标罪，是指未经注册商标所有人的授权许可，在同一种商品上使用与商标所有人注册商标相同的商标，情节严重的行为。

（1）在客观上，行为人存在未经商标所有人的授权许可，在同一种商品上使用与其注册商标相同商标的行为。

①行为人有在同一种商品上使用与他人注册商标相同商标的行为。这里要求，行为人使用商标的商品与注册商标的商品应当属于同一种商品，并且，行为人所使用的商标与他人的注册商标是相同的。所谓"使用"，是指行为人在对附着于商品的商标使用上，将他人的注册商标标在同一种商品的包装上，或者将他人的注册商标附着于同一种商品本身。

那么，何谓"同一种商品"呢？对"同一种商品"的理解和认定，不是以人们的习惯分类为参照，而应以国家相关部门发布的商品分类标准为依据。"相同"与否，应以是否足以使一般消费者误认为是注册商标为标准。"相同的商标"，可以是与被假冒的注册商标完全相同，也可以是与被假冒的注册商标在视觉上基本无差别、足以使公众产生误导的商标。商标，是由文字、图形或者文字与图形的组合体，行为人的商标与他人注册商标是否相同，可从商标的读音、外观、意义等方面识别。如果行为人使用的商标与他人注册商标在读音、外观、意义完全相同，则属于相同商标。但是，如果行为人使用的商标与他人注册商标在音、意、形等某些方面存在细微差别，是否构成"相同"，则应考虑他人注册商标在当地的影响力、一般消费者的通常识别能力、差异性是否显著等因素而定。商标在商品或服务上具有区分功能，对所标识、附着的商品具有宣传、标注作用，如果行为人的商标显著性不强，投放市场后，一般消费者足以误认为是相同商标时，则会使消费者难以区分商品或服务，影响一般消费者对他人注册商标的选购，也损害他人注册商标的品牌影响力和市场购买力。如此情形，就可以认定为"相同"。

名称相同的商品以及名称不同但指同一事物的商品，可以认定为"同一种商品"。"名称"是指国家工商行政管理总局商标局在商标注册工作中对商品使用的名称，通常即《商标注册用商品和服务国际分类》中规定的商品名称。"名称不同但指同一事物的商品"是指在功能、用途、主要原料、消费对象、销售渠道等方面相同或者基本相同，相关公众一般认为是同一种事物的商品。认定"同一种商品"，应当在权利人注册商标核定使用的商品和行为人实际生产销售的商品之间进行比较。

具有下列情形之一，可以认定为"与其注册商标相同的商标"：第一，改变注册商标的字体、字母大小写或者文字横竖排列，与注册商标之间仅有细微差别的；第二，改变注册商标的文字、字母、数字等之间的间距，不影响体现注册商标显著特征的；第三，改变注册商标颜色的；第四，其他与注册商标在视觉上基本无差别、足以对公众产生误导的商标。

本罪中的"使用"，是将注册商标或者假冒的注册商标用于商品、商品包装或者容器以及产品说明书、商品交易文书，或者将注册商标或者假冒的注册商标用于广告宣传、展览以及其他商业活动等行为。

该罪中行为人所使用的商标，必须与他人在先的注册商标相同，必须有受害主体。我国《商标法》对商标专有权的取得采取注册原则，商标所有人取得的商标专用权，都是将其使用的商标，依照法定注册条件、原则和程序，经过向商标局提出注册申请、商标局审核并准予注册后，才获得的。经商标局审核注册的商标，也就是法定机关准予后，便成为注册商标，所有人从此拥有了商标专用权。行为人只有假冒了商标权所有人的注册商标，才可能构成假冒注册商标罪。任何类型的商标权所有人都应当受到尊重，不论是企业、事业单位还是个体工商业者，无论是中国企业、中国人还是包括外国企业、外国人。

行为人行为的对象是指向他人的注册商标。商标包括商品商标和服务商标。前者为大众所常见，而后者是指金融、运输、广播、建筑、旅馆等服务行业的企业或个人为将自己的"服务"业务与他人的"服务"业务相区别而注册使用的商标。在同一种服务项目上，使用与他人注册的服务商标相同的商标的，使他人的服务与自己不能显著区分，损害了他人注册商标的使用权，也属于假冒他人注册商标的行为，可以构成假冒注册商标罪。

②行为人使用与他人注册商标相同的商标，并没有经注册商标所有人授权许可。换言之，如果行为人的商标使用行为，虽然与他人注册商标相

同，但是是经过他人合法许可的，便不能构成犯罪。我国《商标法》第40条允许权利人许可他人使用自己的商标权。该条规定："商标注册人可以通过签订商标使用许可合同，许可他人使用其注册商标。"因此，在注册商标所有人许可后，他人可以在同一种商品上使用该注册商标，这有利于品牌传播，也有利于所有权人凭智慧财产获得应有的财产收益，此是合法行为，并不构成假冒注册商标罪。对于被许可人不按照法定要求标注许可人的，尽管其行为存在违法情形，但是，这并不能否定行为人注册商标权取得的合法性。依据《商标法》第40条第2款规定，"经许可使用他人注册商标的，必须在使用该注册商标的商品上标明被许可人的名称和商品产地。"行为人违反该规定的行为，只会带来行政法上的责任，并不当然构成注册商标使用权的，就不能构成假冒注册商标罪。

（2）在犯罪主体要件上，行为者既可以是已满16周岁、具有辨认控制能力的自然人，也可以是单位。司法实践中，自然人犯罪较多。

（3）在犯罪的罪过要件上，必须是有犯罪故意。也就是，犯罪人已经认识到自己使用的商标与他人已经注册的商标相同，意识到自己的行为未经注册商标所有人许可，但在同一种商品上使用与他人注册商标相同的商标。行为人故意犯罪的动机如何，不影响犯罪成立。实践中，行为人的犯罪动机存在多种多样，有的是为了使自己的商品获得非法利润，有的是为了使企业或个人获得某种荣誉，有的是为了与他人的名优产品争夺销售市场。

（4）除上述三个要件外假冒注册商标罪的成立，行为人危害行为的"情节严重"与否也是犯罪的必要条件。根据我国相关司法解释及司法实践来看，具有下列情形之一的，成立犯罪，应当追诉：①个人假冒他人注册商标，非法经营数额在10万元以上的；②单位假冒他人注册商标，非法经营数额在50万元以上的；③假冒他人驰名商标或者人用药品商标的；④虽未达到上述数额标准，但因假冒他人注册商标，受过行政处罚2次以上，又假冒他人注册商标的；⑤造成恶劣影响的。

（二）假冒注册商标罪认定中的疑难问题探讨

（1）认定假冒注册商标罪，应把握罪与非罪相区分的界限所在。在上述犯罪成立的要件中，各要素均是犯罪成立的必备要素，缺一不可。同时，在司法实践中，假冒商标罪的罪与非罪区分应注意以下方面。

第一，在客观上，擅自在类似商品上使用与他人注册商标相同或者相似的商标的，或者在同一种商品上使用与他人注册商标相似的商标的行为，均不构成假冒注册商标罪。譬如，汽车与摩托车均是借助油品作动力的具有某些相似功能性的相似商品，如果行为人在摩托上使用他人已在汽车上注册的"天涯"商标，尽管存在商标侵权行为，但不构成犯罪。

第二，行为人未经许可，使用他人没有注册的商标的，不构成假冒注册商标罪。未经注册的商标，仍体现权利所有人的创新与智慧，可以在商品流通与对外服务中使用，不过，由于未经注册，权利人也就不能取得商标专用权。在此情形下，行为人在未经商标人同意的情况下，擅自使用他人商标，虽属不当，但并不构成犯罪。

第三，行为人对相关竞争对手所采取的不正当竞争行为，虽属不法，但是，并不成立犯罪。依据《反不正当竞争法》第5条第2款至第4款的规定，以下与假冒注册商标相关的这些行为都是不正当竞争行为："擅自使用知名商品特有的名称、包装、装潢，或者使用与知名商品近似的名称、包装、装潢，造成和他人的知名商品相混淆，使购买者误认为是该知名商品"；"擅自使用他人的企业名称或者姓名，使人误认为是他人的商品"；"在商品上伪造或者冒用认证标志、名优标志等质量标志，伪造产地，对商品质量作引人误解的虚假表示"。

上述三类行为，扰乱了正常市场秩序，破坏了公平、正当竞争，也损害了消费者利益，是有害的。但是，从本罪的成立要素看，其并不是假冒注册商标的行为，因而，不能构成假冒注册商标罪。同时，我们也应仔细甄别一些特殊情况。商标注册、使用的目的旨在区别不同生产者与经营者，商品装潢着力于渲染、美化商品，商标着力于显著性，即区别于其他生产者与经营者的商品的特征；装潢一般与商品的内容一致，而商标由于其独特性不能与商品内容相同；装潢不是一成不变的，可以因社会发展、市场变化、客户需求等因素随时变动和改进，而商标往往是专用的，一般较少改变。商标一般附着于装潢上，如果行为人使用的商标与他人不同，那么，即使擅自使用他人商品的特有装潢，也不构成假冒注册商标罪；相反，如果行为人使用了与他人注册商标相同的商品商标或服务商标，即使两者的装潢完全不同，也可能构成假冒注册商标罪。

（2）假冒注册商标罪的认定中，还应正确认识和处理本罪与以假冒注册商标方式生产、销售伪劣商品犯罪的区分与联系。对行为人以假冒注册商标方式生产、销售伪劣商品的行为，应当如何理解呢？一般而言，会有如下不同的认识：一是认为行为人的行为属于牵连犯，理由是假冒注册商标是生产、销售伪劣商品的手段行为；二是认为属法条竞合，是刑法规定的特殊性引起的；三是认为应按一行为触犯数罪名的想象竞合犯处理。尽管论说不一，但三种理解方式在处理上坚持以一罪论处，因而从结果来看，区别不大。按照刑法一般原理，对牵连犯通常是从一重处断，除非在法律有明文规定的情况时，才实行数罪并罚，而我国刑法对此并没有明文规定实行并罚；就想象竞合犯而言，刑法理论及实践中也坚持以一罪论处；若坚持是法条竞合关系，结果也是选择适用一个法条，定一罪，而不能实行数罪并罚。所以，从最终结果来看，应该差别不大。

二、销售假冒注册商标的商品罪的认定

销售假冒注册商标的商品罪，是指行为人明知是假冒注册商标的商品，而予以销售，销售金额数额较大的行为。

若构成该罪，在客观上必须存在"行为人销售假冒注册商标的商品，销售金额数额较大"。对于何种方式才算"销售"，立法上并没有限制，所以，实践中，行为人以任何方式将假冒注册商标的商品卖出的行为，都属"销售"。行为的对象是"假冒注册商标的商品"，该商品是指未经注册商标所有人许可，使用与其注册商标相同的商标的同一种商品。即使该商品的质量与真正注册商标的商品质量有差异，也并不影响犯罪的成立。

在本罪主体上，该罪的行为者应当是自然人或单位。在该商品上假冒注册商标的犯罪人，即假冒注册商标的犯罪人销售自己假冒注册商标的商品的，由于其行为属于吸收犯关系，故仅按照假冒注册商标罪处理即可，不数罪并罚。不过，如果行为人在此商品上假冒他人注册商标，同时又销售他人假冒注册商标的商品，商品不相同的，则成立数罪。所以，销售假冒注册商标的商品罪的犯罪主体，往往是本犯以外的自然人、单位。

在罪过要件上，销售假冒注册商标的商品罪在主观上必须故意。其认识因素是"明知是假冒注册商标的商品"。"明知"，是指知道或应当知道。实践中，有下列情形之一的，可以认定为"明知是假冒注册商标的商品"：

（1）以明显低于市场价格进货的；（2）以明显低于市场价格销售的；

（3）销售假冒烟用注册商标的烟草制品被发现后转移、销毁物证或者提供虚假证明、虚假情况的；（4）有关部门或消费者已经告知过行为人销售的是假冒注册商标的商品，行为人仍销售的；（5）销售商品的进价和质量明显低于被假冒的注册商标商品的进价和质量；（6）从行为人本人的经验和知识看，其知道自己销售的是假冒注册商标的商品；（7）行为人从非正常渠道取得商品后，销售该商品的。

构成本罪要求行为人在主观上不仅是"明知是假冒注册商标的商品"而销售，而且，该故意还应当是独立故意，并未与假冒注册商标的犯罪人形成共同故意。否则，如果行为人事先与假冒注册商标的犯罪人有通谋，对假冒活动有不同分工，一方制造假冒注册商标的商品，另一方销售假冒注册商标的商品，那么，各行为人便构成了共同犯罪。如此一来，行为人销售假冒注册商标商品的行为，便是假冒注册商标共同犯罪行为的组成部分。此时，对行为人不应定本罪，而应以假冒注册商标罪的共犯论处。

行为人犯销售假冒注册商标的商品罪时，因为销售的产品以假充真，便可能同时触犯销售伪劣产品罪。此种情形下，由于行为人属于实施一个销售行为，触犯两种罪名，故应属于想象竞合犯，应选择从一重罪论处。

销售明知是假冒他人注册商标的卷烟、雪茄烟等烟草专卖品，销售金额较大的，依照《刑法》第214条的规定，以销售假冒注册商标的商品罪定罪处罚。行为人实施非法生产、销售烟草专卖品犯罪，同时构成生产、销售伪劣产品罪、侵犯知识产权犯罪、非法经营罪的，依照处罚较重的规定定罪处罚。明知他人销售假冒注册商标的商品犯罪，而为其提供贷款、资金、账号、发票、证明、许可证件，或者提供生产、经营场所、设备、运输、仓储、保管、邮寄、代理进出口等便利条件，或者提供生产技术、卷烟配方的，应当按照共犯追究刑事责任。

三、非法制造、销售非法制造的注册商标标识罪的认定

非法制造、销售非法制造的注册商标标识罪，是自然人或者单位，故意伪造、擅自制造他人注册商标标识，或者销售伪造、擅自制造的注册商标标识，情节严重的行为。

在客观方面，本罪要求行为人存在伪造、擅自制造他人注册商标标识，或者销售伪造、擅自制造的注册商标标识，情节严重的行为。这里的

"商标标识"，是指商品本身或其包装上使用的附有文字、图形或文字与图形的组合所构成的商标图案的物质实体，譬如商标纸、商标标牌、商标标识带等。根据相关规定和司法实践，具有下列情形之一的，可以认定为"伪造、擅自制造他人注册商标标识，或者销售伪造、擅自制造的注册商标标识，情节严重的行为"：（1）非法制造、销售非法制造的注册商标标识，数量在 2 万件（套）以上，或者违法所得数额在 2 万元以上，或者非法经营数额在 20 万元以上的；（2）非法制造、销售非法制造的驰名商标标识的；（3）虽未达到上述数额标准，但因非法制造、销售非法制造的注册商标标识，受过行政处罚 2 次以上，又非法制造、销售非法制造的注册商标标识的；（4）利用贿赂等非法手段推销非法制造的注册商标标识的。

四、假冒专利罪的认定

假冒专利罪，是自然人或者单位，违反专利管理法律法规，故意假冒他人专利，情节严重的行为。该危害行为的实施损害了他人的专利权，破坏了正常的市场竞争秩序，也有损科技创新。

本罪的构成，在客观上行为人应存在违反专利管理法律法规，故意假冒他人专利，情节严重的行为。不过，在如何理解"故意假冒他人专利"上，可能会有不同意见。一种理解是，假冒他人专利是指未经专利人许可，在非专利产品或者其包装上标注专利权人的专利号或者专利标记，以自己的非专利产品假冒专利权人的专利产品。这种理解十分强调对专利权的保护。不过，从强调对市场竞争秩序的保护出发，"故意假冒他人专利"也可能理解为：除以上行为方式外，还可以是指行为人未经专利权人许可，为生产经营目的而非法制造、使用或者销售其专利产品或者使用其专利方法，或者行为人以欺骗手段在专利局登记，骗取专利权等。笔者认为，本罪既侵犯他人专利权，又侵犯市场竞争秩序，不可过分强调或偏废其一，应一体看待。只要是属于"故意假冒他人专利"文义之内的行为，就是本罪中的"故意假冒他人专利"的行为。从刑法解释及相关规定出发，下列行为都应属于假冒他人专利的行为：（1）未经许可，在其制造或者销售的产品、产品的包装上标注他人的专利号；（2）未经许可，在广告或者其他宣传材料中使用他人的专利号，使人将所涉及的技术误认为是他人的专利技术；（3）未经许可，在合同中使用他人的专利号，使人将合同涉及的技术误认为是他人的专利技术；（4）伪造或者变造他人的专利证书、专利文件或者专利申请文件。

"故意假冒他人专利"的行为若"情节严重"方即构成犯罪。根据相关解释和司法实践，具有下列情形之一的，可以视为"情节严重"，应追究行为人的刑事责任：（1）违法所得数额在 10 万元以上的；（2）给专利权人造成直接经济损失数额在 50 万元以上的；（3）虽未达到上述数额标准，但因假冒他人专利，受过行政处罚 2 次以上，又假冒他人专利的；（4）造成恶劣影响的。

五、侵犯著作权罪的认定

（一）侵犯著作权罪的构成要件

侵犯著作权罪，是以营利为目的，违反著作权法的规定，侵犯他人著作权，违法所得数额较大或者有其他严重情节的行为。

（1）从客观方面看，成立本罪要求行为人违反著作权法的规定，实施了侵犯他人著作权的行为。不过，由于犯罪的本质在于严重的社会危害性，并非任何侵犯著作权的行为都可以构成本罪。我国《著作权法》规定了多种侵犯他人著作权的表现形式，但只能是严重危害社会的侵权行为才具有刑罚可罚性。我国刑法从司法经验和治理犯罪的需要出发，将以下五种行为纳入本罪惩治之列。

①行为人未经著作权人许可，非法复制、发行其文字作品、音乐、电影、电视、录像作品、计算机软件及其他作品。

"未经著作权人许可"，是指没有得到著作权人授权或者伪造、涂改著作权人授权许可文件或者超出授权许可范围的情形。通过信息网络向公众传播他人文字作品、音乐、电影、电视、录像作品、计算机软件及其他作品的行为，应当视为《刑法》第 217 条规定的"复制发行"。

这里的"复制发行"，包括复制、发行，以及既复制又发行的行为。所谓"复制"，是指以印刷、复印、临摹、拓印、录音、录像、翻拍等方式将作品制作一份或者多份的行为。所谓"发行"，是指通过出售、出租等方式向公众提供一定数量的作品复制件的行为。这里的"文字作品"，包括小说、诗词、散文、论文等文字形式表现的作品。"音乐作品"，包括歌曲、交响乐等能够演唱或者演奏的附词或者不附词的作品。"电影、电视、录像作品"，是指摄制于一定介质上，借助放映装置或者以其他方式传播的一系列画面作品。"计算机软件"，包括计算机程序及其有关文档。这里的"其他作品"是兜底性语言，是指上述所列作品之外的作品，实践中一般有口述作品、戏剧作品、曲艺作品、舞蹈作品、杂技艺术作品、美术作品、建筑作品、摄影作品、图形作品以及模型作品等。

如果侵权产品的持有人通过广告、征订等方式推销侵权产品的，也属于本罪中的"发行"。非法出版、复制、发行他人作品，侵犯著作权构成犯罪的，按照侵犯著作权罪定罪处罚。

②行为人非法出版他人享有专有出版权的图书。"出版"，是将作品编辑加工，复制之后向公众发行。行为人如果起初享有出版权，但是，在授权期限过期后，又出版的，则为不法。按照我国《著作权法》的规定，图书出版者就著作权人交付出版的作品，在合同约定期间享有专有出版权，合同期之后未经协商一致的，则为非法。行为人在不享有出版权的情况下，私自出版他人图书的，当然属于非法行为。

③行为人未经录音录像制作者许可，复制发行其制作的录音录像。所谓"录音录像制作者"，是指录音录像制品的首次制作人。录音录像制作者对其录音录像作品依法享有权益，行为人擅自复制发行的，构成非法行为。

④行为人制作、出售假冒他人署名的美术作品。所谓"美术作品"，是指绘画、书法、雕塑等以线条、色彩或者其他方式构成的有审美意义的平面或者立体的造型艺术作品。

本罪的构成，不仅要求行为人实施了侵犯他人著作权的行为，而且，该侵权行为的结果还必须是违法所得数额较大或者有其他严重情节方能构成犯罪。行为人以营利为目的，实施侵犯著作权行为之一，违法所得数额在3万元以上的，属于"违法所得数额较大"；具有下列情形之一的，则属于"有其他严重情节"：非法经营数额在5万元以上的；未经著作权人许可，复制发行其文字作品、音乐、电影、电视、录像作品、计算机软件及其他作品，复制品数量合计在1000张（份）以上的；其他严重情节的情形。

（2）本罪的犯罪主体，应是已满16周岁，具有辨认控制能力的自然人或者单位。如果出版单位与他人事前通谋，向其出售、出租或者以其他形式转让该出版单位的名称、书号、刊号、版号，他人实施侵犯著作权行为，构成犯罪的，对该出版单位应当以共犯论处。

（3）在罪过要件上，本罪主观方面只能是犯罪故意，也即行为人明知自己的行为侵犯他人著作权，而故意实施。同时，行为人主观上还必须具有营利目的，如果出于教学、研究等非营利目的复制他人作品，则不属于侵犯著作权的行为。

（二）侵犯著作权罪与非罪的界限划分

侵犯著作权是严重的侵权行为，是未经著作权人许可擅自牟利的行为，如果行为人虽未经他人同意使用了他人著作，但并未牟利，则并不构成犯罪。根据国际公约及著作公益传播的需要出发，我国《著作权法》允许行为人在一定条件下可以不需经著作权人准许，即可使用他人的著作权。那么，在这些情况下，行为人的行为即是合法的。依照我国著作权法的规定，行为人在下列情况下使用作品，可以不经著作权人许可，不向其支付报酬，只需指明作者姓名、作品名称，并且不得侵犯著作权人依照本法享有的其他权利即可。

（1）为个人学习、研究或者欣赏，使用他人已经发表的作品；（2）为介绍、评论某一作品或者说明某一问题，在作品中适当引用他人已经发表的作品；（3）为报道时事新闻，在报纸、期刊、广播电台、电视台等媒体中不可避免地再现或者引用已经发表的作品；（4）报纸、期刊、广播电台、电视台等媒体刊登或者播放其他报纸、期刊、广播电台、电视台等媒体已经发表的关于政治、经济、宗教问题的时事性文章，但作者声明不许刊登、播放的除外；（5）报纸、期刊、广播电台、电视台等媒体刊登或者播放在公众集会上发表的讲话，但作者声明不许刊登、播放的除外；（6）为学校课堂教学或者科学研究，翻译或者少量复制已经发表的作品，供教学或者科研人员使用，但不得出版发行；（7）国家机关为执行公务在合理范围内使用已经发表的作品；（8）图书馆、档案馆、纪念馆、博物馆、美术馆等为陈列或者保存版本的需要，复制本馆收藏的作品；（9）免费表演已经发表的作品，该表演未向公众收取费用，也未向表演者支付报酬；（10）对设置或者陈列在室外公共场所的艺术作品进行临摹、绘画、摄影、录像；（11）将中国公民、法人或者其他组织已经发表的以汉语言文字创作的作品翻译成少数民族语言文字作品在国内出版发行；（12）将已经发表的作品改成盲文出版。

六、销售侵权复制品罪的认定

销售侵权复制品罪，是指自然人或者单位，以营利为目的，销售明知是侵权复制品的物品，违法所得数额巨大的行为。

成立该罪在客观上要求行为人实施了销售侵权复制品，且违法所得数额巨大。"侵权复制品"，是指侵犯他人著作权而形成的复制品。

在犯罪主体上，本罪的主体是自然人或单位。不过，应当是侵犯著作权罪主体以外的自然人或者单位。如果行为人是侵犯著作权罪的行为主体，同时又销售自己所制作的侵权复制品的，属于吸收犯情形，仅成立侵犯著作权罪，不再认定为本罪。如果行为人既触犯侵犯著作权罪，又以营利为目的销售的他人非法复制的侵权复制品的，则构成独立的两罪，应数罪并罚。

在本罪的罪过要件上，主观方面必须是犯罪故意，且具有营利的犯罪目的，也即行为人明知是他人犯侵犯著作权罪而形成的侵权复制品而销售，并具有主观上的营利目的。

七、侵犯商业秘密罪的认定

（一）侵犯商业秘密罪的构成要件

侵犯商业秘密罪，是指行为人以盗窃、利诱、胁迫、披露、擅自使用等不正当手段，侵犯商业秘密，给商业秘密的权利人造成重大损失的行为。

（1）在客观方面，本罪的构成要求行为人必须有侵犯他人商业秘密的行为，并且给权利人造成了重大损失。

行为人侵犯的是他人的商业秘密。所谓"商业秘密"，是指不为公众所知悉，能为权利人带来经济利益，具有实用性并经权利人采取保密措施的技术信息和经营信息。是否是"商业秘密"，可以从以下方面综合加以认定：第一，该信息是否是一种技术信息与经营信息。技术信息与经营信息，既可能以文字、图像为载体，也可能以实物为载体，还可能存在于人的大脑或操作方式中。商业秘密是一种技术信息或经营信息。第二，该信息是否属于不为公众所知悉的事项，即是否仅仅限于一定范围内的人知悉的事项，是否具有非公开性。从最高人民法院《关于审理不正当竞争民事案件应用法律若干问题的解释》第9条的规定来看，有关信息如果不为其所属领域的相关人员普遍知悉和容易获得，则为"不为公众所知悉"。司法实践上，我们对商业秘密非公开性的认定，往往会用有关部门出具的相关鉴定意见，审查该证据材料时，应围绕鉴定机构对国内外数据库是否进行了相关检索，被鉴定的权利人是否已采取保密措施及保密的范围和程度如何，程序是否严密等进行分析证据材料的效力。第三，是否能为权利人带来经济利益。权利人，是指商业秘密的所有人和经商业秘密所有人许可的商业秘密使用人。经济利益，是积极的经济利益，即能使权利人增加财产或者财产上的利益，其他利益不属此列。第四，是否具有实用性，即是否具有直接的、现实的使用价值，权利人是否能够将商业秘密直接运用于生产、经营活动。第五，是否经权利人采取了保密措施。

客观上，行为人实施了侵犯商业秘密的行为。侵犯商业秘密的行为，可以是下列几种情况之一：

一是以盗窃、利诱、胁迫或者其他不正当手段获取权利人的商业秘密。"盗窃"，通常是指行为人通过秘密获取包含有商业秘密信息的载体、介质，如纸质文件、材料、电子文件文档等；"利诱"，是指行为人以金钱、财物或者其他利益诱使知悉商业秘密内容者提供商业秘密；"胁迫"，是指行为人对知悉商业秘密的人进行恐吓、威胁，迫使他人提供商业秘密。其他不正当手段，是指除盗窃、利诱、胁迫以外的其他非正当手段，如抢夺载有商业秘密的图纸等。

二是披露、使用或者允许他人使用以上述第一种不法获取的权利人的商业秘密。这实际上规制的第一种行为的下游行为。"披露"，是指行为人将其非法获得的商业秘密告知权利人的竞争对手或其他人，或者将商业秘密内容公布于众；"使用"，是指行为人将自己非法获取的商业秘密用于生产或者经营；"允许他人使用"，是指行为人允许他人将自己第一种非法方式获得的商业秘密用于生产或者经营，无论是有偿还是无偿。

三是违反约定或者违反权利人有关保守商业秘密的要求，披露、使用或者允许他人使用其所掌握的商业秘密。这是指合法知悉商业秘密内容的人披露、使用或者允许他人使用商业秘密的行为，包括公司、企业工作职员，公司、企业的调离、辞职、辞退、退休人员以及与权利人订有保守商业秘密协议的其他相关人员。

四是明知或应知前述第一种至第三种违法行为，而获取、使用或者披露他人商业秘密。这属于间接侵犯商业秘密的行为，即第三者明知或者应知向其传授商业秘密的人具有上述违法行为，但获取、使用或者披露他人的商业秘密。

行为人的侵犯行为还必须给权利人造成了重大损失。这里的重大损失，是指经济方面的重大损失，如减少盈利、增加亏损、引起破产、在竞争中处于不利地位等。2001年最高人民检察院、公安部《关于经济犯罪案件追诉标准的规定》第65条规定：侵犯商业秘密，涉嫌下列情形之一的，应予追诉：①给商业秘密权利人造成直接经济损失在50万元以上的；②致使权利人破产或者其他严重后果的。这里的"造成直接损失在50万元以上"究竟是指所侵犯的商业秘密及其载体本身的价值，还是指商业权利人造成的利益损失呢？笔者认为，均可，只要查明行为人所实施的侵犯商业秘密的行为与权利人遭受重大损失之间有因果关系即可。行为人虽实施了盗窃商业秘密等行为，但该行为本身未造成权利人重大损失的，不成立侵犯商业秘密罪。

那么，如何计算"重大损失"呢？当前，司法实践中一般存在三种计算方法：一是用侵权人的销售收入减去权利人的成本。在该计算方式下，侵权人的销售价格有可能是权利人销售价格的一半，而且，由于权利人在生产过程中需要支付技术使用费、广告费等费用，其生产成本要远大于侵权人的生产成本，所以该计算方式并不够准确、客观。二是用侵权产品的销售收入乘以同行业的平均利润率。行业的平均利润率一般难有公布，也不易估算，即使估算也不精确。三是用侵权产品的销售量乘以权利人被侵权前的平均销售利润。该计算方式下的相关因素都较为客观，权利人被侵权前的平均销售利润可以由专业会计机构提供，因而，该方法具有一定的可操作性。

（2）在犯罪主体上，既可以是自然人，也可以是单位。实施前述第一种和第二种行为的人，一般是无权知悉商业秘密内容的人；实施第三种行为的人，一般是已经合法知悉他人商业秘密内容的人；实施第四种行为的人往往是第三人。

（3）在罪过要件上，行为人必须是犯罪故意。实施上述第一种至第三种行为的，行为人明知自己的行为侵犯了他人商业秘密，会给权利人造成重大损失，并且希望或者放任这种结果发生。实施上述第四种行为时，若行为人"明知"他人是非法获取、披露、使用、允许他人使用商业秘密，但仍然获取、使用或者披露该商业秘密的，当属于故意犯罪；若只是"应知"，则应认为是一种过失犯罪。

（二）侵犯商业秘密罪与相关犯罪的界限

侵犯商业秘密罪与假冒注册商标罪、假冒专利罪、侵犯著作权罪有相似之处，都属于侵犯知识产权的行为，相互区别主要在于：一是本罪侵犯的是商业秘密，而其他犯罪侵犯的是商标权、专利权与著作权。二是本罪行为主要表现为以不法手段获取商业秘密，或者非法披露、使用或允许他人使用商业秘密，而其他犯罪主要表现为假冒行为。行为人若以盗窃、利诱、胁迫或者其他不正当手段获取他人商业秘密，并使用该商业秘密制造产品并假冒他人注册商标的，则构成数罪，应予并罚。行为人非法使用他人商业秘密制造产品同时假冒他人注册商标的，属于一行为触犯数罪名，应以一个重罪论处。

公司、企业工作人员因为职务或者业务关系知悉商业秘密内容后，擅自将商业秘密出卖给他人，并将非法所得据为己有或者使第三者所有的，属于利用职务便利非法获取利益，应根据具体情节和行为人是否具有国有主体身份，认定为贪污罪或者职务侵占罪等罪名。

第四章　知识产权犯罪的刑罚适用研究

知识产权犯罪的刑罚构造应如何设定，在刑罚运动过程中，其实际适用有何特点？笔者结合司法实务中的法院判决和经典判例就知识产权犯罪的刑罚适用状况进行分析。在实证分析之前，先行掌握知识产权犯罪的刑罚配置，也即其刑罚的构造形式也是必要的，这也是分析司法判决是否合法、适当的前提。为此，本部分的阐述即遵循从法定到实然的逻辑思路逐步展开。

第一节　假冒注册商标罪的刑罚适用实证分析

一、假冒注册商标罪的刑罚构造

假冒注册商标罪，是违反国家商标管理法规，未经注册商标所有人许可，在同一种商品上使用与其注册商标相同的商标，情节严重的行为。根据《刑法》第213条，未经注册商标所有人许可，在同一种商品上使用与其注册商标相同的商标，情节严重的，处3年以下有期徒刑或者拘役，并处或者单处罚金；情节特别严重的，处3年以上7年以下有期徒刑，并处罚金。

根据2004年11月11日最高人民检察院第十届检察委员会第28次会议通过、2004年12月22日起施行的最高人民法院、最高人民检察院《关于办理侵犯知识产权刑事案件具体应用法律若干问题的解释》，未经注册商标所有人许可，在同一种商品上使用与其注册商标相同的商标，具有下列情形之一的，属于《刑法》第213条规定的"情节严重"，应当以假冒注册商标罪判处 3 年以下有期徒刑或者拘役，并处或者单处罚金：（1）非法经营数额在 5 万元以上或者违法所得数额在 3 万元以上的；（2）假冒两种以上注册商标，非法经营数额在 3 万元以上或者违法所得数额在 2 万元以上的；（3）其他情节严重的情形。

具有下列情形之一的，属于《刑法》第 213 条规定的"情节特别严重"，应当以假冒注册商标罪判处 3 年以上 7 年以下有期徒刑，并处罚金：（1）非法经营数额在 25 万元以上或者违法所得数额在 15 万元以上的；（2）假冒两种以上注册商标，非法经营数额在 15 万元以上或者违法所得数额在 10 万元以上的；（3）其他情节严重的情形。

根据 2007 年 4 月 5 日生效的最高人民法院、最高人民检察院《关于办理侵犯知识产权刑事案件具体应用法律若干问题的解释（二）》，单位实施假冒注册商标行为，按照最高人民法院、最高人民检察院《关于办理侵犯知识产权刑事案件具体应用法律若干问题的解释》和该解释规定的相应个人犯罪的定罪量刑标准定罪处罚。

对于侵犯知识产权犯罪的，人民法院应当综合考虑犯罪的违法所得、非法经营数额、给权利人造成的损失、社会危害性等情节，依法判处罚金。罚金数额一般在违法所得的 1 倍以上 5 倍以下，或者按照非法经营数额的 50% 以上 1 倍以下确定。

《刑法》第 72 条规定，对于被判处拘役、3 年以下有期徒刑的犯罪分子，同时符合下列条件的，可以宣告缓刑，对其中不满 18 周岁的人、怀孕的妇女和已满 75 周岁的人，应当宣告缓刑：（1）犯罪情节较轻；（2）有悔罪表现；（3）没有再犯罪的危险；（4）宣告缓刑对所居住社区没有重大不良影响。第 74 条规定，对于累犯和犯罪集团的首要分子，不适用缓刑。

依据 2007 年 4 月 5 日生效的最高人民法院、最高人民检察院《关于办理侵犯知识产权刑事案件具体应用法律若干问题的解释（二）》第 3 条规定，侵犯知识产权犯罪，符合刑法规定的缓刑条件的，依法适用缓刑。有下列情形之一的，一般不适用缓刑：（1）因侵犯知识产权被刑事处罚或者行政处罚后，再次侵犯知识产权构成犯罪的；（2）不具有悔罪表现的；（3）拒不交出违法所得的；（4）其他不宜适用缓刑的情形。

二、假冒注册商标罪的刑罚适用状况分析

一般而言，在发达地区侵害注册商标犯罪案件较为多发。在 2011 年至

2013 年深圳市检察机关提起公诉的涉及侵犯知识产权犯罪案件中，假冒注册商标案件 451 件 820 人。❶ 上海是我国知识产权案件审理较为成熟的地区，办理的知识产权犯罪案件较多。笔者依据上海法院法律文书检索中心公布的 2015 年 1～6 月已审结案件为基础，❷ 一窥假冒注册商标罪的刑罚适用状况及特点。

（一）上海基层人民法院审结假冒注册商标罪案件情况

1. 2015 年 1～6 月审结案件的刑罚适用情况

经检索，上海市基层人民法院于 2015 年 1～6 月，共审结假冒注册商标犯罪案件 13 件。其中，判处实刑的案件 5 件，判处缓刑的案件 8 件，缓刑适用率 62%。每一案件的被告人均被判处罚金，罚金金额最低 5000 元，最高 7 万元。

序号	案号	案件性质	承办部门	审判长	刑罚适用	结案日期
1	（2015）徐刑（知）初字第 13 号	假冒注册商标罪	民三庭	王利民	缓刑或免于刑事处分，罚金 2～7 万元	2015－05－20
2	（2015）徐刑（知）初字第 10 号	假冒注册商标罪	民三庭		缓刑，罚金 5000 元、1 万元	2015－04－22
3	（2014）浦刑（知）初字第 47 号	假冒注册商标罪	民三庭	倪红霞	有期徒刑 1 年，罚金 2 万元	2015－01－23
4	（2014）浦刑（知）初字第 46 号	假冒注册商标罪	民三庭	倪红霞	有期徒刑 9 个月，罚金 5000 元	2015－04－02

---

❶ 蔡佩琼等. 侵犯商业秘密入罪难［N］. 深圳特区报，2014－04－26（A3）.

❷ 本书中有关上海法院的审理材料均来自于上海法院法律文书检索中心网站资料，后文不再履行注明。http：//www. hshfy. sh. cn：8081/flws/text. jsppa＝ad3N4aD0xJnRhaD2jqDIwMTWjqbum0rvW0NDMKNaqKdbV19a12jO6xSZ3ej0Pdcssz.

续表

序号	案号	案件性质	承办部门	审判长	刑罚适用	结案日期
5	（2014）浦刑（知）初字第31号	假冒注册商标罪	民三庭	倪红霞	1年2个月，罚金5万元	2015-01-05
6	（2015）徐刑（知）初字第5号	假冒注册商标罪	民三庭		缓刑，罚金2万元	2015-02-03
7	（2015）普刑（知）初字第8号	假冒注册商标罪	民三庭	张佳璐	缓刑，罚金3万元	2015-03-09
8	（2015）徐刑（知）初字第2号	假冒注册商标罪	民三庭		缓刑，罚金1万元	2015-01-20
9	（2015）徐刑（知）初字第1号	假冒注册商标罪	民三庭	王利民	单位罚金3万元；个人缓刑，罚金4万元	2015-01-22
10	（2014）闵刑（知）初字第60号	假冒注册商标罪	民三庭	顾亚安	李丁1年3个月，罚金6万元；杨乙有期徒刑11个月，罚金3万元	2015-01-08
11	（2015）杨刑（知）初字第4号	假冒注册商标罪	民三庭		有期徒刑9个月，罚金5万元	2015-01-23
12	（2014）杨刑（知）初字第89号	假冒注册商标罪	民三庭	陈蔓莉	缓刑，罚金1~2万元	2015-01-15

序号	案号	案件性质	承办部门	审判长	刑罚适用	结案日期
13	（2014）黄浦刑（知）初字第16号	假冒注册商标罪	民三庭	金滢	缓刑，罚金8000元	2015-01-07

从适用刑罚的状况看，法院的判决遵循了罪刑法定，法官的自由裁量权与现行量刑规定均得到了尊重。对于缓刑适用率较高的局面，笔者认为，这是正常的。作为贪利性犯罪，知识产权犯罪人并不具有较强的人身危险性，对其恶性的评估和回应，应重点在其是否是再犯、累犯、主犯，案值额大小、涉案物数量、悔罪态度、对受害人的补充状况等因素上，对多数企图以假冒他人注册商标来获取不法金钱利益的犯罪人来说，如果恶性不深，符合刑法典及司法解释规定的缓刑条件，是完全可以适用缓刑的。同时，罚金刑的并罚适用，能够在一定程度上剥夺其再犯的能力，吓阻其再犯的意念，震慑其他有犯罪之虞者。

2. 典型判例举要

（1）上海市徐汇区人民法院（2015）徐刑（知）初字第13号刑事判决书。

上海市松江区人民检察院以沪松检金融刑诉（2015）18号起诉书指控被告单位上海长备能源科技有限公司、被告人王甲、被告人王乙、被告人季丙犯假冒注册商标罪；指控被告单位上海长备能源科技有限公司、被告人王乙犯虚开增值税专用发票罪向上海市松江区人民法院提起公诉。上海市松江区人民法院根据上海市第一中级人民法院知识产权刑事案件指定管辖的规定，将案件移送至本院审理。本院于2015年4月28日受理后，依法适用简易程序，组成合议庭，公开开庭审理了本案。上海市松江区人民检察院指派检察员李某某出庭支持公诉。被告单位上海长备能源科技有限公司的诉讼代表人戴某松、被告人王甲及其辩护人向某喜、被告人王乙及其辩护人姚某、被告人季丙均到庭参加了诉讼。现已审理终结。

上海市松江区人民检察院指控：

一、假冒注册商标罪

2013年7月至2014年8月间，被告人王甲在经营被告单位上海长备能源科技有限公司（以下简称长备公司）期间，让被告人王乙全面负责经营，并雇用被告人季丙负责电池生产，在未经注册商标松下品牌权利人许可的情况下，在位于上海市松江区九亭镇某路某弄某号一处仓库内，将购进的废旧铅酸蓄电池打磨、清洗、充放电、印刷或粘贴假冒注册商标松下品牌的商标并对外销售。经司法鉴定，销售数额为人民币274 880元。

2014年8月27日，公安人员将被告人王甲、王乙、季丙抓获，并在被告单位长备公司及上述仓库内查获注册商标松下品牌的印刷模具、铅酸蓄电池等涉案文件、物品。

二、虚开增值税专用发票罪

2014年7月，被告人王乙在经营被告单位长备公司期间，在无实际交易的情况下，为南京美图机电设备有限公司（以下简称南京美图公司）虚开增值税专用发票一份，价税合计人民币54 000元，税款人民币7 846.15元。上述发票已由受票单位向税务机关申报抵扣。

公诉机关认定被告单位长备公司及被告人王甲、王乙、季丙在未取得商标权利人许可的情况下，在同一种商品上使用与其注册商标相同的商标，情节特别严重，其行为已触犯《中华人民共和国刑法》第二百一十三条、第二百二十条、第二十五条第一款，犯罪事实清楚，证据确实、充分，应当以假冒注册商标罪追究其刑事责任。被告单位长备公司及被告人王乙，为他人虚开增值税专用发票，其行为均已触犯《中华人民共和国刑法》第二百零五条，犯罪事实清楚，证据确实、充分，应当以虚开增值税专用发票罪追究其刑事责任。被告人王甲在共同犯罪中起主要作用，根据《中华人民共和国刑法》第二十六条第一款，系主犯。被告人王乙、季丙在共同犯罪中起次要、辅助作用，根据《中华人民共和国刑法》第二十七条，系从犯，均应当从轻或者减轻处罚。被告单位长备公司及被告人王甲、王乙、季丙在假冒注册商标罪一节中均如实供述自己的罪行，根据《中华人民共和国刑法》第六十七条第三款，可以从轻处罚。被告单位长备公司及被告人王乙在虚开增值税专用发票罪一节中具有自首情节，根据《中华人民共和国刑法》第六十七条第二款，可以从轻处罚。被告人王乙具有立功情节，根据《中华人民共和国刑法》第六十八条，可以从轻或者减轻处罚。现提请依法审判。

被告单位长备公司、被告人王甲、被告人王乙、被告人季丙对起诉书指控的犯罪事实及罪名均无异议；被告人王甲的辩护人辩称，被告人王甲系初犯，且本次犯罪是因为法律意识淡薄造成；被告人王甲积极配合调查；被告人王甲社会危害性低，综上，希望法庭可以从轻处罚。被告人王乙的辩护人辩称，被告人王乙犯罪后如实供述自己的罪行，积极配合调查，并且具有检举立功的情节；本案是经济犯罪，时间跨度不长，且也没有利用松下品牌获得巨大利润，社会危害性不大，主观恶意性小；被告人王乙在刑事拘留一个月后，孩子随即出生，综上希望法庭考虑相关情况，酌情考虑其量刑情节。

经审理查明，公诉机关指控的被告单位及被告人犯罪事实，有证人樊某某、姜某某、张甲、陈甲、朱甲、邵某某、张乙、侯甲、侯乙、陈乙、王某某、朱乙、陈丙、许某等人的证言及清点记录、搜查笔录、扣押物品、文件清单、松下电器（中国）有限公司出具的鉴定证明、商标注册证、授权委托书、企业法人营业执照、上海司法会计中心出具的司法会计鉴定意见书及补充鉴定意见、福建中证司法鉴定中心出具的司法鉴定检验报告书（附光盘）、被告人王乙与朱乙的QQ聊天记录、银行账户明细、公安机关出具的增值税专用发票复印件、认证清单、企业法人营业执照、档案机读材料、公司章程、准予变更（备案）登记通知书、企业法人年检报告书、户籍信息、案发经过、协查资料、被告人王甲、王乙、季丙的多次供述等经庭审质证的证据予以证实，足以认定。

本院认为，被告单位长备公司及被告人王甲、王乙、季丙未经商标权利人许可，在同一种商品上使用与其注册商标相同的商标，非法经营额达27万余元，属情节特别严重，其行为已构成假冒注册商标罪，应予处罚，公诉机关指控成立。被告人王甲在共同犯罪中起主要作用，系主犯，被告人王乙、季丙在共同犯罪中起次要、辅助作用，系从犯，依法应当减轻处罚。被告单位及各被告人均能如实供述自己的罪行，认罪态度较好，依法可以从轻处罚。被告单位长备公司及被告人王乙为他人虚开增值税专用发票，虚开的税款数额较大，其行为已构成虚开增值税专用发票罪，应予处罚，公诉机关指控成立。被告单位长备公司，具有自首情节，依法可以从轻处罚，被告人王乙具有自首及立功情节，犯罪较轻，依法可以免除处罚。根据被告单位及被告人犯罪的事实、性质、情节和对于社会的危害程度，依照《中华人民共和国刑法》第二百一十三条、第二百二十条、第二十五条第一款、第二百零五条、第二十六条第一款、第二十七条、第六十七条第二款、第三款、第六十八条、第七十二条第一款、第三款、第七十三条第二款、第三款、第五十三条、第六十四条之规定，判决如下：

一、被告单位上海长备能源科技有限公司犯假冒注册商标罪，判处罚金人民币五万元，犯虚开增值税专用发票罪，判处罚金人民币二万元，合并后决定执行罚金人民币七万元。

（罚金自本判决生效之日起一个月内向本院缴纳。）

二、被告人王甲犯假冒注册商标罪，判处有期徒刑三年，缓刑三年，并处罚金人民币三万元。

（缓刑考验期限，从判决确定之日起计算。罚金自本判决生效之日起一个月内向本院缴纳。）

三、被告人王乙犯假冒注册商标罪，判处有期徒刑二年，并处罚金人民币二万元，犯虚开增值税专用发票罪，免于刑事处罚，合并后决定执行有期徒刑二年，缓刑二年，并处罚金人民币二万元。

（缓刑考验期限，从判决确定之日起计算。罚金自本判决生效之日起一个月内向本院缴纳。）

四、被告人季丙犯假冒注册商标罪，判处有期徒刑一年六个月，缓刑一年六个月，并处罚金人民币二万元。

五、查获的假冒注册商标的商品及作案工具等予以没收。

王甲、王乙、季丙在社区中，应当遵守法律、法规，服从监督管理，接受教育，完成公益劳动，做一名有益社会的公民。

（2）上海市浦东新区人民法院（2014）浦刑（知）初字第31号刑事判决书。

上海市浦东新区人民检察院以沪浦检金融刑诉〔2014〕779号起诉书指控被告人简某生犯假冒注册商标罪，于2014年10月14日向本院提起公诉。本院依法组成合议庭，公开开庭审理了本案。上海市浦东新区人民检察院指派检察员傅某出庭支持公诉。被告人简某生及其辩护人江某平、柴某祺到庭参加诉讼。现已审理终结。

上海市浦东新区人民检察院指控，"壳牌"文字及图形商标均经我国工商行政管理总局商标局核准注册，核定使用的商品为第4类的润滑油、润滑脂、工业用油、燃料、汽油等，且均在商标注册有效期内。2012年起，被告人简某生租赁上海市闵行区剑川路×××弄×××号×××室作为暂住地，并在淘宝网上开设名为"超越养护"的网店用于经营壳牌润滑油等汽车配件生意。2013年7月起，被告人为非法牟利目的，先后从广州等地购进假冒的壳牌润滑油空桶、桶盖、桶身标贴、桶盖标贴、包装箱；从上海火炬润滑油有限公司购进大桶火炬牌润滑油，并租赁上海市闵行区××路、××南路一仓库用于灌装假冒壳牌润滑机油，嗣后在淘宝网店进行销售。经司法审计，自2013年12月7日起，被告人通过"超越养护"淘宝网店对外销售壳牌HX3（以下称红壳）、壳牌HX5（以下称黄壳）、壳牌HX7（以下称蓝壳）及壳牌超凡喜力（以下称灰壳）等各型号的假冒壳牌润滑油，累计销售金额为人民币117 845元。2014年5月24日，公安民警在被告人暂住地将其抓获并在其暂住地及租赁的仓库内查获各类假冒壳牌注册商标的润滑油68桶、壳牌桶身标贴、桶盖、空油桶、包装箱及封口机等制假工具。经鉴定，上述被查获的68桶壳牌润滑油均系假冒壳牌注册商标的商品，共计价值7257.5元。被告人到案后如实供述上述犯罪事实，并带领公安民警至其租赁的仓库内起获涉案部分赃物。为证实上述指控事实，公诉机关当庭宣读和出示了搜查证、搜查笔录、清点记录、案发现场照片、扣押的灌装油桶、灌装工具、假冒各型号壳牌润滑油的油桶、计量器、壳牌标识的标贴及相关照片，调取证据清单，商标注册、转让及续展注册证明、授权委托书、代理人营业执照、代理人出具的产品鉴定，证人任某某、王某、秦某某、汤某某、徐某、刘某某、吴某某、胡某的证言笔录，"超越养护"淘宝网店的销售记录及网页截屏，上海公信中南会计师事务所出具的司法鉴定意见书，公安机关出具的案发经过及工作情况、常住人口基本信息等证据。公诉机关据此认定，被告人简某生为牟取非法利益，未经注册商标所有人许可，在同一种商品上使用与其注册商标相同的商标，情节严重，应当以假冒注册商标罪追究刑事责任。被告人到案后能如实供述自己的犯罪事实，可以从轻处罚。

被告人简某生对公诉机关的指控无异议。

被告人简某生的辩护人对起诉书指控的简某生犯假冒注册商标罪无异议。其提出以下辩护意见：简某生对注册商标缺乏了解，主观上没有预谋、没有计划，是为了孝顺父母，急于培养自己独立生活能力才犯罪，与教唆、指使其犯罪的所谓上家"陈某元"相比，犯罪目的比较简单，情节较轻；本案从作案到案发，时间短，对注册商标所有人损害小，社会危害不大；简某生从小生活在农村，是军人世家的革命子弟，自己也当过兵，作案前一向遵纪守法，表现良好，从未有过任何犯罪行为，此次系初犯、偶犯；简某生到案后如实供述了自己的全部犯罪行为，认罪悔罪态度较好，并提供了"陈某元"的联系方式，虽未抓获，但能说明其希望避免特别严重后果发生的悔罪态度。故建议对简某生从轻处罚，判处缓刑或有期徒刑7个月。

经审理查明："壳牌""Shell"及"r"商标（以下称壳牌商标）经我国工商行政管理总局商标局核准注册，核定使用的商品为第4类润滑油等，现注册人为壳牌国际股份公司，均在注册有效期内。

2013年7月起，被告人简某生先后从广州等地购进假冒的壳牌润滑油空桶、桶盖、桶身标贴、桶盖标贴、包装箱，从上海火炬润滑油有限公司购进大桶火炬牌润滑油，并租赁上海市闵行区××路、××南路一仓库用于灌装假冒壳牌润滑机油，嗣后在其"超越养护"淘宝网店进行销售。2014年5月24日，公安机关在被告人的暂住地上海市闵行区剑川路×××弄×××号×××室及其租赁的上述仓库内查获各类壳牌润滑油68桶（其中红壳24桶，黄壳31桶，蓝壳7桶，灰壳6桶），并查获用于制假的火炬牌润滑油原油3桶、原油空桶19个、壳牌润滑油空桶1482个、桶盖268个、标贴2062张、包装箱80个及封口机1台。经鉴别，上述被查获的壳牌润滑油、空桶、桶盖、标贴均系假冒注册商标的商品或标识。

经上海公信中南会计师事务所有限公司鉴定，被告人简某生自2013年12月7日至2014年5月20日在上述"超越养护"淘宝网店销售各型号的假冒壳牌润滑油，累计销售金额为117 845元，其中：壳牌红壳润滑油696桶，金额58 077元；壳牌黄壳润滑油267桶，金额27 532元；壳牌蓝壳润滑油27桶，金额4545元；壳牌灰壳润滑油12桶，金额3601元；两种以上壳牌润滑油混合销售208桶，金额24 090元。被查获的68桶润滑油按照实际销售的最低价格计算，共计价值7 257.50元。

2014年5月24日，被告人简某生被抓获归案，到案后如实供述了上述事实。案发后，被告人在其家属的帮助下主动退出部分违法所得12 000元。

上述事实，由下列经庭审质证的证据予以证实：

1. 公安机关出具的搜查笔录、清点记录、扣押清单及扣押物品照片，证实公安机关在被告人简某生的暂住地及租赁的仓库内查获壳牌润滑油、商标标识、原油、制假工具等的事实。

2. 证人秦某某、汤某某、徐某、刘某某、吴某某、胡某的证言笔录、调取证据清单，证实上述证人自被告人简某生的淘宝网店购买壳牌润滑油的事实。

3. 证人任某某的证言笔录，证实被告人简某生曾向上海火炬润滑油有限公司购买十大桶火炬牌润滑油的事实。

4. 商标注册、转让及续展材料，证实涉案壳牌商标的注册情况。

5. 企业法人营业执照、委托书、产品鉴定书，证实公安机关自被告人处扣押的壳牌润滑油、标识及从证人秦某某、汤某某、徐某、刘某某、吴某某、胡某处调取的壳牌润滑油均系假冒注册商标的商品或标识。

6. "超越养护"淘宝网店截屏及销售记录，证实被告人简某生在该网店销售假冒壳牌润滑油的情况，以及红壳、黄壳、蓝壳、灰壳的最低销售金额。

7. 上海公信中南会计师事务所有限公司出具的司法会计鉴定意见书，证实被告人简某生在其淘宝网店销售假冒壳牌润滑油的数量和金额。

8. 公安机关出具的案发及抓获经过、情况说明，证实被告人简某生的到案情况。

9. 常住人口基本信息，证实被告人简某生的身份情况。

10. 被告人的供述笔录、证人王某的证言笔录，证实被告人简某生灌装假冒壳牌润滑油及在淘宝网店销售的事实。

本院认为，被告人简某生未经注册商标所有人许可，在同一种商品上使用与其注册商标相同的商标，情节严重，其行为构成假冒注册商标罪。公诉机关指控的罪名成立，应予支持。被告人到案后如实供述自己的罪行，系坦白，可以从轻处罚。对于在被告人处查获的大量待加工的原料以及假冒注册商标的标识，在量刑时酌情予以考虑。被告人主动退出部分违法所得，在量刑时亦酌情予以考虑。辩护人提出对被告人从轻处罚的意见，本院予以采纳。被告人擅自生产假冒注册商标的润滑油并销售，时间长达十个月，非法经营数额达12万余元，其行为不仅侵犯了商标注册人的商标权，扰乱了国家的商标管理秩序，还有可能危害消费者的人身安全，犯罪情节较重，社会危害性较大，不符合缓刑的适用条件。本院将根据被告人的犯罪情节、社会危害性、认罪悔罪态度等确定其刑罚。对辩护人提出的对被告人适用缓刑或判处有期徒刑7个月的意见，本院不予采纳。综上，为严肃国家法制，规范市场经济秩序，保护知识产权权利不受侵犯，依照《中华人民共和国刑法》第二百一十三条、第六十七条第三款、第五十三条、第六十四条，最高人民法院、最高人民检察院《关于办理侵犯知识产权刑事案件具体应用法律若干问题的解释》第一条第一款第（一）项、第十二条第一款、第十三条第一款，最高人民法院、最高人民检察院《关于办理侵犯知识产权刑事案件具体应用法律若干问题的解释（二）》第四条之规定，判决如下：

一、被告人简某生犯假冒注册商标罪，判处有期徒刑一年二个月，罚金人民币五万元。

（刑期从判决执行之日起计算。判决执行以前先行羁押的，羁押一日折抵刑期一日，即自2014年5月24日起至2015年7月23日止。罚金于判决生效后一个月内缴纳。）

二、违法所得予以追缴。

三、查获的假冒注册商标的商品、原油、空桶、桶盖、标贴、包装箱、封口机予以没收。

（3）上海市徐汇区人民法院（2015）徐刑（知）初字第16号刑事判决书。

上海市金山区人民检察院以沪金检金融刑诉（2014）13号起诉书指控被告人蒋某峰、张某犯假冒注册商标罪，向上海市金山区人民法院提起公诉。上海市金山区人民法院根据上海市第一中级人民法院知识产权刑事案件指定管辖的规定，将案件移送至本院审理。本院于2015年4月27日受理后，依法适用简易程序，组成合议庭，公开开庭审理了本案。上海市金山区人民检察院指派代理检察员周某出庭支持公诉。被告人蒋某峰、被告人张某及辩护人沈某泉均到庭参加了诉讼。现已审理终结。

上海市金山区人民检察院指控：2012年5月中旬至2014年5月，被告人蒋某峰为牟取非法利益，从网上进购大量香水原料、空瓶、品牌标贴等物品，在本区隆安东路某弄某号某室进行灌装、贴标、包装后，利用淘宝网店"温莎小馆"，对外销售假冒"DIOR（迪奥）""BENEFIT（贝玲妃）""FRESH（新鲜）"等品牌的化妆品，其中，自2012年5月12日至2014年5月销售总额累计达人民币227万余元。被告人张某自2013年8月开始，与被告人蒋某峰同居在本区隆安东路某弄某号某室，并帮助被告人蒋某峰灌装、贴标、打包及收发货等工作，期间销售额累计达人民币144万余元。

2014年5月11日，公安民警在被告人蒋某峰的暂住地本区山阳镇隆安东路某弄某号某室，查获疑似假冒"DIOR（迪奥）""BENEFIT（贝玲妃）""FRESH（新鲜）"等品牌的化妆品数千件，化妆品原料、空瓶、加工化妆品的器皿及销售记录等物品。经鉴定，上述"DIOR（迪奥）""BENEFIT（贝玲妃）""FRESH（新鲜）"等品牌的化妆品均系假冒注册商标的商品，上述假冒的化妆品市场价值共计人民币14万余元。

2014年5月11日被告人蒋某峰、张某被传唤至公安机关，到案后均如实供述了上述犯罪事实。公诉机关认定被告人蒋某峰、张某为牟取非法利益，未经注册商标所有人许可，在同一种商品上使用与其注册商标相同的商标，其中被告人蒋某峰已销售额达人民币227万余元，未销售额达人民币14万余元，其中被告人张某已销售额人民币144万余元，未销售额达人民币14万余元，均系情节特别严重，其行为均已触犯《中华人民共和国刑法》第二百一十三条之规定应当以假冒注册商标罪追究其刑事责任。被告人蒋某峰、张某共同故意实施假冒注册商标的行为，根据《中华人民共和国刑法》第二十五条第一款，系共同犯罪。被告人蒋某峰在共同犯罪中起主要作用，根据《中华人民共和国刑法》第二十六条第一款，系主犯。被告人张某在共同犯罪中起次要作用，根据《中华人民共和国刑法》第二十七条，系从犯，应当从轻或者减轻处罚。被告人蒋某峰、张某犯罪后能如实供述自己的罪行，根据《中华人民共和国刑法》第六十七条第三款，可以从轻处罚。现提请依法审判。

被告人蒋某峰、张某对起诉书指控的犯罪事实及罪名均无异议，被告人张某的辩护人辩称，被告人张某在本案中是从犯，其只负责送东西，贴商标，应当从轻处罚或者减轻处罚；被告人张某系初犯，主观恶性低、社会危害性小；被告人具有悔罪表现，到案后如实供述自己的罪行；被告人张某家庭经济负担较重，家中还有孩子和残疾的父亲；被告人张某的户籍所在地居委会也表示愿意帮助其进行教育改正，综上，建议对被告人张某减轻处罚，并适用缓刑。

经审理查明，公诉机关指控的被告人犯罪事实，有上海市公安局金山分局搜查笔录、扣押清单及有关照片、公安民警依法制作并由被告人蒋某峰签字确认的淘宝网店"温莎小馆"进货记录（手抄本）、销售记录（手抄本）及淘宝交易记录、克里斯蒂昂迪奥尔香料公司、贝玲妃化妆品有限公司、美国新鲜公司提供的鉴定报告、价格证明及商标注册证等资料、上海市公安局金山分局出具的常住人口基本信息、侦破经过、情况说明、被告人蒋某峰、张某亲笔供词及到案后的多次供述等经庭审质证的证据予以证实，被告人蒋某峰、张某对此表示无异议，本院予以确认。

本院认为，被告人蒋某峰、张某为牟取非法利益，未经注册商标所有人许可，在同一种商品上使用与其注册商标相同的商标，且假冒两种以上注册商标，其中被告人蒋某峰非法经营额达人民币240万余元，被告人张某非法经营额达人民币150万余元，均系情节特别严重，其行为已构成假冒注册商标罪，应予处罚。公诉机关的指控成立。被告人蒋某峰在共同犯罪中起主要作用，系主犯。被告人张某在共同犯罪中起次要作用，系从犯，依法应当从轻处罚。被告人蒋某峰、张某到案后，如实供述自己的罪行，依法可以从轻处罚。根据被告人犯罪的事实、性质、情节和对于社会的危害程度，依照《中华人民共和国刑法》第二百一十三条，第二十五条第一款、第二十六条第一款，第二十七条，第六十七条第三款，第七十二条第一款、第三款，第七十三条第二款、第三款，第五十三条，第六十四条之规定，判决如下：

一、被告人蒋某峰犯假冒注册商标罪，判处有期徒刑四年，并处罚金人民币三十万元。

（刑期从判决执行之日起计算。判决执行以前先行羁押的，羁押一日折抵刑期一日，罚金自本判决生效之日起一个月内向本院缴纳。）

二、被告人张某犯假冒注册商标罪，判处有期徒刑三年，缓刑三年，并处罚金人民币二十万元。

（缓刑考验期限，从判决确定之日起计算。罚金自本判决生效之日起一个月内向本院缴纳。）

三、查获的假冒注册商标的商品及犯罪工具予以没收。

张某在社区中，应当遵守法律、法规，服从监督管理，接受教育，完成公益劳动，做一名有益社会的公民。

（4）上海市徐汇区人民法院（2015）徐刑（知）初字第1号刑事判决书。

上海市松江区人民检察院以沪松检金融刑诉（2014）77号起诉书指控被告单位无锡佰通电动车业有限公司、上海巨岛实业有限公司、被告人叶某犯假冒注册商标罪，向上海市松江区人民法院提起公诉。上海市松江区人民法院根据上海市第一中级人民法院知识产权刑事案件指定管辖的规定，将案件移送至本院审理。本院于2014年12月30日受理后，依法适用简易程序，组成合议庭，公开开庭审理了本案。上海市松江区人民检察院指派检察员李某某出庭支持公诉。被告单位无锡佰通电动车业有限公司的诉讼代表人叶某某、被告单位上海巨岛实业有限公司的诉讼代表人徐某某、被告人叶某及其辩护人宋某某均到庭参加了诉讼。现已审理终结。

上海市松江区人民检察院指控：2014年1月起，被告人叶某在其经营的无锡佰通电动车业有限公司内组装生产电动车，并在未经注册商标"胜能"品牌所有人许可的情况下，在组装完整的电动车上使用与其注册商标"胜能"品牌相同的商标，后其将租赁的本市宝山区××路×号作为仓库及经营地，以上海巨岛实业有限公司为名，雇佣叶某甲、徐甲、赵甲、刘甲（均另行处理）四人为公司员工，加价销售上述假冒注册商标"胜能"品牌的商品给他人，从中获利。经审计，2014年1月3日至2014年3月20日间，被告人叶某销售假冒"胜能"品牌商品的金额共计人民币379 380元。2014年3月20日，公安机关在本市宝山区××路×号查获货值金额为人民币223 160.17元的假冒注册商标"胜能"品牌的商品。被告人叶某经电话联系到案，供述上述事实。公诉机关认定被告人叶某在经营无锡佰通电动车业有限公司和上海巨岛实业有限公司期间，未经注册商标所有人许可，在同一种商品上使用与其注册商标相同的商标，又销售该假冒注册商标的商品，情节特别严重，其行为已触犯《中华人民共和国刑法》第二百一十三条、第二百二十条，犯罪事实清楚，证据确实、充分，应当以假冒注册商标罪追究其刑事责任。被告单位无锡佰通电动车业有限公司、被告单位上海巨岛实业有限公司、被告人叶某具有自首情节，根据《中华人民共和国刑法》第六十七条第一款，均可从轻或者减轻处罚。提请依法审判。

被告单位无锡佰通电动车业有限公司、上海巨岛实业有限公司、被告人叶某对起诉书指控的犯罪事实及罪名均无异议；被告人叶某的辩护人辩称，根据相关司法解释，本案的犯罪情节是特别严重还是严重有待商榷；被告人的行为对社会和被害人的危害性不大；被告人在案发前主动到案如实供述，有自首情节，综上恳请法庭给予被告人缓刑的机会。

经审理查明，公诉机关指控的被告人犯罪事实，有江苏省无锡市锡山工商行政管理局提供的工商登记资料、企业法人营业执照、公司准予变更登记通知书、法定代表人信息、上海市工商行政管理局金山分局的工商登记资料、档案机读材料、证人叶某甲、赵某甲、徐甲、刘甲、刘某、叶某乙、孟某、石某、赵某乙、郑某、牛某、王某、李某甲、李某乙的证言、授权书、上海市公安局松江分局出具的扣押决定书、扣押清单、现场照片、扣押车辆型号、数量及车架号、上海胜能车业有限公司出具的委托书、情况说明、企业法人营业执照、中国自行车生产企业编码应用证书、商标注册证、核准续展证明、电动自行车产品型号注册登记目录评审表、被告人叶某的供述及上海市司法会计中心出具的司法鉴定意见书、公安机关出具的案发经过及到案经过说明、公安机关摘录的户籍信息等经庭审质证的证据予以证实，足以认定。

本院认为，被告人叶某作为被告单位无锡佰通电动车业有限公司、上海巨岛实业有限公司直接负责的主管人员，在经营被告单位无锡佰通电动车业有限公司和上海巨岛实业有限公司期间，未经注册商标所有人许可，在同一种商品上使用与其注册商标相同的商标，又销售该假冒注册商标的商品，非法经营额达人民币60余万元，属情节特别严重，其行为均已构成假冒注册商标罪，应予处罚。公诉机关的指控成立。被告单位无锡佰通电动车业有限公司和上海巨岛实业有限公司、被告人叶某具有自首情节，依法可从轻处罚。根据被告单位及被告人犯罪的事实、性质、情节和对于社会的危害程度，依照《中华人民共和国刑法》第二百一十三条，第二百二十条，第六十七条第一款，第七十二条第一款、第三款，第七十三条第二款、第三款，第五十三条，第六十四条之规定，判决如下：

一、被告单位无锡佰通电动车业有限公司犯假冒注册商标罪，判处罚金人民币三万元。

（罚金自本判决生效之日起一个月内向本院缴纳。）

二、被告单位上海巨岛实业有限公司犯假冒注册商标罪，判处罚金人民币三万元。

（罚金自本判决生效之日起一个月内向本院缴纳。）

三、被告人叶某犯假冒注册商标罪，判处有期徒刑三年，缓刑三年，并处罚金人民币四万元。

（缓刑考验期限，从判决确定之日起计算。罚金自本判决生效之日起一个月内向本院缴纳。）

四、查获的假冒注册商标的商品予以没收。

叶某在社区中，应当遵守法律、法规，服从监督管理，接受教育，完成公益劳动，做一名有益社会的公民。

（二）中级人民法院审结假冒注册商标罪案件情况

1. 2015 年 1~6 月审结案件的刑罚适用状况

2015 年 1~6 月，上海第一、第二中级人民法院共审结假冒注册商标罪案件 4 件，具体如下。

序号	案号	承办部门	审判长	级别	结案日期
1	（2015）沪一中刑（知）终字第 1 号	刑二庭	任素贤	驳回上诉，维持原判	2015 - 05 - 18
2	（2015）沪一中刑（知）终字第 3 号	刑二庭	周强	驳回上诉，维持原判	2015 - 03 - 23
3	（2014）沪一中刑（知）终字第 11 号	民五庭	张华松	驳回上诉，维持原判	2015 - 01 - 09
4	（2014）沪二中刑（知）终字第 7 号	刑二庭	陈姣莹	准许撤回抗诉	2015 - 03 - 11

从上可以看出，第一、第二中级人民法院对一审法院的原审判决没有一起改判，对一审认定的事实与刑罚适用情况均予以认可。

2. 典型判例举要

（1）上海市第一中级人民法院（2015）沪一中刑（知）终字第 1 号刑

事裁定书。

上海市闵行区人民法院审理上海市闵行区人民检察院指控原审被告人陈某某犯假冒注册商标罪一案，于 2014 年 12 月 1 日作出（2014）闵刑（知）初字第 64 号刑事判决。原审被告人陈某某不服，提出上诉。本院依法组成合议庭，公开开庭审理了本案。上海市人民检察院第一分院指派代理检察员殷某某出庭履行职务。上诉人（原审被告人）陈某某及其辩护人卫某某到庭参加诉讼。现已审理终结。

原判认定，2013 年 10 月至 2014 年 3 月，被告人陈某某为牟取非法利益，在未经"太太乐""双桥"注册商标权利人授权或许可的情况下，租借上海市桂江路××号仓库，购进假冒"美极""太太乐""双桥"品牌的包装物、标签等，并雇用他人，采用将低价调味品分装至冒牌包装物的方式，生产假冒上述注册商标的鲜味汁、鸡精、味精等产品并予出售。2014 年 3 月 21 日，执法机关在上述地点查获假冒"美极""太太乐""双桥"注册商标的鲜味汁、鸡精、味精共计 7172 件，以及待分装的大量其他品牌的鸡精、味精、鲜味汁和假冒上述品牌的包装袋 38 038 只、标签1762 套。另经查证，陈某某已销售假冒上述注册商标的商品的金额为人民币 2255 元。当日，陈某某被公安机关抓获，其到案后如实供述了上述犯罪事实。

认定上述事实并经一审庭审质证的证据有：证人吴某、黄某某、姜某、黄某某、林某某、王某某、曹某某、余某某、李某某、谢某某的证言，上海市食品药品监督管理局出具的扣押决定书、扣押物品清单，上海市公安局出具的案发经过，商标权利人提供的商标注册资料、授权委托书等，立信会计师事务所出具的司法会计鉴定意见书等证据，被告人陈某某亦供述在案。原审法院据此认为，陈某某为牟取非法利益，未经注册商标所有人许可，在同一种商品上使用与其注册商标相同的商标，情节特别严重，其行为已构成假冒注册商标罪。据此，原审法院依据《中华人民共和国刑法》第二百一十三条、第六十七条第三款、第五十二条、第五十三条、第六十四条，最高人民法院、最高人民检察院《关于办理侵犯知识产权刑事案件具体应用法律若干问题的解释》第一条第二款第（三）项以及《关于办理侵犯知识产权刑事案件具体应用法律若干问题的解释（二）》第四条之规定，对陈某某犯假冒注册商标罪，判处有期徒刑三年三个月，并处罚金人民币十六万元；查获的假冒注册商标的商品、原材料、包装物、标签及制假工具予以没收；违法所得予以追缴。

上诉人陈某某上诉提出，原判量刑过重。陈某某的辩护人除同意陈某某的上诉理由外，还认为司法会计鉴定意见书计算的非法金额有误，陈某某的行为不属于情节特别严重。辩护人还出示了几张照片，以证实其辩护主张。上述证据已经法庭当庭质证。

上海市人民检察院第一分院出庭意见认为，原判认定上诉人陈某某犯假冒注册商标罪的事实清楚，证据确实、充分，定性准确，量刑适当，且审判程序合法，建议二审法院驳回上诉，维持原判。

经审理查明，原判认定的事实清楚，证据确实、充分，应予以确认。现针对上诉人的上诉理由、辩护人的辩护意见、检察机关的出庭意见，评判如下：

关于上诉人陈某某的辩护人所提司法会计鉴定意见书计算的非法金额有误，陈某某的行为不属于情节特别严重的辩护意见，本院认为，司法鉴定部门按照法律、法规和规章制定的方式、方法和步骤，遵守和采用相关技术标准和技术规范进行鉴定，其鉴定结论合法、有效，应予采纳。一审法院根据陈某某假冒注册商标的件数，认定陈的行为情节特别严重，并无不当。辩护人所提相关意见因无事实和法律依据，本院不予采纳。

关于上诉人陈某某及其辩护人所提原判量刑过重的上诉理由和辩护意见，根据我国法律规定，假冒注册商标情节特别严重的，依法应处三年以上七年以下有期徒刑，并处罚金，一审法院对陈某某判处有期徒刑三年三个月，并处罚金人民币十六万元，并无不当，故陈某某及其辩护人所提相关上诉理由和辩护意见，本院亦不予采纳。

本院认为，上诉人陈某某为牟取非法利益，未经注册商标所有人许可，在同一种商品上使用与其注册商标相同的商标，情节特别严重，其行为已构成假冒注册商标罪。原审法院根据陈某某的犯罪事实、性质、情节及对社会的危害程度等所作判决并无不当，且审判程序合法。二审检察机关建议驳回上诉、维持原判的出庭意见依法有据，应予采纳。据此，依照《中华人民共和国刑事诉讼法》第二百二十五条第一款第（一）项之规定，裁定如下：

驳回上诉，维持原判。

本裁定为终审裁定。

（2）上海市第一中级人民法院（2015）沪一中刑（知）终字第 3 号刑事裁定书。

上海市浦东新区人民法院审理上海市浦东新区人民检察院指控原审被告人简某某犯假冒注册商标罪一案，于 2015 年 1 月 5 日作出（2014）浦刑（知）初字第 31 号刑事判决。原审被告人简某某不服，提出上诉。本院受理后依法组成合议庭，经过阅卷和讯问被告人，认为事实清楚，决定不开庭审理。现已审理终结。

原判认定，2013 年 7 月起，被告人简某某先后从广州等地购进假冒的壳牌润滑油空桶、标贴及包装箱等，从上海火炬润滑油有限公司购进大桶火炬牌润滑油，并租赁本市闵行区一仓库用于灌装假冒壳牌润滑油，嗣后在其注册的"超越养护"淘宝网店上销售。经鉴定，自 2013 年 12 月 7 日至 2014 年 5 月 20 日，简某某在上述网店销售各种型号的假冒壳牌润滑油，累计销售金额达人民币 117 845 元（以下币种相同）。

2014 年 5 月 24 日，简某某被抓获归案，公安机关在其租住的闵行区剑川路×××弄×××号 103 室及其租赁的仓库内查获各类壳牌润滑油 68 桶、用于制假的火炬牌润滑油原油 3 桶、原油空桶 19 个、壳牌润滑油空桶 1482 个、桶盖 268 个、标贴 2062 张、包装箱 80 个及封口机 1 台，经鉴别，上述查获的壳牌润滑油、空桶、桶盖、标贴均系假冒注册商标的商品或标识，68 桶假冒的壳牌润滑油按照实际销售的最低价格计算计 7257.5 元。简某某到案如实供述了犯罪事实，并在家属的帮助下主动退出部分违法所得 12 000 元。

认定上述事实的证据有：壳牌商标的注册、转让及续展材料、壳牌公司的企业法人营业执照、委托书、产品鉴定书，"超越养护"淘宝网店截屏和销售记录，公安机关出具的搜查笔录、清点记录、扣押物品清单和照片，证人任某某、秦某某、汤某某、徐某、刘某某、吴某某、胡某的证言，上海公信中南会计师事务所有限公司的司法鉴定意见书、公安机关出具的抓获经过和常住人口基本信息等，被告人简某某对在淘宝网店上销售假冒壳牌润滑油的事实亦供认不讳。

原判认为，被告人简某某未经商标所有人许可，在同一种商品上使用与其注册商标相同的商标，情节严重，其行为构成假冒注册商标罪。简某某到案后如实供述自己的罪行，可以从轻处罚。对于查获的大量待加工的原料以及假冒注册商标的标识，可在量刑时酌情考虑；同时鉴于简某某主动退出部分违法所得，在量刑时亦酌情考虑。简某某擅自生产、销售假冒注册商标的润滑油，时间长达10个月，非法经营的数额达12万余元，其行为不仅侵犯了商标注册人的商标权，扰乱了国家的商标管理秩序，还有可能危害消费者的人身安全，犯罪情节较重，社会危害性较大，不符合缓刑的适用条件。据此，根据被告人的犯罪情节、社会危害性、认罪悔罪态度等，依照《中华人民共和国刑法》第二百一十三条、第六十七条第三款、第五十三条、第六十四条，最高人民法院、最高人民检察院《关于办理侵犯知识产权刑事案件具体应用法律若干问题的解释》第一条第一款第（一）项、第十二条第一款、第十三条第一款，最高人民法院、最高人民检察院《关于办理侵犯知识产权刑事案件具体应用法律若干问题的解释（二）》第四条之规定，对被告人简某某犯假冒注册商标罪，判处有期徒刑一年二个月，罚金人民币五万元；违法所得予以追缴；查获的假冒注册商标的商品、原油、空桶、桶盖、标贴、包装箱、封口机予以没收。

上诉人简某某对原判认定的事实证据没有异议，只是提出原判量刑过重。

经二审审理查明的事实和证据与原判相同。

针对简某某提出原判量刑过重的上诉理由，本院认为，根据我国刑法规定，犯假冒注册商标罪，情节严重的，处三年以下有期徒刑或者拘役。最高人民法院、最高人民检察院《关于办理侵犯知识产权刑事案件具体应用法律若干问题的相关解释》规定，非法经营数额在五万元以上或者违法所得数额在三万元以上的，属于情节严重；对于侵犯知识产权犯罪的，应当综合考虑犯罪的违法所得、非法经营额、给权利人造成的损失、社会危害性等情节，一般在违法所得一倍以上五倍以下，或者按照非法经营数额的50%以上一倍以下确定罚金。根据现已查明的事实，上诉人简某某生产、销售假冒注册商标的商品，非法经营数额达12万余元，原判据此认定其犯罪情节严重，同时综合考虑简某某犯罪行为的社会危害性和到案后的认罪、悔罪表现，酌情判处其有期徒刑一年二个月，并处罚金五万元，符合上述法律规定，并无不当。

本院确认，原判认定上诉人简某某犯假冒注册商标罪的事实清楚，证据确实、充分，定性准确，量刑适当，审判程序合法。上诉人简某某认为原判量刑过重的上诉理由，本院不予采纳。现依照《中华人民共和国刑事诉讼法》第二百二十五条第一款第（一）项之规定，裁定如下：

驳回上诉，维持原判。

（3）上海市第一中级人民法院（2014）沪一中刑（知）终字第 11 号刑事裁定书。

上海市徐汇区人民法院审理上海市徐汇区人民检察院指控原审被告人李某、仇某犯假冒注册商标罪一案，于 2014 年 9 月 25 日作出（2014）徐刑（知）初字第 22 号刑事判决。原审被告人李某不服，向本院提起上诉。本院于 2014 年 10 月 14 日立案受理后，依法组成合议庭，于同年 11 月 18 日公开开庭审理了本案。上海市人民检察院第一分院指派代理检察员顾琳娜出庭履行职务，上诉人李某及其辩护人李某颖到庭参加诉讼。本案现已审理终结。

原审法院经审理查明：美国苹果公司系"iPhone"英文商标和"被咬掉一口的苹果"图形商标的所有人，并在我国对上述商标进行了登记注册。上述注册商标被核定使用于手机等多类电子产品，处于我国法律规定的有效期内。

自 2012 年初，被告人李某、仇某（系夫妻关系）相互结伙，利用美国苹果公司的保修政策，将事先低价购入的二手 iPhone4、iPhone4S 等苹果品牌手机置换为新手机后更换上假冒的标有上述注册商标的手机后盖，部分手机还更换液晶面板、内置电池等零件，并以二人居住的本市徐汇区斜土路×号×幢×室为经营场所，在淘宝网上开设名为"sh88888""一秒钟1"等网店，雇用他人担任网店客服，对外以正品苹果品牌手机名义加价出售牟利。2012 年 10 月 31 日，工商行政管理部门执法人员至上述经营场所当场查扣假冒上述注册商标的各型号手机等涉案物品 140 余件。

被告人李某、仇某在被工商行政管理部门查处后不久，除保留上述经营场所外，又将二人租赁的本市徐汇区中山南二路×弄龙山新村×号×室设立为另一经营场所，继续从事上述非法活动。2013 年 10 月 11 日，公安人员会同工商行政管理部门执法人员至上述两处经营场所进行搜查，当场抓获李某、仇某，并查扣假冒上述注册商标的各型号手机 160 余部、假冒的标有上述注册商标的手机后盖 40 余个等大量涉案物品及电脑、银行卡、薄膜封口机等作案工具。

经司法审计，被告人李某、仇某结伙销售的假冒上述注册商标的 iPhone4、iPhone4S 型手机金额不低于人民币 300 万余元（以下币种均同）。被告人仇某到案后，如实交代了上述基本事实。

上述事实，由下列经过原审庭审质证的证据予以证实：证人汪某、吴某芳、徐某婷、黄某等人的证言、企业法人营业执照、商标注册证、商标注册证明、授权书、授权委托书、有关被授权公司出具的鉴定报告、苹果品牌手机保修政策、电子文档、涉案网店销售记录、银行账户交易记录、福建中证司法鉴定中心出具的司法鉴定检验报告书、上海公信中南会计师事务所有限公司出具的司法鉴定意见书、调取证据通知书、工商行政管理部门出具的实施行政强制措施决定书、现场笔录、财务清单、涉案犯罪案件移送书、有关被授权公司出具的鉴定报告、上海市公安局徐汇分局接受刑事案件登记表、搜查笔录、扣押决定书、赃证物品照片及该局出具的工作情况、到案情况等。

原审法院认为，被告人及辩护人对被告人的行为涉嫌假冒注册商标并无异议，但认为被告人销售的手机中应有部分系未更换后盖的正品裸机、部分为刷信誉的虚假交易、证明交易成功的十余名购买者的证人证言无法印证全部交易记录等，对指控的非法经营额持有异议。经查，2013 年 4 月 1 日前，根据苹果公司的保修政策，所置换的手机均不予配置后盖，根据被告人仇某的供述及证人汪某、吴某芳（均系两被告人聘用的员工）的证言，该阶段绝大部分手机系由仇某加装假冒后盖进行包装后出售，极少部分是以无后盖裸机的形式售出，而根据上海公信中南会计师事务所有限公司的司法鉴定意见书，仅 2012 年 1 月 1 日至同年 12 月 30 日一年间，被告人的淘宝店铺 iPhone4、iPhone4S 手机的销售金额即达 280 余万元，2013 年 4 月 1 日以后，根据被告人仇某的供述，所售手机仍大量存在以假冒后盖替换原装后盖的情况（原装后盖卸下后出售牟利）；另经庭审质证，两被告人未能提供证据证明或说明所涉销售金额中哪些系虚假交易；另本案中在被告人两处经营场所查扣的尚未出售的手机、假冒配件等，亦未计入涉案金额，已有利于被告人；所查证的十余名购机者的证言及鉴定均证实在被告人处所购的手机为更换了后盖或其他配件的改装机，故上述情况足以认定被告人自 2012 年起至案发所出售的涉案手机绝大部分为加装假冒后盖的改装机的事实。其非法经营额亦远远超出刑法及司法解释所规定的情节特别严重的标准。故被告人李某、仇某相互结伙，未经注册商标所有人许可，在同一种商品上使用与其注册商标相同的商标，情节特别严重，其行为均已构成假冒注册商标罪，应予处罚。公诉机关的指控成立。被告人李某虽在庭审时对自己的犯罪行为有所辩解，但最后尚能供述自己的罪行，依法可予以从轻处罚。被告人仇某到案后能如实供述自己的罪行，依法可予以从轻处罚。

据此，原审法院依照《中华人民共和国刑法》第二百一十三条，第二十五条第一款，第六十七条第三款，第七十二条第一款、第三款，第七十三条第二款、第三款，第五十三条，第六十四条之规定，对被告人李某犯假冒注册商标罪判处有期徒刑三年，并处罚金人民币十万元；对被告人仇某犯假冒注册商标罪判处有期徒刑三年，缓刑三年，并处罚金人民币五万元；查获的假冒注册商标的商品及犯罪工具等予以没收。

原审判决后，原审被告人李某不服，向本院提起上诉。

上诉人李某对假冒注册商标罪罪名无异议，但提出其淘宝网交易中存在为刷信誉的虚假交易，销售金额没有 300 万余元；其仅更换了一部分苹果手机的后盖，没有更换手机液晶屏、电池，且告知购机者是置换手机；原判认定犯罪金额不清，量刑过重，请求二审法院对其从轻处罚。

上诉人李某的辩护人还提出：1. 原审对犯罪事实采取推理认定，2013 年 4 月 1 日之前，苹果手机后盖磨损率较低，没必要更换，该日期之后，李某没有必要将全新手机机器更换假冒后盖，涉案部分证人证言不能证明绝大部分手机都更换了后盖；2. 司法鉴定意见书中的交易记录包含正品交易和刷信誉的虚假交易，原审将虚假交易计入非法经营额，明显增大犯罪金额，笼统认定情节特别严重标准，属于认定事实不清。请求二审法院对李某改判。

上海市人民检察院第一分院出庭意见认为：1. 被告人李某、仇某自 2012 年起利用苹果公司保修政策，由李某将二手苹果 iPhone4、iPhone4S 免费置换新手机，仇某更换假冒标有苹果品牌手机，部分手机更换液晶面板、电池等，雇用客服且在淘宝开设网店，将置换手机以正品苹果手机出售、牟利，其行为已构成假冒注册商标罪；2. 涉案绝大部分证人均证明李某对外声称所售手机是全新机，但经鉴定，不仅全部更换了后盖，还有更换液晶屏、电池板、耳塞等行为，并非李某所称置换手机；3. 仇某的供述和相关证人证言可证明涉案大部分手机后盖予以更换，另仇某还供述存在很多老客户在淘宝网重复购买的交易行为，2012 年被告人淘宝店铺仅iPhone4、iPhone4S 的销售额已达 280 余万元，即使存在极少部分以无后盖裸机销售情况，但所占比例极少，再加上其他店铺销售金额，属于情节特别严重，原审判决主刑及附加刑都在法定量刑幅度内，并无不当。原审判决定罪量刑正确，且诉讼程序合法，建议二审法院驳回上诉，维持原判。

在二审庭审中，上诉人李某及其辩护人、检察员对原判认定的事实和所依据的证据均无异议，据此，二审法院审理查明的本案事实和采信的证据与原判相同，予以确认。

综合控辩双方意见，本院认为，本案争议焦点为上诉人李某的罪行是否属于刑法假冒注册商标罪规定的"情节特别严重"。现结合相关法律依据及法院查明的事实，发表如下评判意见：

本院认为，根据最高人民法院、最高人民检察院《关于办理侵犯知识产权刑事案件具体应用法律若干问题的解释》第一条第二款的规定，非法经营数额在二十五万元以上的，属于刑法假冒注册商标罪规定的"情节特别严重"，应当判处三年以上七年以下有期徒刑，并处罚金。本案中，首先，司法鉴定意见书证实上诉人李某的淘宝店铺于 2012 年全年销售iPhone4、iPhone4S 手机共计 794 笔，销售金额合计 280 余万元；其次，银行账户交易记录证实上诉人李某夫妻的银行账户在涉案期间有多笔资金进出记录（单笔金额大多在一万元至十万元区间，累计金额特别巨大），印证了其淘宝店铺销售交易记录；第三，公安机关根据淘宝店铺销售交易记录随机询问了购机者徐某婷、黄某等十余名证人，所购手机经鉴定均为假冒侵权产品，除更换后盖外，还有更换液晶屏、电池等，以上侵权产品金额合计 5 万余元；第四，证人汪某、吴某芳证实李某对此知晓原审被告人仇某更换手机后盖并购买假配件、入网许可证、包装等物，与仇某供述一致，且仇某还供述李某负责将保修手机改新；第五，从上诉人李某的两处经营场所查扣的手机等假冒侵权产品经鉴定金额合计 40 余万元且多为已包装好待销售产品，虽未计入涉案金额，但对李某实施了假冒注册商标的罪行进行补强。综上，上诉人李某的非法经营数额已远超二十五万元，属于假冒注册商标罪"情节特别严重"。

综上所述，本院认为，上诉人李某及原审被告人仇某未经注册商标所有人许可，在同一种商品上使用与其注册商标相同的商标，情节特别严重，其行为已构成假冒注册商标罪，应处三年以上七年以下有期徒刑，并处罚金。原审法院依据李某、仇某的犯罪事实、性质、情节和社会危害性，所作的定罪量刑并无不当，应予确认。上诉人李某的上诉理由及其辩护人的辩护意见缺乏事实和法律依据，本院不予支持。二审检察机关建议驳回李某的上诉，维持原判的出庭意见于法有据，应予支持。

为严肃国家法纪，保护商标专用权，促进社会主义市场经济的健康发展，对上诉人李某及原审被告人仇某犯假冒注册商标罪的行为应予处罚。现依照《中华人民共和国刑事诉讼法》第二百二十五条第一款第（一）项之规定，裁定如下：

驳回上诉，维持原判。

（4）上海市第二中级人民法院（2014）沪二中刑（知）终字第7号刑事裁定书。

上海市普陀区人民法院审理上海市青浦区人民检察院指控原审被告人宋某某、张某某犯假冒注册商标罪一案，于2014年11月25日作出（2014）普刑（知）初字第23号刑事判决。判决后，上海市青浦区人民检察院以原判认定事实错误，导致量刑不当为由，提出抗诉；原审被告人宋某某不服，提出上诉。本院审理过程中，上海市人民检察院第二分院认为抗诉不当，向本院撤回抗诉。本院依法组成合议庭，公开开庭审理了本案。上海市人民检察院第二分院指派代理检察员邢某某出庭履行职务。上诉人宋某某及其辩护人尚某、高某飞均到庭参加诉讼。现已审理终结。

上海市普陀区人民法院依据证人管某某、肖某、谢某某的证言，商标权权属材料、商标授权书、员工在职职务证明书、劳动合同书、鉴定报告、报案报告、相关照片、订单、送货验收单、油漆入库记录、油漆款记录表格、付款凭证说明、库存清单、实物账册、银行转账明细、相关涉案公司出具的说明、公安机关出具的关于本案案发经过及宋某某、张某某被抓获的说明，原审被告人宋某某、张某某的供述等证据判决认定：

"飞马"注册商标依法经中华人民共和国国家工商行政管理总局商标局核准注册,受法律保护。商标权利人是东莞市锐达涂料有限公司(以下简称锐达公司),核定使用商品为涂料。

某某化学(太仓)有限公司(以下简称某某公司)于2011年3月24日从"飞马"注册商标权利人锐达公司处获得普通商标许可使用权,许可使用期限为2011年3月25日至2016年3月24日止。宋某某原系某某公司业务员,于2013年1月起与张某某共同谋划将宋某某从某某公司偷出的"飞马"商标标识,在未经商标权利人授权的情况下,贴在张某某生产的涂料上,再由宋某某销售至湖南派丽建材科技有限公司(以下简称派丽公司)。自2013年1月起至2013年7月,两名被告人共同生产、销售假冒"飞马"注册商标的涂料非法经营数额达人民币20余万元(以下币种均为人民币)。2013年7月17日公安机关在本市青浦区白鹤镇××村×队厂房二楼查获"飞马"注册商标及贴有上述商标的涂料若干。2013年8月1日,某某公司代理人对派丽公司生产现场的涂料进行鉴定,结论为派丽公司生产现场贴有"飞马"注册商标的89件商品均为假冒注册商标的产品。

2013年7月17日,张某某被公安人员在本市青浦区白鹤镇××村×队厂房二楼当场抓获;2013年7月18日,宋某某被公安人员在某某公司办公场所当场抓获。

上海市普陀区人民法院认为,宋某某、张某某未经注册商标所有人的许可,在同一种商品上使用与其注册商标相同的商标,擅自生产假冒注册商标的商品并销售,非法经营数额20余万元,情节严重,其行为已构成假冒注册商标罪。据此,依照《中华人民共和国刑法》第二百一十三条、第二十五条第一款、第五十三条、第六十四条及最高人民法院、最高人民检察院《关于办理侵犯知识产权刑事案件具体应用法律若干问题的解释》第一条第一款、第十二条第一款之规定,以假冒注册商标罪分别判处宋某某有期徒刑二年六个月,并处罚金人民币四万元;判处张某某有期徒刑二年二个月,并处罚金人民币三万元;违法所得依法予以追缴;扣押在案的假冒注册商标的商品及犯罪工具,依法予以没收。

宋某某上诉提出,其从2013年3月才开始销售假冒飞马牌涂料,之前销售的系张某某处生产的科利德牌涂料,原判认定其犯罪时间不当,认定犯罪金额的依据不足,同时其具有积极投案的意愿,构成自首,据此提出原判量刑过重。其辩护人还提出，根据两被告人的供述及实施的行为，结合交易习惯、记录及气温条件等客观情况，可以证实本案犯罪期间为2013年3月至7月，且涉案涂料的非法经营数额应在17万元以下，请求本院考虑到宋某某具有自首情节、取得被害人谅解等，对宋某某从轻或者减轻处罚并适用缓刑。

上海市人民检察院第二分院认为，原判认定宋某某、张某某犯假冒注册商标罪的事实清楚，证据确实、充分，定罪量刑并无不当。关于宋某某的犯罪金额，经查，原判根据相关电子对账单及两被告人的供述等，认定宋某某的犯罪时间及金额并无不当，宋某某辩称其自2013年3月开始销售假冒"飞马"注册商标的涂料并无证据证实。关于宋某某的到案情况，经查，公安机关系在宋某某办公场所将其抓获，宋某某未有任何投案意愿的外在行为表现，故宋某某不具有自首情节。综上，建议本院驳回上诉，维持原判。

本院经审理查明，上海市普陀区人民法院（2014）普刑（知）初字第23号刑事判决认定事实的证据，均经一审当庭出示、辨认、质证等法庭调查程序查证属实。本院审理查明的事实和认定依据，与原判相同。

关于宋某某等销售假冒"飞马"注册商标的犯罪时间及金额的认定。经查，关于本案犯罪起始的时间，宋某某到案后多次供述始于2013年1月，后又多次供述始于2012年10月，前后两种供述均较稳定，而张某某到案后均供述始于2012年10月，结合在派丽公司现场查获的假冒飞马牌油漆桶实物等，原判认定宋某某、张某某自2013年1月开始实施犯罪的证据确实充分，并无不当。至于宋某某提出其从2012年10月至2013年3月间向派丽公司销售的系科利德牌油漆，并无其他证据可予证实，且其于2012年2月起向派丽公司销售科利德牌涂料，因产品不符合要求，在同年6月停止交易，派丽公司后请求其继续提供飞马牌涂料，故宋关于2012年10月开始又销售科利德牌涂料的辩解亦不符合常理，本院不予采纳。原判根据派丽公司出具的相关油漆款转账明细及付款凭证说明，结合某某公司出具的2012年10月之后与派丽公司之间再无交易且之前货款均已结清的说明，扣除不属于飞马牌注册商标核定使用范围的其他商品的数额，认定宋某某等于2013年1月至7月间销售假冒"飞马"注册商标的犯罪金额为20万余元并无不当，且能得到宋某某、张某某在侦查阶段对涉案金额多次供述的印证。故宋某某及其辩护人的相关上诉理由及辩护意见均不能成立。

本院认为，上诉人宋某某、原审被告人张某某未经注册商标所有人的许可，在同一种商品上使用与其注册商标相同的商标，擅自生产假冒注册商标的商品并销售，非法经营数额20万余元，情节严重，其行为已构成假冒注册商标罪，依法应予惩处。关于宋某某是否具有自首情节，经查，宋某某系被公安机关抓获到案，宋某某辩称有自动投案的意愿，但未付诸行动，依法不能认定为自首，宋某某及其辩护人提出宋具有自首情节的上诉理由及辩护意见不予采纳。原审法院根据原审被告人宋某某、张某某犯罪的事实、性质及情节等，所作判决并无不当，且审判程序合法。上海市人民检察院第二分院关于撤回抗诉的意见，符合法律规定，另建议本院驳回上诉，维持原判的意见正确。据此，依照《中华人民共和国刑事诉讼法》第二百二十五条第一款第（一）项、最高人民法院《关于适用〈中华人民共和国刑事诉讼法〉的解释》第三百零七条、第三百零八条之规定，裁定如下：

准许上海市人民检察院第二分院撤回抗诉。

驳回上诉，维持原判。

本裁定为终审裁定。

第二节　销售假冒注册商标的商品罪的刑罚适用实证分析

一、销售假冒注册商标的商品罪的刑罚构造

销售假冒注册商标的商品罪是指销售明知是假冒注册商标的商品，销售金额在五万元以上的行为。依据《刑法》第214条的规定，销售明知是假冒注册商标的商品，销售金额数额较大的，处3年以下有期徒刑或者拘役，并处或者单处罚金；销售金额数额巨大的，处3年以上7年以下有期徒刑，并处罚金。

根据最高人民法院、最高人民检察院《关于办理侵犯知识产权刑事案件具体应用法律若干问题的解释》，销售明知是假冒注册商标的商品，销

售金额在 5 万元以上的，属于《刑法》第 214 条规定的"数额较大"，应当以销售假冒注册商标的商品罪判处 3 年以下有期徒刑或者拘役，并处或者单处罚金。销售金额在 25 万元以上的，属于《刑法》第 214 条规定的"数额巨大"，应当以销售假冒注册商标的商品罪判处 3 年以上 7 年以下有期徒刑，并处罚金。

根据 2011 年 1 月 10 日法发〔2011〕3 号最高人民法院、最高人民检察院、公安部《关于办理侵犯知识产权刑事案件适用法律若干问题的意见》，销售明知是假冒注册商标的商品，具有下列情形之一的，依照《刑法》第 214 条的规定，以销售假冒注册商标的商品罪（未遂）定罪处罚：（1）假冒注册商标的商品尚未销售，货值金额在 15 万元以上的；（2）假冒注册商标的商品部分销售，已销售金额不满 5 万元，但与尚未销售的假冒注册商标的商品的货值金额合计在 15 万元以上的。假冒注册商标的商品尚未销售，货值金额分别达到 15 万元以上不满 25 万元、25 万元以上的，分别依照《刑法》第 214 条规定的各法定刑幅度定罪处罚。销售金额和未销售货值金额分别达到不同的法定刑幅度或者均达到同一法定刑幅度的，在处罚较重的法定刑或者同一法定刑幅度内酌情从重处罚。

从 2010 年 3 月 26 日法释〔2010〕7 号最高人民法院、最高人民检察院《关于办理非法生产、销售烟草专卖品等刑事案件具体应用法律若干问题的解释》看，销售明知是假冒他人注册商标的卷烟、雪茄烟等烟草专卖品，销售金额较大的，依照《刑法》第 214 条的规定，以销售假冒注册商标的商品罪定罪处罚。行为人实施非法生产、销售烟草专卖品犯罪，同时构成生产、销售伪劣产品罪、侵犯知识产权犯罪、非法经营罪的，依照处罚较重的规定定罪处罚。

明知他人销售明知是假冒他人注册商标的卷烟、雪茄烟等烟草专卖品，而为其提供贷款、资金、账号、发票、证明、许可证件，或者提供生产、经营场所、设备、运输、仓储、保管、邮寄、代理进出口等便利条件，或者提供生产技术、卷烟配方的，应当按照共犯追究刑事责任。

根据 2003 年 12 月 23 日高检会〔2003〕4 号最高人民法院、最高人民检察院、公安部、国家烟草专卖局《关于办理假冒伪劣烟草制品等刑事案件适用法律问题座谈会纪要》，根据《刑法》第 214 条的规定，销售明知是假冒烟用注册商标的烟草制品，销售金额较大的，构成销售假冒注册商标的商品罪。"明知"，是指知道或应当知道。有下列情形之一的，可以认定为"明知"：（1）以明显低于市场价格进货的；（2）以明显低于市场价格销售的；（3）销售假冒烟用注册商标的烟草制品被发现后转移、销毁物证或者提供虚假证明、虚假情况的；（4）其他可以认定为明知的情形。知道或者应当知道他人实施该纪要第 1 条至第 3 条规定的犯罪行为，仍实施下列行为之一的，应认定为共犯，依法追究刑事责任：（1）直接参与生产、销售假冒伪劣烟草制品或者销售假冒烟用注册商标的烟草制品或者直接参与非法经营烟草制品并在其中起主要作用的；（2）提供房屋、场地、设备、车辆、贷款、资金、账号、发票、证明、技术等设施和条件，用于帮助生产、销售、储存、运输假冒伪劣烟草制品、非法经营烟草制品的；（3）运输假冒伪劣烟草制品的。

上述人员中有检举他人犯罪经查证属实，或者提供重要线索，有立功表现的，可以从轻或减轻处罚；有重大立功表现的，可以减轻或者免除处罚。

根据最高人民法院、最高人民检察院《关于办理生产、销售伪劣商品刑事案件具体应用法律若干问题的解释》的规定，国家机关工作人员参与实施上述纪要第 1 条至第 3 条规定的犯罪行为的，从重处罚。

2001 年修正的《商标法》规定，销售明知是假冒注册商标的商品，构成犯罪的，除赔偿被侵权人的损失外，依法追究刑事责任，再次强调了犯罪人的刑事责任问题。

《刑法》第 72 条规定，对于被判处拘役、3 年以下有期徒刑的犯罪分子，同时符合下列条件的，可以宣告缓刑，对其中不满 18 周岁的人、怀孕的妇女和已满 75 周岁的人，应当宣告缓刑：（1）犯罪情节较轻；（2）有悔罪表现；（3）没有再犯罪的危险；（4）宣告缓刑对所居住社区没有重大不良影响。第 74 条规定，对于累犯和犯罪集团的首要分子，不适用缓刑。

依据 2007 年 4 月 5 日生效的最高人民法院、最高人民检察院的《关于办理侵犯知识产权刑事案件具体应用法律若干问题的解释（二）》第 3 条规定，侵犯知识产权犯罪，符合刑法规定的缓刑条件的，依法适用缓刑。有下列情形之一的，一般不适用缓刑：（1）因侵犯知识产权被刑事处罚或者行政处罚后，再次侵犯知识产权构成犯罪的；（2）不具有悔罪表现的；（3）拒不交出违法所得的；（4）其他不宜适用缓刑的情形。

二、销售假冒注册商标的商品罪的刑罚适用状况分析

笔者依据上海法院法律文书检索中心、广西法院裁判文书公开平台公布的 2015 年 1 月至 6 月已审结案件为基础，统计分析东、西部地区销售假冒注册商标的商品罪的刑罚适用状况及特点。

上海地区法院审结销售假冒注册商标的商品罪案件情况如下。

1. 上海普通法院 2015 年 1~6 月审结销售假冒注册商标的商品罪案件情况

经对上海法院法律文书检索中心 2015 年 1~6 月中的法律文书进行检索，上海普通基层法院共审结销售假冒注册商标的商品罪案 85 件，具体如下。

序号	案号	案件性质	承办部门	审判长	刑罚适用	结案日期
1	（2015）徐刑（知）初字第 14 号	销售假冒注册商标的商品罪	民三庭	王利民	缓刑，罚金 5 万元	2015 - 06 - 12
2	（2014）浦刑（知）初字第 39 号	销售假冒注册商标的商品罪	民三庭	倪红霞	有期徒刑 8 个月，罚金 4 万元	2015 - 04 - 24
3	（2015）闵刑（知）初字第 25 号	销售假冒注册商标的商品罪	民三庭		缓刑，罚金 1 万元	2015 - 06 - 30
4	（2015）闵刑（知）初字第 23 号	销售假冒注册商标的商品罪	民三庭		有期徒刑 9 个月，罚金 3 万元	2015 - 06 - 30
5	（2015）闵刑（知）初字第 22 号	销售假冒注册商标的商品罪	民三庭		有期徒刑 6 个月，罚金 12 000 元	2015 - 06 - 30
6	（2015）闵刑（知）初字第 20 号	销售假冒注册商标的商品罪	民三庭		有期徒刑 6 个月 15 天，罚金 12 000 元	2015 - 06 - 30
7	（2015）闵刑（知）初字第 26 号	销售假冒注册商标的商品罪	民三庭		缓刑，罚金 3000 元	2015 - 06 - 23

续表

序号	案号	案件性质	承办部门	审判长	刑罚适用	结案日期
8	（2015）闵刑（知）初字第 24 号	销售假冒注册商标的商品罪	民三庭		缓刑，罚金5 万元	2015 - 06 - 30
9	（2015）普刑（知）初字第 26 号	销售假冒注册商标的商品罪	民三庭	袁澍	缓刑，罚金3 万元	2015 - 06 - 25
10	（2015）徐刑（知）初字第 17 号	销售假冒注册商标的商品罪	民三庭		缓刑，罚金3 万元	2015 - 05 - 13
11	（2015）浦刑（知）初字第 2 号	销售假冒注册商标的商品罪	民三庭	倪红霞	缓刑，罚金10 万元	2015 - 06 - 30
12	（2015）杨刑（知）初字第 32 号	销售假冒注册商标的商品罪	民三庭		缓刑，罚金8000 元	2015 - 06 - 25
13	（2015）杨刑（知）初字第 31 号	销售假冒注册商标的商品罪	民三庭	陈蔓莉	缓刑，罚金1 万元	2015 - 06 - 23
14	（2015）杨刑（知）初字第 28 号	销售假冒注册商标的商品罪	民三庭	陈蔓莉	缓刑，罚金1 万元	2015 - 06 - 19
15	（2015）杨刑（知）初字第 30 号	销售假冒注册商标的商品罪	民三庭	陈蔓莉	缓刑，罚金4000~8000 元	2015 - 06 - 23
16	（2015）杨刑（知）初字第 26 号	假冒注册商标罪	民三庭	陈蔓莉	缓刑，罚金8000 元	2015 - 06 - 25
17	（2015）杨刑（知）初字第 33 号	销售假冒注册商标的商品罪	民三庭	陈蔓莉	缓刑，罚金4000 元至 1万元	2015 - 06 - 25
18	（2015）杨刑（知）初字第 29 号	销售假冒注册商标的商品罪	民三庭	陈蔓莉	缓刑，罚金1 万元、4 万元	2015 - 06 - 19
19	（2015）杨刑（知）初字第 25 号	销售假冒注册商标的商品罪	民三庭		缓刑，罚金1 万元	2015 - 06 - 12
20	（2015）杨刑（知）初字第 27 号	销售假冒注册商标的商品罪	民三庭	陈蔓莉	缓刑，罚金3 万元	2015 - 06 - 16

续表

序号	案号	案件性质	承办部门	审判长	刑罚适用	结案日期
21	（2015）普刑（知）初字第19号	销售假冒注册商标的商品罪	民三庭	袁澍	缓刑，罚金4万元	2015 – 05 – 12
22	（2015）徐刑（知）初字第12号	销售假冒注册商标的商品罪	民三庭		缓刑，罚金3万元	2015 – 04 – 22
23	（2015）徐刑（知）初字第9号	销售假冒注册商标的商品罪	民三庭		缓刑，罚金1万元	2015 – 04 – 22
24	（2015）徐刑（知）初字第8号	销售假冒注册商标的商品罪	民三庭	王利民	缓刑，罚金3万元	2015 – 04 – 22
25	（2015）闵刑（知）初字第10号	销售假冒注册商标的商品罪	民三庭		拘役5个月，罚金15 000元	2015 – 05 – 15
26	（2015）闵刑（知）初字第19号	销售假冒注册商标的商品罪	民三庭		缓刑，罚金3000元	2015 – 06 – 02
27	（2015）闵刑（知）初字第17号	销售假冒注册商标的商品罪	民三庭		缓刑，罚金25 000元	2015 – 05 – 27
28	（2015）闵刑（知）初字第16号	销售假冒注册商标的商品罪	民三庭		缓刑，罚金4万元	2015 – 06 – 05
29	（2015）闵刑（知）初字第2号	销售假冒注册商标的商品罪	民三庭	顾亚安	有期徒刑2年，罚金20万元	2015 – 04 – 10
30	（2015）闵刑（知）初字第15号	销售假冒注册商标的商品罪	民三庭		缓刑，罚金1万元	2015 – 05 – 27
31	（2015）闵刑（知）初字第12号	销售假冒注册商标的商品罪	民三庭		拘役5个月，罚金11 000元	2015 – 05 – 15
32	（2015）闵刑（知）初字第11号	销售假冒注册商标的商品罪	民三庭		拘役5个月，罚金35 000元	2015 – 05 – 15

序号	案号	案件性质	承办部门	审判长	刑罚适用	结案日期
33	（2015）闵刑（知）初字第 18 号	销售假冒注册商标的商品罪	民三庭		缓刑，罚金 7 万元	2015 - 06 - 02
34	（2015）杨刑（知）初字第 23 号	销售假冒注册商标的商品罪	民三庭	陈蔓莉	缓刑，罚金 5000 元	2015 - 05 - 25
35	（2015）杨刑（知）初字第 21 号	销售假冒注册商标的商品罪	民三庭	陈蔓莉	缓刑，罚金 1 万元	2015 - 05 - 22
36	（2015）杨刑（知）初字第 22 号	销售假冒注册商标的商品罪	民三庭	陈蔓莉	缓刑，罚金 15 000 元	2015 - 05 - 22
37	（2015）杨刑（知）初字第 17 号	销售假冒注册商标的商品罪	民三庭		有期徒刑 1 年 6 个月，罚金 6 万元	2015 - 05 - 15
38	（2015）杨刑（知）初字第 15 号	销售假冒注册商标的商品罪	民三庭		缓刑，罚金 8000 元、2 万元	2015 - 05 - 14
39	（2015）闵刑（知）初字第 3 号	销售假冒注册商标的商品罪	民三庭	顾亚安	有期徒刑 3 年，罚金 50 万元	2015 - 04 - 27
40	（2015）闵刑（知）初字第 6 号	销售假冒注册商标的商品罪	民三庭	顾亚安	有期徒刑 2 年 6 个月，罚金 20 万元	2015 - 04 - 24
41	（2015）普刑（知）初字第 15 号	销售假冒注册商标的商品罪	民三庭	张佳璐	缓刑，罚金 15 000 元	2015 - 04 - 22
42	（2015）闵刑（知）初字第 7 号	销售假冒注册商标的商品罪	民三庭	顾亚安	甲有期徒刑 3 年，罚金 30 万元；乙缓刑，罚金 3000 元	2015 - 04 - 16

续表

序号	案号	案件性质	承办部门	审判长	刑罚适用	结案日期
43	（2015）黄浦刑（知）初字第 3 号	销售假冒注册商标的商品罪	民三庭	戚继敏	有期徒刑 8 个月，罚金 8000 元	2015 - 04 - 24
44	（2015）杨刑（知）初字第 13 号	销售假冒注册商标的商品罪	民三庭	陈蔓莉	缓刑，罚金 8000 元	2015 - 04 - 21
45	（2015）杨刑（知）初字第 14 号	销售假冒注册商标的商品罪	民三庭		缓刑，罚金 14 000 元	2015 - 04 - 24
46	（2015）闵刑（知）初字第 8 号	销售假冒注册商标的商品罪	民三庭		缓刑，罚金 8000 元	2015 - 04 - 15
47	（2015）闵刑（知）初字第 5 号	销售假冒注册商标的商品罪	民三庭		缓刑，罚金 1 万元	2015 - 04 - 13
48	（2015）杨刑（知）初字第 11 号	销售假冒注册商标的商品罪	民三庭	陈蔓莉	单位罚金 2 万元，自然人有期徒刑 8 个月，罚金 8000 元	2015 - 04 - 15
49	（2015）杨刑（知）初字第 9 号	销售假冒注册商标的商品罪	民三庭	陈蔓莉	缓刑，罚金 10 万元	2015 - 04 - 15
50	（2015）闵刑（知）初字第 4 号	销售假冒注册商标的商品罪	民三庭		拘役 5 个月，罚金 8000 元	2015 - 04 - 02
51	（2015）黄浦刑（知）初字第 1 号	销售假冒注册商标的商品罪	民三庭	戚继敏	拘役 5 个月 15 天，罚金 4000 元	2015 - 03 - 26
52	（2015）黄浦刑（知）初字第 2 号	销售假冒注册商标的商品罪	民三庭	戚继敏	拘役 6 个月，罚金 5000 元	2015 - 03 - 23

续表

序号	案号	案件性质	承办部门	审判长	刑罚适用	结案日期
53	（2014）黄浦刑（知）初字第14号	销售假冒注册商标的商品罪	民三庭	戚继敏	有期徒刑1年4个月，罚金12 000元	2015-02-15
54	（2015）沪铁刑初字第72号	销售假冒注册商标的商品罪	刑庭		缓刑，罚金1万元	2015-04-10
55	（2015）浦刑（知）初字第1号	销售假冒注册商标的商品罪	民三庭	倪红霞	有期徒刑8个月，罚金4万元	2015-04-14
56	（2015）普刑（知）初字第10号	销售假冒注册商标的商品罪	民三庭	袁澍	缓刑，罚金15 000元	2015-03-12
57	（2015）普刑（知）初字第12号	销售假冒注册商标的商品罪	民三庭	袁澍	罚金1万元	2015-03-17
58	（2015）普刑（知）初字第13号	销售假冒注册商标的商品罪	民三庭	袁澍	缓刑，罚金5000元	2015-03-17
59	（2015）普刑（知）初字第3号	销售假冒注册商标的商品罪	民三庭	张佳璐	缓刑，罚金8000元	2015-03-20
60	（2015）徐刑（知）初字第6号	销售假冒注册商标的商品罪	民三庭		缓刑，罚金5000元	2015-02-16
61	（2015）徐刑（知）初字第7号	销售假冒注册商标的商品罪	民三庭		缓刑，罚金15 000元	2015-03-06
62	（2015）杨刑（知）初字第10号	销售假冒注册商标的商品罪	民三庭		缓刑，罚金7000元、1万元	2015-03-18
63	（2014）浦刑（知）初字第49号	销售假冒注册商标的商品罪	民三庭	倪红霞	缓刑，罚金12万元	2015-01-29
64	（2014）杨刑（知）初字第87号	销售假冒注册商标的商品罪	民三庭	陈蔓莉	罚金30万元	2015-01-14

续表

序号	案号	案件性质	承办部门	审判长	刑罚适用	结案日期
65	（2014）黄浦刑（知）初字第 18 号	销售假冒注册商标的商品罪	民三庭	戚继敏	缓刑，罚金 5000 元	2015 - 02 - 11
66	（2014）浦刑（知）初字第 48 号	销售假冒注册商标的商品罪	民三庭	倪红霞	缓刑，罚金 3000 元	2015 - 01 - 14
67	（2015）杨刑（知）初字第 7 号	销售假冒注册商标的商品罪	民三庭		缓刑，罚金 6 万元	2015 - 02 - 26
68	（2014）闵刑（知）初字第 61 号	销售假冒注册商标的商品罪	民三庭	顾亚安	缓刑，罚金 11 万元	2015 - 01 - 08
69	（2014）闵刑（知）初字第 62 号	销售假冒注册商标的商品罪	民三庭	顾亚安	缓刑，罚金 55 000 元	2015 - 01 - 08
70	（2015）闵刑（知）初字第 1 号	销售假冒注册商标的商品罪	民三庭		均拘役 5 个月 15 天；罚金 4000 ～ 8000 元	2015 - 01 - 29
71	（2015）普刑（知）初字第 7 号	销售假冒注册商标的商品罪	民三庭	张佳璐	高某拘役 4 个月罚金 15 000 元；潘某缓刑，罚金 15 000 元	2015 - 02 - 10
72	（2015）普刑（知）初字第 4 号	销售假冒注册商标的商品罪	民三庭	张佳璐	缓刑，罚金 7 万元	2015 - 02 - 12
73	（2015）杨刑（知）初字第 8 号	销售假冒注册商标的商品罪	民三庭	陈蔓莉	缓刑，罚金 8000 元、1 万元	2015 - 02 - 16
74	（2014）杨刑（知）初字第 39 号	销售假冒注册商标的商品罪	民三庭	陈蔓莉	有期徒刑 3 年 8 个月，罚金 16 万元	2015 - 02 - 10

续表

序号	案号	案件性质	承办部门	审判长	刑罚适用	结案日期
75	（2015）杨刑（知）初字第5号	销售假冒注册商标的商品罪	民三庭	陈蔓莉	缓刑，罚金2万元	2015－01－23
76	（2015）杨刑（知）初字第2号	销售假冒注册商标的商品罪	民三庭		缓刑，罚金5000元	2015－01－23
77	（2014）浦刑（知）初字第43号	销售假冒注册商标的商品罪	民三庭	倪红霞	缓刑，罚金12万元	2015－01－29
78	（2014）浦刑（知）初字第41号	销售假冒注册商标的商品罪	民三庭	倪红霞	缓刑，罚金6000元	2015－01－16
79	（2014）浦刑（知）初字第40号	销售假冒注册商标的商品罪	民三庭	倪红霞	缓刑，罚金2000元	2015－01－14
80	（2014）浦刑（知）初字第34号	销售假冒注册商标的商品罪	民三庭	倪红霞	缓刑，罚金4000元	2015－01－21
81	（2014）浦刑（知）初字第32号	销售假冒注册商标的商品罪	民三庭	倪红霞	祁某某缓刑，罚金8000元；张某某有期徒刑2年，罚金25 000元	2015－01－14
82	（2014）浦刑（知）初字第22号	销售假冒注册商标的商品罪	民三庭	倪红霞	缓刑，罚金8000元	2015－01－13
83	（2014）浦刑（知）初字第45号	销售假冒注册商标的商品罪	民三庭	倪红霞	缓刑，罚金4000元	2015－01－07
84	（2014）杨刑（知）初字第80号	销售假冒注册商标的商品罪	民三庭	陈蔓莉	单位罚金2万元；个人缓刑，罚金5000元	2015－01－06

　　在上述85起案件中，19起案件中的被告人被判处有期徒刑或拘役，2起案件中的共犯被告人被判处实刑和缓刑，其余64起案件中的被告人均被

判处拘役或有期徒刑，并缓刑。纯缓刑案件的适用率为 75%。

从罚金刑的适用看，每个被告人均被判处罚金刑，罚金适用数额最低 3000 元，最高 50 万元。

2. 上海铁路运输法院 2015 年 1～6 月审结销售假冒注册商标的商品罪案件情况

从对上海法院法律文书检索中心公布的判决书统计看，上海铁路运输法院 2015 年 1 月至 6 月审结销售假冒注册商标的商品罪案件 12 起。具体如下。

序号	案号	文书分类	承办部门	审判长	级别	结案日期
1	（2015）沪铁刑初字第 165 号	判决书	刑庭		一审	2015 - 06 - 24
2	（2015）沪铁刑初字第 143 号	判决书	刑庭		一审	2015 - 06 - 05
3	（2015）沪铁刑初字第 91 号	判决书	刑庭		一审	2015 - 04 - 24
4	（2015）沪铁刑初字第 72 号	判决书	刑庭		一审	2015 - 04 - 10
5	（2015）沪铁刑初字第 70 号	判决书	刑庭		一审	2015 - 04 - 03
6	（2015）沪铁刑初字第 69 号	判决书	刑庭		一审	2015 - 04 - 03
7	（2015）沪铁刑初字第 13 号	判决书	刑庭		一审	2015 - 01 - 09
8	（2015）沪铁刑初字第 11 号	判决书	刑庭		一审	2015 - 01 - 12
9	（2015）沪铁刑初字第 9 号	判决书	刑庭		一审	2015 - 01 - 12
10	（2015）沪铁刑初字第 45 号	判决书	刑庭		一审	2015 - 03 - 09

续表

序号	案号	文书分类	承办部门	审判长	级别	结案日期
11	（2015）沪铁刑初字第 49 号	判决书	刑庭	陆琳	一审	2015 - 03 - 10
12	（2015）沪铁刑初字第 57 号	判决书	刑庭		一审	2015 - 03 - 23

该法院对销售假冒注册商标的商品罪案件适用刑罚的状况如下。

案号	被告人	涉案种类	案值	量刑情节	自由刑	财产刑
（2015）沪铁刑初字第 165 号	徐某某	假冒注册商标手表	市场（零售）中间价共计人民币15 015 940元	未遂	有期徒刑2年3个月，缓刑2年6个月	罚金人民币3万元
（2015）沪铁刑初字第 143 号	李某某	假冒注册商标手表	市场（零售）中间价为人民币12 608 530元	未遂；自首	有期徒刑2年3个月，缓刑2年6个月	罚金人民币5万元
（2015）沪铁刑初字第 91 号	李某	假冒注册商标卡包、钥匙包	市场（零售）中间价为人民币 183 600 元	坦白、认罪、未遂	拘役 4 个月，缓刑 6个月	罚金人民币3000元
（2015）沪铁刑初字第 72 号	陆某某	假冒注册商标拎包、钱包	市场（零售）中间价为人民币 839 080 元	坦白、认罪、未遂	有期徒刑6个月，缓刑1年	罚金人民币1万元
（2015）沪铁刑初字第 70 号	杜某某	假冒注册商标的太阳镜、眼镜	市场（零售）中间价为人民币 538 708元	未遂、自首	有期徒刑6个月，缓刑1年	罚金人民币1万元

续表

案号	被告人	涉案种类	案值	量刑情节	自由刑	财产刑
（2015）沪铁刑初字第69号	张乙、王某某	假冒注册商标的手表及包袋	市场（零售）中间价为人民币8 497 290元	未遂	张乙、王某某有期徒刑均1年9个月，缓刑2年	均罚金人民币3万元
（2015）沪铁刑初字第13号	杜某某	假冒注册商标的箱包	非法经营数额42万余元	坦白、未遂	有期徒刑10个月又15日	罚金人民币5000元
（2015）沪铁刑初字第11号	汪某某	假冒注册商标的手表	市场（零售）中间价共计人民币 613 300元	未遂	有期徒刑7个月，缓刑1年	罚金人民币3000元
（2015）沪铁刑初字第9号	范某某	假冒注册商标的包袋	市场（零售）中间价共计人民币 748 350元	未遂	有期徒刑7个月，缓刑1年	罚金人民币3000元
（2015）沪铁刑初字第45号	汪某某、刘某	假冒注册商标的箱包、票夹	市场（零售）中间价为人民币1 802 620元	均系未遂，汪某某为自首、主犯；刘某为坦白、从犯	汪某某有期徒刑6个月，缓刑1年；刘某拘役4个月，缓刑4个月	汪某某罚金5000元，刘某罚金3000元

案号	被告人	涉案种类	案值	量刑情节	自由刑	财产刑
（2015）沪铁刑初字第49号	徐甲、陈甲、陈乙、张某某、周某某、徐乙、曹某、苑某某	假冒注册商标的汽车零配件	市场（零售）中间价为人民币557 261元	均系未遂；徐甲为主犯；有立功，其余从犯；徐甲、陈乙、张某某、周某某系自首；陈甲、徐乙、曹某、苑某某系坦白	徐甲有期徒刑10个月，缓刑1年；陈甲、徐乙、苑某某、曹某某有期徒刑8个月，缓刑1年；陈乙、张某某、周某某有期徒刑6个月，缓刑1年	徐甲罚金人民币1万元；陈甲、陈乙、张某某、周某某、徐乙、曹某罚金6000元；陈乙、张某某、周某某罚金5000元
（2015）沪铁刑初字第57号	李某某	假冒注册商标的包袋	市场（零售）中间价为人民币9146 850元		有期徒刑1年10个月，缓刑2年	罚金人民币3万元

从中可以看出，铁路运输法院审结的12件案件中，有1件案件中的被告人被判处实刑，其余11件案件中的被告人均被判处拘役或有期徒刑，并适用缓刑，缓刑案件占全部案件的92%。案件的全部被告人均适用了罚金刑，罚金金额最低3000元，最高5万元。

典型判例举要：

（1）上海铁路运输法院（2015）沪铁刑初字第165号刑事判决书。

公诉机关：上海铁路运输检察院。

被告人：徐某某。

上海铁路运输检察院以沪铁检金融刑诉（2015）19号起诉书指控被告人徐某某犯销售假冒注册商标的商品罪，于2015年6月10日向本院提起公诉。本院于次日受理立案并依法适用简易程序，实行独任审判，公开开庭审理了本案。上海铁路运输检察院检察员刘晓光、被告人徐某某到庭参加了诉讼。现已审理终结。

上海铁路运输检察院指控，2014 年 4 月 2 日 17 时 30 分许，公安机关接报至本市轨道交通二号线上海科技馆站上海亚太新阳服饰礼品市场 C1 - 32、C1 - 33 商铺搜查，当场查获待销售的标有"HERMES"（爱马仕牌）、"VACHERONCONSTANTIN"（江诗丹顿牌）、"CARTIER"（卡地亚牌）、"OMEGA"（欧米茄牌）等注册商标的各类手表 156 块，该店铺实际经营人被告人徐某某遂被带至公安机关。上述被查获的手表经相关品牌权利人鉴定，均为假冒注册商标的商品，同时证实未委托或授权被告人徐某某销售；其中有对应商品型号的 110 块手表经上海市价格认证中心鉴定，市场（零售）中间价共计人民币 15 015 940 元。

上述事实，被告人徐某某在开庭审理过程中亦无异议，并有证人陈某某、郑某某、张甲、张乙的证言，公安机关出具的"抓获情况"、《搜查笔录》《扣押清单》、赃物等的刑事影印件，上海市价格认证中心出具的《价格鉴定结论书》，进场经营租赁合同、《个体工商户营业执照》，相关权利人出具的《代理人委托书》《鉴定书》、鉴定证明、价格证明、《企业法人营业执照》《商标注册证》《核准续展注册证明》《注册商标变更证明》等证据予以证实，足以认定。

本院认为，被告人徐某某以非法获利为目的，违反国家商标管理法规，销售明知是假冒注册商标的商品，待销售金额数额巨大，其行为已构成销售假冒注册商标的商品罪，公诉机关指控的事实清楚，证据确凿，罪名成立，本院予以支持。被告人徐某某已经着手实行犯罪，因意志以外的原因未能得逞，系犯罪未遂，依法可以比照既遂犯减轻处罚。现有证据证明本案被查获的侵权产品没有标价，也无相关销售账册等证据来证实其实际销售价格，根据相关司法解释，应按照被侵权产品的市场中间价格计算，现上海市价格认证中心对本案侵权产品所作出的价格鉴定，符合该规定，本院予以确认，但在量刑时结合假冒产品的市场销售情况予以综合考虑。被告人徐某某到案后如实供述自己的罪行，认罪态度较好，依法可以从轻处罚。为严肃国法，维护社会主义市场经济秩序，保护知识产权不受侵犯，根据被告人徐某某的犯罪情节、社会危害性、认罪悔罪态度等，依照《中华人民共和国刑法》第二百一十四条，第二十三条，第六十七条第三款，第七十二条第一款、第三款，第七十三条第二款、第三款，第五十二条，第五十三条，第六十四条及最高人民法院、最高人民检察院《关于办理侵犯知识产权刑事案件具体应用法律若干问题的解释》第二条之规定，判决如下：

一、被告人徐某某犯销售假冒注册商标的商品罪，判处有期徒刑二年三个月，缓刑二年六个月，并处罚金人民币三万元；

（缓刑考验期限，从判决确定之日起计算）。

（罚金于本判决生效后十日内向本院缴纳）。

二、查获的假冒注册商标的商品予以没收。

徐某某回到社区后，应当遵守法律、法规，服从监督管理，接受教育，完成公益劳动，做一名有益社会的公民。

（2）上海市第一中级人民法院（2015）沪一中刑（知）终字第6号刑事裁定书。

原公诉机关：上海市闵行区人民检察院。

上诉人（原审被告人）：柏某，因涉嫌犯销售假冒注册商标的商品罪于2014年11月27日被刑事拘留，同年12月26日被逮捕；现羁押于上海市奉贤区看守所。

上海市闵行区人民法院审理上海市闵行区人民检察院指控原审被告人柏某犯销售假冒注册商标的商品罪一案，于2015年4月10日作出（2015）闵刑（知）初字第2号刑事判决，对被告人柏某犯销售假冒注册商标的商品罪，判处有期徒刑二年，并处罚金人民币二十万元；查获的假冒注册商标的商品予以没收。原审被告人柏某对判决不服，提出上诉。本院审理过程中，上诉人（原审被告人）柏某又自愿申请撤回上诉。

本院认为，上诉人柏某违反商标管理法规，销售明知是假冒注册商标的商品，待销售金额人民币二千余万元，数额巨大，其行为已构成销售假冒注册商标的商品罪，依法应予处罚。鉴于柏某的销售行为由于意志以外的原因而未得逞，系犯罪未遂，可以比照既遂犯减轻处罚。原判认定上诉人柏某犯销售假冒注册商标的商品罪的事实清楚，证据确实、充分，适用法律正确，量刑适当，审判程序合法。上诉人柏某申请撤回上诉，符合法律规定，依法应予准许。现依照《最高人民法院关于执行〈中华人民共和国刑事诉讼法〉的解释》第三百零五条第一款之规定，裁定如下：

准许上诉人柏某撤回上诉。

上海市闵行区人民法院（2015）闵刑（知）初字第2号刑事判决自本裁定送达之日起发生法律效力。

本裁定为终审裁定。

（3）上海铁路运输法院（2015）沪铁刑初字第143号刑事判决书。

上海铁路运输检察院以沪铁检金融刑诉（2015）18号起诉书指控被告人李某某犯销售假冒注册商标的商品罪，于2015年5月25日向本院提起公诉。本院于次日受理立案并依法适用简易程序，实行独任审判，公开开庭审理了本案。上海铁路运输检察院检察员刘晓光、被告人李某某到庭参加了诉讼。现已审理终结。

上海铁路运输检察院指控，2014年5月6日上午10时许，公安机关接报至本市轨道交通二号线上海科技馆站亚太盛汇购物中心J－08－1A商铺搜查，当场查获待销售的假冒注册商标百年灵牌（BREITLING）、万国牌（IWC）、萧邦牌（CHOPARD）、江诗丹顿牌（VACHERONCONSTAN-TIN）、沛纳海牌（PANERAI）、宝格丽牌（BVLGARI）、朗格牌（A. LANGE&SÖHNE）、宇舶牌（HUBLOT）、"CALVINKLEIN"牌、法兰穆勒牌（FRANCKMULLER）、百达翡丽牌（PATEKPHILIPPE）、欧米茄牌（OMEGA）、香奈儿牌（CHANEL）、雷达牌（RADO）、摩凡陀牌（MOVA-DO）、帝舵牌（TUDOR）、卡地亚牌（CARTIER）、保时捷设计牌（POR-SCHEDESIGN）、劳力士牌（ROLEX）、豪雅牌（TAGHEUER）的手表共计169块。当日下午14时许，该店铺的实际经营人李某某主动到公安机关投案。案发后，经商标权利人鉴定，上述涉案手表均为假冒注册商标的商品，其中88件无对应的商品型号。经上海市价格认证中心鉴定，上述商标权利人鉴定后有对应商品型号的81件假冒商品的市场（零售）中间价为人民币12 608 530元。

上述事实，被告人李某某在开庭审理过程中亦无异议，并有证人姚某、徐某某的证言，公安机关出具的《关于犯罪嫌疑人李某某的到案经过》、搜查笔录、《扣押清单》，进场经营租赁合同，相关商标权利人提供和出具的《商标注册证》《核准续展注册证明》《代理人委托书》《鉴定书》等及上海市价格认证中心出具的《关于涉案销售假冒注册商标手表的价格鉴定结论书》等证据予以证实，足以认定。

本院认为，被告人李某某违反国家商标管理法规，销售明知是假冒注册商标的商品，待销售金额数额巨大，其行为已构成销售假冒注册商标的商品罪，公诉机关指控的事实清楚，证据确凿，罪名成立，本院予以支持。被告人李某某已经着手实行犯罪，因意志以外的原因未能得逞，系犯罪未遂，依法可以比照既遂犯减轻处罚。李某某犯罪以后自动投案，如实供述自己的罪行，系自首，依法可以从轻处罚。现有证据证明本案被查获的侵权产品没有标价，也无相关销售账册等证据来证实其实际销售价格，根据相关司法解释，应按照被侵权产品的市场中间价格计算，现上海市价格认证中心对本案侵权产品所作出的价格鉴定，符合该规定，本院予以确认，但在量刑时结合假冒产品的市场销售情况予以综合考虑。为严肃国法，维护社会主义市场经济秩序，保护知识产权不受侵犯，根据被告人李某某的犯罪情节、社会危害性、认罪悔罪态度等，依照《中华人民共和国刑法》第二百一十四条，第二十三条，第六十七条第一款，第七十二条第一款、第三款，第七十三条第二款、第三款，第五十二条，第五十三条，第六十四条，最高人民法院《关于处理自首和立功具体应用法律若干问题的解释》第一条及最高人民法院、最高人民检察院《关于办理侵犯知识产权刑事案件具体应用法律若干问题的解释》第二条之规定，判决如下：

一、被告人李某某犯销售假冒注册商标的商品罪，判处有期徒刑二年三个月，缓刑二年六个月，并处罚金人民币五万元；

（缓刑考验期限，从判决确定之日起计算）。

（罚金于本判决生效后十日内向本院缴纳）。

二、查获的假冒注册商标的商品予以没收。

李某某回到社区后，应当遵守法律、法规，服从监督管理，接受教育，完成公益劳动，做一名有益社会的公民。

（4）上海铁路运输法院（2015）沪铁刑初字第91号刑事判决书。

上海铁路运输检察院以沪铁检金融刑诉（2015）15号起诉书指控被告人李某犯销售假冒注册商标的商品罪，于2015年4月9日向本院提起公诉。本院于次日受理立案并依法适用简易程序，实行独任审判，公开开庭审理了本案。上海铁路运输检察院代理检察员曹某、被告人李某到庭参加了诉讼。现已审理终结。

上海铁路运输检察院指控，2014年6月8日22时30分许，被告人李某在本市轨道交通人民广场站一、二号线换乘通道内设摊销售涉嫌假冒注册商标的钱包时被执勤民警抓获，民警当场查获待销售的涉嫌假冒注册商标路易威登牌（LOUISVUITTON）、普拉达牌（PRADA）、古驰牌（GUCCI）、缪缪牌（MIUMIU）的钱包共计42只。次日，民警对李某在沪暂住地闸北区青云路×××号后门2楼搜查，查获涉嫌假冒注册商标路易威登牌（LOUISVUITTON）的卡包和钥匙包各一只。

经商标权利人鉴定，上述查扣的44只包袋均系假冒注册商标的商品，其中2只包袋无相同或类似款式的正品。经上海市价格认证中心鉴定，上述送检的42只假冒各类注册商标的包袋中有4只在市场上无对应被侵权型号销售，其余38只包袋的市场（零售）中间价为人民币183 600元。

上述事实，被告人李某在开庭审理过程中亦无异议，并有证人王某某、徐某某的证言，公安机关出具的《关于犯罪嫌疑人李某到案情况的说明》《扣押清单》、搜查笔录、刑事影印件，相关商标权利人提供和出具的《商标注册证》《核准续展注册证明》《代理人委托书》、鉴定书等及上海市价格认证中心出具的价格鉴定结论书等证据予以证实，足以认定。

本院认为，被告人李某违反国家商标管理法规，销售明知是假冒注册商标的商品，待销售金额数额较大，其行为已构成销售假冒注册商标的商品罪，公诉机关指控的事实清楚，证据确凿，罪名成立，本院予以支持。被告人李某已经着手实行犯罪，因意志以外的原因未能得逞，系犯罪未遂，依法可以比照既遂犯从轻处罚。鉴于李某到案后能如实供述并自愿认罪，依法可以从轻处罚。现有证据证明本案被查获的侵权产品没有标价，也无相关销售账册等证据来证实其实际销售价格，根据相关司法解释，应按照被侵权产品的市场中间价格计算，现上海市价格认证中心对本案侵权产品所作出的价格鉴定，符合该规定，本院予以确认，但在量刑时结合假冒产品的市场销售情况予以综合考虑。为严肃国法，维护社会主义市场经济秩序，保护知识产权不受侵犯，根据被告人李某的犯罪情节、社会危害性、认罪悔罪态度等，依照《中华人民共和国刑法》第二百一十四条，第二十三条，第六十七条第三款，第七十二条第一款、第三款，第七十三条第一款、第三款，第五十二条，第五十三条，第六十四条及最高人民法院、最高人民检察院《关于办理侵犯知识产权刑事案件具体应用法律若干问题的解释》第二条之规定，判决如下：

一、被告人李某犯销售假冒注册商标的商品罪，判处拘役四个月，缓刑六个月，并处罚金人民币三千元；

（缓刑考验期限，从判决确定之日起计算）。

（罚金于本判决生效后十日内向本院缴纳）。

二、查获的假冒注册商标的商品予以没收。

李某回到社区后，应当遵守法律、法规，服从监督管理，接受教育，完成公益劳动，做一名有益社会的公民。

（5）上海铁路运输法院（2015）沪铁刑初字第72号刑事判决书。

上海铁路运输检察院以沪铁检金融刑诉（2015）14号起诉书指控被告人陆某某犯销售假冒注册商标的商品罪，于2015年3月26日向本院提起公诉。本院于次日受理立案并依法适用简易程序，实行独任审判，公开开庭审理了本案。上海铁路运输检察院检察员刘某某、被告人陆某某到庭参加了诉讼。现已审理终结。

上海铁路运输检察院指控，2014年9月24日17时许，被告人陆某某在本市轨道交通二号线江苏路站4号出入口平台处设摊销售涉嫌假冒注册商标的包袋时被巡逻民警抓获，当场查获待销售的涉嫌假冒注册商标古驰牌（GUCCI）、路易威登牌（LOUISVUITTON）、爱马仕牌（HERMES）、香奈儿牌（CHANEL）、博柏利牌（BURBERRY）、迪奥牌（DIOR）、普拉达牌（PRADA）、缪缪牌（MIUMIU）等品牌的拎包、钱包共计71只。

经商标权利人鉴定，上述查扣的包袋中共有70只系假冒注册商标的商品，其中5只包袋无相同或类似款式的正品。经上海市价格认证中心鉴定，上述送检的65只假冒各类注册商标的包袋中有8只在市场上无对应被侵权型号销售，其余57只包袋的市场（零售）中间价为人民币839 080元。

上述事实，被告人陆某某在开庭审理过程中亦无异议，并有证人范某某、任某某的证言，公安机关出具的《案件来源、到案经过》、情况说明、扣押笔录、《扣押清单》《发还清单》、刑事影印件，相关商标权利人提供和出具的《商标注册证》《核准续展注册证明》《委托书》《鉴定报告》《鉴定书》、鉴定证明、价格证明、市场参考价格等及上海市价格认证中心出具的价格鉴定结论书等证据予以证实，足以认定。

本院认为，被告人陆某某违反国家商标管理法规，销售明知是假冒注册商标的商品，待销售金额数额巨大，其行为已构成销售假冒注册商标的商品罪，公诉机关指控的事实清楚，证据确凿，罪名成立，本院予以支持。被告人陆某某已经着手实行犯罪，因意志以外的原因未能得逞，系犯罪未遂，依法可以比照既遂犯减轻处罚。鉴于陆某某到案后能如实供述并自愿认罪，依法可以从轻处罚。现有证据证明本案被查获的侵权产品没有标价，也无相关销售账册等证据来证实其实际销售价格，根据相关司法解释，应按照被侵权产品的市场中间价格计算，现上海市价格认证中心对本案侵权产品所作出的价格鉴定，符合该规定，本院予以确认，但在量刑时结合假冒产品的市场销售情况予以综合考虑。为严肃国法，维护社会主义市场经济秩序，保护知识产权不受侵犯，根据被告人陆某某的犯罪情节、社会危害性、认罪悔罪态度等，依照《中华人民共和国刑法》第二百一十四条，第二十三条，第六十七条第三款，第七十二条第一款、第三款，第七十三条第二款、第三款，第五十二条，第五十三条，第六十四条及最高人民法院、最高人民检察院《关于办理侵犯知识产权刑事案件具体应用法律若干问题的解释》第二条之规定，判决如下：

一、被告人陆某某犯销售假冒注册商标的商品罪，判处有期徒刑六个月，缓刑一年，并处罚金人民币一万元；

（缓刑考验期限，从判决确定之日起计算）。

（罚金于本判决生效后十日内向本院缴纳）。

二、查获的假冒注册商标的商品予以没收。

陆某某回到社区后，应当遵守法律、法规，服从监督管理，接受教育，完成公益劳动，做一名有益社会的公民。

（6）上海铁路运输法院（2015）沪铁刑初字第70号刑事判决书。

上海铁路运输检察院以沪铁检金融刑诉（2015）12号起诉书指控被告人杜某某犯销售假冒注册商标的商品罪，于2015年3月25日向本院提起公诉。本院于次日受理立案并依法适用简易程序，实行独任审判，公开开庭审理了本案。上海铁路运输检察院检察员秦为、被告人杜某某到庭参加了诉讼。现已审理终结。

上海铁路运输检察院指控，2013 年 8 月起，被告人杜某某在明知是假冒注册商标的商品的情况下，从他人处陆续购入各类假冒注册商标的眼镜，在其租赁的本市轨道交通二号线上海科技馆站上海亚太新阳服饰礼品市场 D1－33 号商铺内予以销售牟利，并于 2014 年 1 月初雇用夏某某（另案处理）为营业员为其销售。2014 年 1 月 16 日 19 时 30 分许，公安机关接到举报后对上述商铺进行搜查，当场查获并扣押营业款人民币 310 元及待销售的涉嫌假冒香奈儿牌（CHANEL）、普拉达牌（PRADA）、迪奥牌（CHRISTIANDIOR）、宝格丽牌（BVLGARI）、纪梵希牌（GIVENCHY）、路易威登牌（LOUISVUITTON）、博柏利牌（BURBERRY）、卡地亚牌（CARTIER）、蒂芙尼牌（TIFFANY&CO）、菲拉格慕牌（SALVATOREFER-RAGAMO）、古驰牌（GUCCI）、万宝龙牌（MONTBLANC）、杰尼亚牌（ERMENEGILDOZEGNA）、保时捷设计牌（PORSCHEDESIGN）、萧邦牌（CHOPARD）、寇衣牌（CHLOE）等注册商标的眼镜、太阳镜共计 1061 副。2014 年 1 月 28 日，被告人杜某某到公安机关投案自首。

经相关注册商标权利人鉴定，上述被查获的商品中共有 334 件是假冒注册商标的商品，其中 191 件在市场上无对应型号的被侵权产品销售。经上海市价格认证中心鉴定，有对应商品型号销售的 143 件假冒商品的市场（零售）中间价为人民币 538 708 元。

上述事实，被告人杜某某在开庭审理过程中亦无异议，并有证人夏某某的证言，公安机关出具的《到案经过》、搜查笔录、刑事影印件、《扣押清单》，租赁合同，相关商标权利人提供和出具的《商标注册证》、商标注册证明、《核准续展注册证明》、授权委托书、《鉴定报告》《鉴定书》、鉴定证明、价格证明等及上海市价格认证中心出具的《关于涉案销售假冒注册商标眼镜的价格鉴定结论书》等证据予以证实，足以认定。

本院认为，被告人杜某某违反国家商标管理法规，销售明知是假冒注册商标的商品，待销售金额数额巨大，其行为已构成销售假冒注册商标的商品罪，公诉机关指控的事实清楚，证据确凿，罪名成立，本院予以支持。被告人杜某某已经着手实行犯罪，因意志以外的原因未能得逞，系犯罪未遂，依法可以比照既遂犯减轻处罚。杜某某犯罪以后自动投案并如实供述自己的罪行，是自首，依法可以从轻处罚。现有证据证明本案被查获的侵权产品没有标价，也无相关销售账册等证据来证实其实际销售价格，根据相关司法解释，应按照被侵权产品的市场中间价格计算，现上海市价格认证中心对本案侵权产品所作出的价格鉴定，符合该规定，本院予以确认，但在量刑时结合假冒产品的市场销售情况予以综合考虑。为严肃国法，维护社会主义市场经济秩序，保护知识产权不受侵犯，根据被告人杜某某的犯罪情节、社会危害性、认罪悔罪态度等，依照《中华人民共和国刑法》第二百一十四条，第二十三条，第六十七条第一款，第七十二条第一款、第三款，第七十三条第二款、第三款，第五十二条，第五十三条，第六十四条，最高人民法院、最高人民检察院《关于办理侵犯知识产权刑事案件具体应用法律若干问题的解释》第二条及最高人民法院《关于处理自首和立功具体运用法律若干问题的解释》第一条之规定，判决如下：

一、被告人杜某某犯销售假冒注册商标的商品罪，判处有期徒刑六个月，缓刑一年，并处罚金人民币一万元；

（缓刑考验期限，从判决确定之日起计算）。

（罚金于本判决生效后十日内向本院缴纳）。

二、查获的假冒注册商标的商品及违法所得予以没收。

杜某某回到社区后，应当遵守法律、法规，服从监督管理，接受教育，完成公益劳动，做一名有益社会的公民。

（7）上海铁路运输法院（2015）沪铁刑初字第 69 号刑事判决书。

上海铁路运输检察院以沪铁检金融刑诉（2015）13 号起诉书指控被告人张乙、王某某犯销售假冒注册商标的商品罪，于 2015 年 3 月 25 日向本院提起公诉。本院于次日受理立案并依法适用简易程序，实行独任审判，公开开庭审理了本案。上海铁路运输检察院检察员秦某、被告人张乙、王某某到庭参加了诉讼。现已审理终结。

上海铁路运输检察院指控，2013 年 7 月，被告人张乙租赁本市轨道交通二号线上海科技馆站上海亚太盛汇广场 J-02-3 号商铺后，与被告人王某某（系张乙之妻）共同经营，并雇用曹某某（另案处理）为营业员帮助销售。2014 年年初，张乙、王某某在明知是假冒注册商标的商品的情况下，从他人处陆续购入各类假冒注册商标的手表及包袋，并在上述商铺中予以销售牟利。2014年2月28日16时30分许，公安机关接到举报后对上述商铺进行搜查，当场查获待销售的涉嫌假冒豪雅牌（TAGHEURE）、劳力士牌（ROLEX）、万国牌（IWC）、香奈儿牌（CHANEL）、宇舶牌（HUBLOT）、爱彼牌（AUDEMARSPIGUET）、百年灵牌（BREITLING）、雷达牌（RADO）、欧米茄牌（OMEGA）、沛纳海（PANERAI）牌的手表，共计176块；涉嫌假冒珑骧牌（LONGCHAMP）等品牌的包袋113只及营业款7000元整，并将商铺内的张乙、王某某抓获。

经商标权利人鉴定，上述查扣的商品中，共有176块手表和103只包袋系假冒注册商标的商品，其中52件商品无相同或类似款式的正品。经上海市价格认证中心鉴定，上述送检的227件假冒各类注册商标的商品中有12件在市场上无对应被侵权型号销售，其余215件商品对应的被侵权产品的市场（零售）中间价为人民币8 497 290元。

上述事实，被告人张乙、王某某在开庭审理过程中亦无异议，并有公安机关出具的《关于犯罪嫌疑人张乙、王某某归案的情况说明》、情况说明、搜查笔录、扣押笔录、《扣押清单》《接受证据清单》、商铺租赁合同、证人陈某某、张甲、曹某某的证言，相关商标权利人提供和出具的《商标注册证》《核准续展注册证明》等商标权利证明、鉴定书、鉴定意见、《授权委托书》、价格确认、市场参考价格等，上海市价格认证中心出具的《关于涉案销售假冒注册商标手表的价格鉴定结论书》及《关于涉案销售假冒注册商标包袋的价格鉴定结论书》等证据予以证实，足以认定。

本院认为，被告人张乙、王某某违反国家商标管理法规，共同销售明知是假冒注册商标的商品，待销售金额数额巨大，其行为已构成销售假冒注册商标的商品罪，公诉机关指控的事实清楚，证据确凿，罪名成立，本院予以支持。张乙、王某某已经着手实行犯罪，因意志以外的原因未能得逞，系犯罪未遂，依法可以比照既遂犯减轻处罚。张乙、王某某到案后如实供述自己的罪行，依法可以从轻处罚。现有证据证明本案被查获的侵权产品没有标价，也无相关销售账册等证据来证实其实际销售价格，根据相关司法解释，应按照被侵权产品的市场中间价格计算，现上海市价格认证中心对本案侵权产品所作出的价格鉴定，符合该规定，本院予以确认，但在量刑时结合假冒产品的市场销售情况予以综合考虑。为严肃国法，维护社会主义市场经济秩序，保护知识产权不受侵犯，根据被告人张乙、王某某的犯罪情节、社会危害性、认罪悔罪态度等，依照《中华人民共和国刑法》第二百一十四条，第二十三条，第二十五条第一款，第六十七条第三款，第七十二条第一款、第三款，第七十三条第二款、第三款，第五十二条、第五十三条、第六十四条及最高人民法院、最高人民检察院《关于办理侵犯知识产权刑事案件具体应用法律若干问题的解释》第二条之规定，判决如下：

一、被告人张乙犯销售假冒注册商标的商品罪，判处有期徒刑一年九个月，缓刑二年，并处罚金人民币三万元；

（缓刑考验期限，从判决确定之日起计算）。

（罚金于本判决生效后十日内向本院缴纳）。

二、被告人王某某犯销售假冒注册商标的商品罪，判处有期徒刑一年九个月，缓刑二年，并处罚金人民币三万元；

（缓刑考验期限，从判决确定之日起计算）。

（罚金于本判决生效后十日内向本院缴纳）。

三、查获的假冒注册商标的商品及违法所得予以没收。

张乙、王某某回到社区后，应当遵守法律、法规，服从监督管理，接受教育，完成公益劳动，做一名有益社会的公民。

（8）上海铁路运输法院（2015）沪铁刑初字第 13 号刑事判决书。

上海铁路运输检察院以沪铁检刑诉（2014）128 号起诉书指控被告人杜某某犯销售假冒注册商标的商品罪，于 2014 年 11 月 21 日向本院提起公诉。按照上海市高级人民法院指定管辖决定，本院于 2015 年 1 月 4 日受理立案并依法适用简易程序，实行独任审判，公开开庭审理了本案。上海铁路运输检察院检察员刘某某、被告人杜某某到庭参加了诉讼。现已审理终结。

经审理查明，2014 年 3 月 19 日，上海市质量技术监督稽查总队在本市松江区明中路×××弄×××号一处别墅内查获待销售的标有"SAM-SONITE""AMERICANTOURISTER"注册商标的箱包 830 只，并将被告人杜某某带回调查。次日，该案移送公安机关立案侦查。经查，叶某（另案处理）为非法牟利，租赁上述民宅并让被告人杜某某在该民宅内为其经营销售各种箱包的淘宝网店并代为发货。同时，被告人杜某某亦通过其自有的淘宝网店"旅行空间"销售由叶某、孙某某（另案处理）提供的假冒注册商标的箱包。经商标权利人鉴定，上述被查获的 830 只箱包均为假冒注册商标的商品，其中能够查清标价的箱包 812 只，涉及的非法经营数额为人民币 42 万余元。

上述事实，被告人杜某某在开庭审理过程中亦无异议并自愿认罪，并有举报书、鉴定书、案件移送意见书，上海市公安局城市轨道交通分局出具的到案经过、搜查录像、扣押笔录、《扣押清单》、刑事影印件、工作情况、情况说明、杜某某查获假冒箱包价格计算，证人许某某、盛某某、周某某、张甲、沈某某、金某某、任某某、曾某某、张乙、朱某某、钟某某的证言及周某某、任某某、曾某某的辨认笔录，相关商标权利人提供和出具的《证明》《商标注册证》《核准续展注册证明》《注册商标变更证明》《鉴定书》、新秀丽产品经销合同、关于新秀丽箱包的产品保修章及发货物料的情况说明等，网页截图，调取证据清单，印章印文，上海市公安局物证鉴定中心鉴定书，库存状况、库存盘点、退货清单、上海市房屋租赁合同、上海市松江区明中路×××弄×××号简图等证据予以证实，足以认定。

本院认为，被告人杜某某违反国家商标管理法规，销售明知是假冒注册商标的商品，待销售金额数额巨大，其行为已构成销售假冒注册商标的商品罪，公诉机关指控的事实清楚，证据确凿，罪名成立，本院予以支持。被告人杜某某已经着手实行犯罪，因意志以外的原因未能得逞，系犯罪未遂，依法可以比照既遂犯减轻处罚。被告人杜某某到案后如实供述自己的罪行，依法可以从轻处罚。为严肃国法，维护社会主义市场经济秩序，保护知识产权不受侵犯，根据被告人杜某某的犯罪情节、社会危害性、认罪悔罪态度等，依照《中华人民共和国刑法》第二百一十四条、第二十三条、第六十七条第三款、第五十二条、第五十三条、第六十四条及最高人民法院、最高人民检察院《关于办理侵犯知识产权刑事案件具体应用法律若干问题的解释》第二条之规定，判决如下：

一、被告人杜某某犯销售假冒注册商标的商品罪，判处有期徒刑十个月又十五日，并处罚金人民币五千元；

（刑期从判决执行之日起计算。判决执行以前先行羁押的，羁押一日折抵刑期一日，即自 2014 年 3 月 19 日起至 2015 年 2 月 2 日止）。

（罚金于本判决生效后十日内向本院缴纳）。

二、查获的假冒注册商标的商品、作案工具印章、商标标识等予以没收。

（9）上海铁路运输法院（2015）沪铁刑初字第 11 号刑事判决书。

上海铁路运输检察院以沪铁检金融刑诉（2015）2 号起诉书指控被告人汪某某犯销售假冒注册商标的商品罪，于 2014 年 12 月 30 日向本院提起公诉。本院于 2015 年 1 月 4 日受理立案并依法适用简易程序，实行独任审判，公开开庭审理了本案。上海铁路运输检察院检察员秦某、被告人汪某某到庭参加了诉讼。现已审理终结。

上海铁路运输检察院指控，2013 年 12 月 12 日 17 时 30 分许，被告人汪某某在本市轨道交通一号线锦江乐园站西侧的西南汽车站门口设摊涉嫌销售假冒注册商标的手表时被公安机关抓获，公安机关当场从其摊位处查获标有"LONGINES"（浪琴牌）、"VACHERONCONSTANTIN"（江诗丹顿牌）、"CARTIER"（卡地亚牌）、"OMEGA"（欧米茄牌）等注册商标的各类手表 17 块。上述被查获的手表经相关品牌权利人鉴定，均为假冒注册商标的商品，同时证实未委托或授权被告人汪某某销售；其中有对应商品型号的 13 块手表经上海市价格认证中心鉴定，市场（零售）中间价共计人民币 613 300 元。

上述事实，被告人汪某某在开庭审理过程中亦无异议，并有证人陈甲、陈乙的证言、公安机关出具的"抓获经过""情况说明"、《扣押笔录》《扣押清单》、赃物的刑事影印件、上海市价格认证中心出具的《价格鉴定结论书》、相关权利人出具的《代理人委托书》《鉴定书》、价格证明、《企业法人营业执照》《商标注册证》《核准续展注册证明》《注册商标变更证明》等证据予以证实，足以认定。

本院认为，被告人汪某某违反国家商标管理法规，销售明知是假冒注册商标的商品，待销售金额数额巨大，其行为已构成销售假冒注册商标的商品罪，公诉机关指控的事实清楚，证据确凿，罪名成立，本院予以支持。被告人汪某某已经着手实行犯罪，因意志以外的原因未能得逞，系犯罪未遂，依法可以比照既遂犯减轻处罚。现有证据证明本案被查获的侵权产品没有标价，也无相关销售账册等证据来证实其实际销售价格，根据相关司法解释，应按照被侵权产品的市场中间价格计算，现上海市价格认证中心对本案侵权产品所作出的价格鉴定，符合该规定，本院予以确认，但在量刑时结合假冒产品的市场销售情况予以综合考虑。被告人汪某某到案后如实供述自己的罪行，且有一定的悔罪表现，依法可以从轻处罚。为严肃国法，维护社会主义市场经济秩序，保护知识产权不受侵犯，根据被告人汪某某的犯罪情节、社会危害性、认罪悔罪态度等，依照《中华人民共和国刑法》第二百一十四条，第二十三条，第六十七条第三款，第七十二条第一款、第三款，第七十三条第二款、第三款，第五十二条，第五十三条，第六十四条及最高人民法院、最高人民检察院《关于办理侵犯知识产权刑事案件具体应用法律若干问题的解释》第二条之规定，判决如下：

一、被告人汪某某犯销售假冒注册商标的商品罪，判处有期徒刑七个月，缓刑一年，并处罚金人民币三千元；

（缓刑考验期限，从判决确定之日起计算）。

（罚金于本判决生效后十日内向本院缴纳）。

二、查获的假冒注册商标的商品予以没收。

汪某某回到社区后，应当遵守法律、法规，服从监督管理，接受教育，完成公益劳动，做一名有益社会的公民。

（10）上海铁路运输法院（2015）沪铁刑初字第9号刑事判决书。

上海铁路运输检察院以沪铁检金融刑诉（2015）3号起诉书指控被告人范某某犯销售假冒注册商标的商品罪，于2014年12月30日向本院提起公诉。本院于2015年1月4日受理立案并依法适用简易程序，实行独任审判，公开开庭审理了本案。上海铁路运输检察院检察员秦为、被告人范某某到庭参加了诉讼。现已审理终结。

上海铁路运输检察院指控，2014年7月3日13时30分许，被告人范某某在本市轨道交通二号线上海科技馆站上海亚太新阳服饰礼品市场B1－34商铺内销售假冒注册商标的包袋时被民警抓获，民警当场从其店铺内查获待销售的标有"LONGCHAMP"品牌商标的包袋820只。上述被查获的包袋经品牌权利人鉴定，均为假冒注册商标的商品；其中与真品有相同或相似款式的745只假冒注册商标的包袋经上海市价格认证中心鉴定，市场（零售）中间价共计人民币748 350元。

上述事实，被告人范某某在开庭审理过程中亦无异议，并有证人伏某、胡某某的证言，公安机关出具的"关于犯罪嫌疑人范某某归案情况的说明"工作情况"、《搜查笔录》《扣押清单》、赃物及案发现场的刑事影印件，《营业执照》《商标注册证》《核准续展注册证明》《注册商标变更证明》《授权委托书》《鉴定意见》《价格确认》，上海市价格认证中心出具的《价格鉴定结论书》等证据予以证实，足以认定。

本院认为，被告人范某某违反国家商标管理法规，销售明知是假冒注册商标的商品，待销售金额数额巨大，其行为已构成销售假冒注册商标的商品罪，公诉机关指控的事实清楚，证据确凿，罪名成立，本院予以支持。被告人范某某已经着手实行犯罪，因意志以外的原因未能得逞，系犯罪未遂，依法可以比照既遂犯减轻处罚。现有证据证明本案被查获的侵权产品没有标价，也无相关销售账册等证据来证实其实际销售价格，根据相关司法解释，应按照被侵权产品的市场中间价格计算，现上海市价格认证中心对本案侵权产品所作出的价格鉴定，符合该规定，本院予以确认，但在量刑时结合假冒产品的市场销售情况予以综合考虑。被告人范某某到案后如实供述自己的罪行，且有一定的悔罪表现，依法可以从轻处罚。为严肃国法，维护社会主义市场经济秩序，保护知识产权不受侵犯，根据被告人范某某的犯罪情节、社会危害性、认罪悔罪态度等，依照《中华人民共和国刑法》第二百一十四条，第二十三条，第六十七条第三款，第七十二条第一款、第三款，第七十三条第二款、第三款，第五十二条，第五十三条，第六十四条及最高人民法院、最高人民检察院《关于办理侵犯知识产权刑事案件具体应用法律若干问题的解释》第二条之规定，判决如下：

一、被告人范某某犯销售假冒注册商标的商品罪，判处有期徒刑七个月，缓刑一年，并处罚金人民币三千元（已预缴）；

（缓刑考验期限，从判决确定之日起计算）。

二、查获的假冒注册商标的商品予以没收。

范某某回到社区后，应当遵守法律、法规，服从监督管理，接受教育，完成公益劳动，做一名有益社会的公民。

(11) 上海铁路运输法院（2015）沪铁刑初字第 45 号刑事判决书

上海铁路运输检察院以沪铁检金融刑诉（2015）8 号起诉书指控被告人汪某某、刘某犯销售假冒注册商标的商品罪，于 2015 年 2 月 25 日向本院提起公诉。本院于次日受理立案并依法适用简易程序，实行独任审判，公开开庭审理了本案。上海铁路运输检察院检察员秦某、被告人汪某某、刘某到庭参加了诉讼。现已审理终结。

上海铁路运输检察院指控，2013年10月起，被告人汪某某在明知是假冒注册商标的商品情况下，从他人处陆续购入假冒路易威登牌（LOUIS-VUITTON）、古驰牌（GUCCI）、柏蒂温妮达牌（BOTTEGAVENETA）、"LONGCHAMP"牌等注册商标的各类箱包、票夹，并雇用被告人刘某为营业员在本市轨道交通二号线上海科技馆站上海亚太新阳服饰礼品市场B2-08号商铺内销售。2014年1月16日20时15分许，上海市公安局城市轨道交通分局民警接到举报后对上述商铺进行搜查，当场查获待销售的假冒上述注册商标的各类箱包、票夹共计349件，并将商铺内的营业员刘某抓获归案。2014年2月18日，上述商铺实际经营人汪某某至公安机关投案。经商标权利人鉴定，上述查扣的349件商品均系假冒注册商标的商品。经上海市价格认证中心鉴定，上述349件假冒注册商标商品的市场（零售）中间价为人民币1 802 620元。

上述事实，被告人汪某某、刘某在开庭审理过程中亦无异议，并有公安机关出具的到案经过、搜查笔录、《扣押清单》、公安机关搜查涉案商铺的视频录像、刑事影印件、工作情况，进场租赁合同、证人陈某某的证言，相关商标权利人提供和出具的《商标注册证》《核准续展注册证明》《注册商标变更证明》、鉴定报告、《授权委托书》、价格证明等及上海市价格认证中心出具的《关于涉案销售假冒注册商标包袋等的价格鉴定结论书》等证据予以证实，足以认定。

本院认为，被告人汪某某、刘某违反国家商标管理法规，共同销售明知是假冒注册商标的商品，待销售金额数额巨大，其行为已构成销售假冒注册商标的商品罪，公诉机关指控的事实清楚，证据确凿，罪名成立，本院予以支持。汪某某、刘某已经着手实行犯罪，因意志以外的原因未能得逞，系犯罪未遂，依法可以比照既遂犯减轻处罚。汪某某在共同犯罪中起主要作用，系主犯，应当按照其所参与的全部犯罪处罚，刘某在共同犯罪中起次要作用，系从犯，依法应当从轻处罚。汪某某犯罪以后自动投案，如实供述自己的罪行，系自首，依法可以从轻处罚。刘某到案后如实供述自己的罪行，依法可以从轻处罚。现有证据证明本案被查获的侵权产品没有标价，也无相关销售账册等证据来证实其实际销售价格，根据相关司法解释，应按照被侵权产品的市场中间价格计算，现上海市价格认证中心对本案侵权产品所作出的价格鉴定，符合该规定，本院予以确认，但在量刑时结合假冒产品的市场销售情况予以综合考虑。为严肃国法，维护社会主义市场经济秩序，保护知识产权不受侵犯，根据被告人汪某某、刘某的犯罪情节、社会危害性、认罪悔罪态度等，依照《中华人民共和国刑法》第二百一十四条，第二十三条，第二十五条第一款，第二十六条第一款、第四款，第二十七条，第六十七条第一款、第三款，第七十二条第一款、第三款，第七十三条，第五十二条，第五十三条，第六十四条，最高人民法院《关于处理自首和立功具体运用法律若干问题的解释》第一条及最高人民法院、最高人民检察院《关于办理侵犯知识产权刑事案件具体应用法律若干问题的解释》第二条之规定，判决如下：

一、被告人汪某某犯销售假冒注册商标的商品罪，判处有期徒刑六个月，缓刑一年，并处罚金人民币五千元；

（缓刑考验期限，从判决确定之日起计算）。

（罚金于本判决生效后十日内向本院缴纳）。

二、被告人刘某犯销售假冒注册商标的商品罪，判处拘役四个月，缓刑四个月，并处罚金人民币三千元；

（缓刑考验期限，从判决确定之日起计算）。

（罚金于本判决生效后十日内向本院缴纳）。

三、查获的假冒注册商标的商品予以没收。

汪某某、刘某回到社区后，应当遵守法律、法规，服从监督管理，接受教育，完成公益劳动，做一名有益社会的公民。

（12）上海铁路运输法院（2015）沪铁刑初字第 49 号刑事判决书

上海铁路运输检察院以沪铁检金融刑诉（2015）5 号起诉书指控被告人徐甲、陈甲、陈乙、张某某、周某某、徐乙、曹某、苑某某犯销售假冒注册商标的商品罪，于 2015 年 1 月 22 日向本院提起公诉。按照上海市高级人民法院指定管辖决定，本院于同年 2 月 28 日受理立案并依法适用简易程序，组成合议庭，于同年 3 月 10 日公开开庭审理了本案。上海铁路运输检察院检察员秦某、被告人徐甲、陈甲、陈乙、张某某、周某某、徐乙、曹某、苑某某及徐甲的辩护人李某某到庭参加了诉讼。现已审理终结。

经审理查明，2011 年 3 月，被告人徐甲承租本市闵行区虹梅南路××
×号×××幢×××区×××室经营汽车配件并于 2012 年 2 月经工商登记
成立上海市闵行区金领汽配经营部销售汽车零配件。2013 年 1 月，徐甲又
租赁本市闵行区向阳路×××号集体房×××号仓库以存放待销售的汽车
零配件。被告人徐甲在经营过程中，雇用被告人陈甲管理仓库，雇用被告
人陈乙、张某某、周某某销售汽车零配件，雇用被告人徐乙、曹某、苑某
某在仓库整理、收发货物。期间，为逃避工商行政部门的检查，徐甲安排
陈甲、陈乙、张某某、周某某、徐乙、曹某、苑某某采用打磨、涂抹等方
式将假冒通用汽车有限责任公司的汽车零配件上的商标破坏。

2014 年 8 月 29 日，公安机关接到报案，搜查了本市闵行区向阳路×
××号集体房×××号仓库，从中查获待销售的标有"GM""SGM""雪
佛兰""ACDelco"注册商标的汽车零配件共 3322 件，并抓获了被告人陈
甲、徐乙、曹某、苑某某。同年 9 月 1 日，被告人徐甲至公安机关自动投
案。同月 3 日，被告人张某某、陈乙在徐甲的陪同下至公安机关投案。同
月 4 日，被告人周某某在徐甲的陪同下至公安机关投案。

经商标权利人鉴定，上述被查获的 3322 件汽车零配件均为假冒其注册
商标的商品。其中，除 10 个假冒"SGM"上海通用汽车克鲁兹 1.6 型大修
包因未能确定具体包含哪些零部件不予鉴定外，其余 3312 件汽车零配件经
上海市价格认证中心鉴定市场（零售）中间价为人民币 557 261 元。

上述事实，被告人徐甲、陈甲、陈乙、张某某、周某某、徐乙、曹
某、苑某某及徐甲的辩护人在开庭审理过程中均无异议，且有以下证据证
实，足以认定：证人王某、汪某的证言、公安机关出具的《调取证据清
单》《接受证据材料清单》及房屋租赁合同复印件、收据、个体工商户营
业执照复印件、涉税证明、仓库租赁协议书证实被告人徐甲在本市闵行区
虹梅南路×××号×××幢×××区×××室经营汽车零配件并经工商登
记成立上海市闵行区金领汽配经营部，以及徐甲租赁本市闵行区向阳路×
××号集体房×××号仓库以存放待销售的汽车零配件的情况。公安机关
出具的四份关于被告人归案情况的说明、证人谢某某的证言证实了本案的
案发经过及八名被告人到案的经过。公安机关制作的搜查笔录、刑事影印
件、《扣押清单》证实从本市闵行区向阳路×××号集体房×××号仓库
查获的假冒注册商标的汽车零配件被依法扣押。证人杜某某的证言及公安

机关从被告人徐甲处调取 2014 年 1 月至 8 月工资表证实除被告人徐甲外的本案其他七名被告人系徐甲雇用的员工，本案案发前，徐甲曾安排他们采用打磨、涂抹等方式将假冒通用汽车有限责任公司的汽车零配件上的商标破坏以逃避工商部门的检查。《商标注册证》《核准续展注册证明》《注册商标变更证明》《鉴定书》《委托书》、产品价格证明及真假图片对比等证实涉案的汽车零配件均为假冒注册商标的商品。上海市价格认证中心出具的价格鉴定结论书证实除 10 个假冒"SGM"上海通用汽车克鲁兹 1.6 型大修包因未能确定具体包含哪些零部件不予鉴定外，其余 3312 件汽车零配件经上海市价格认证中心鉴定市场（零售）中间价为人民币 557 261 元。

本院认为，被告人徐甲、陈甲、陈乙、张某某、周某某、徐乙、曹某、苑某某违反国家商标管理法规，共同销售明知是假冒注册商标的商品，待销售金额数额巨大，其行为已构成销售假冒注册商标的商品罪，公诉机关指控的事实清楚，证据确凿，罪名成立，本院予以支持。徐甲、陈甲、陈乙、张某某、周某某、徐乙、曹某、苑某某已经着手实行犯罪，因意志以外的原因未能得逞，系犯罪未遂，依法可以比照既遂犯减轻处罚。徐甲在共同犯罪中起主要作用，系主犯，应当按照其所参与的全部犯罪处罚，陈甲、陈乙、张某某、周某某、徐乙、曹某、苑某某在共同犯罪中起次要作用，系从犯，依法应当从轻处罚。徐甲、陈乙、张某某、周某某犯罪以后自动投案，如实供述自己的罪行，系自首，可以从轻处罚。徐甲案发后陪同同案犯至公安机关投案，有立功表现，依法可以从轻处罚。陈甲、徐乙、曹某、苑某某归案后如实供述自己的罪行，依法可以从轻处罚。现有证据证明本案被查获的侵权产品没有标价，也无相关销售账册等证据来证实其实际销售价格，根据相关司法解释，应按照被侵权产品的市场中间价格计算，现上海市价格认证中心对本案侵权产品所作出的价格鉴定，符合该规定，本院予以确认，但在量刑时结合假冒产品的市场销售情况予以综合考虑。故被告人徐甲的辩护人提出的相关辩护意见，本院酌情予以采纳。为严肃国法，维护社会主义市场经济秩序，保护知识产权不受侵犯，根据被告人的犯罪情节、社会危害性、认罪悔罪态度等，依据《中华人民共和国刑法》第二百一十四条，第二十三条，第二十五条第一款、第二十六条第一款、第四款，第二十七条，第六十七条第一款、第三款，第六十八条，第七十二条第一款、第三款，第七十三条第二款、第三款，

第五十二条，第五十三条，第六十四条，最高人民法院《关于处理自首和立功具体运用法律若干问题的解释》第一条、第五条及最高人民法院、最高人民检察院《关于办理侵犯知识产权刑事案件具体应用法律若干问题的解释》第二条之规定，判决如下：

一、被告人徐甲犯销售假冒注册商标的商品罪，判处有期徒刑十个月，缓刑一年，并处罚金人民币一万元；

（缓刑考验期限，从判决确定之日起计算）。

（罚金于本判决生效后十日内向本院缴纳）。

二、被告人陈甲犯销售假冒注册商标的商品罪，判处有期徒刑八个月，缓刑一年，并处罚金人民币六千元；

（缓刑考验期限，从判决确定之日起计算）。

（罚金于本判决生效后十日内向本院缴纳）。

三、被告人徐乙犯销售假冒注册商标的商品罪，判处有期徒刑八个月，缓刑一年，并处罚金人民币六千元；

（缓刑考验期限，从判决确定之日起计算）。

（罚金于本判决生效后十日内向本院缴纳）。

四、被告人曹某犯销售假冒注册商标的商品罪，判处有期徒刑八个月，缓刑一年，并处罚金人民币六千元；

（缓刑考验期限，从判决确定之日起计算）。

（罚金于本判决生效后十日内向本院缴纳）。

五、被告人苑某某犯销售假冒注册商标的商品罪，判处有期徒刑八个月，缓刑一年，并处罚金人民币六千元；

（缓刑考验期限，从判决确定之日起计算）。

（罚金于本判决生效后十日内向本院缴纳）。

六、被告人陈乙犯销售假冒注册商标的商品罪，判处有期徒刑六个月，缓刑一年，并处罚金人民币五千元；

（缓刑考验期限，从判决确定之日起计算）。

（罚金于本判决生效后十日内向本院缴纳）。

七、被告人张某某犯销售假冒注册商标的商品罪，判处有期徒刑六个月，缓刑一年，并处罚金人民币五千元；

（缓刑考验期限，从判决确定之日起计算）。

（罚金于本判决生效后十日内向本院缴纳）。

八、被告人周某某犯销售假冒注册商标的商品罪，判处有期徒刑六个月，缓刑一年，并处罚金人民币五千元；

（缓刑考验期限，从判决确定之日起计算）。

（罚金于本判决生效后十日内向本院缴纳）。

九、查获的假冒注册商标的商品予以没收。

徐甲、陈甲、陈乙、张某某、周某某、徐乙、曹某、苑某某回到社区后，应当遵守法律、法规，服从监督管理，接受教育，完成公益劳动，做一名有益社会的公民。

（13）上海铁路运输法院（2015）沪铁刑初字第 57 号刑事判决书。

上海铁路运输检察院以沪铁检金融刑诉（2015）9 号起诉书指控被告人李某某犯销售假冒注册商标的商品罪，于 2015 年 3 月 10 日向本院提起公诉。本院于次日受理立案并依法适用简易程序，实行独任审判，公开开庭审理了本案。上海铁路运输检察院检察员秦某、被告人李某某到庭参加了诉讼。现已审理终结。

上海铁路运输检察院指控，2013 年 7 月起，被告人李某某在明知是假冒注册商标的商品的情况下，从他人处陆续购入假冒路易威登牌（LOUIS-VUITTON）、色丽耐牌（CELINE）、香奈儿牌（CHANEL）的各类包袋，藏匿于本市轨道交通二号线上海科技馆站的亚太新阳服饰礼品市场 B1－16 号商铺的阁楼及市场东侧消防通道楼梯下的仓库内，并予以销售牟利。2014 年 3 月 28 日 15 时 30 分许，公安机关接到举报后对上述商铺及仓库进行搜查，当场查获涉嫌假冒上述注册商标的各类包袋共计 454 只，并将商铺实际经营人李某某抓获。

经商标权利人鉴定，上述查扣的 454 只包袋均系假冒注册商标的商品，其中 51 件无明确的被侵权产品对应的商品型号。经上海市价格认证中心鉴定，上述商标权利人鉴定后有对应商品型号的 403 件假冒商品的市场（零售）中间价为人民币 9 146 850 元。

上述事实，被告人李某某在开庭审理过程中亦无异议，并有证人王某的证言，公安机关出具的《关于犯罪嫌疑人李某某归案情况的说明》、搜查笔录、《扣押清单》、刑事影印件，《进场经营租赁合同》《证明》，相关商标权利人提供和出具的《商标注册证》《核准续展注册证明》《授权委托书》《鉴定报告》《鉴定书》、价格证明等及上海市价格认证中心出具的《关于涉案销售假冒注册商标包袋的价格鉴定结论书》等证据予以证实，足以认定。

本院认为，被告人李某某违反国家商标管理法规，销售明知是假冒注册商标的商品，待销售金额数额巨大，其行为已构成销售假冒注册商标的商品罪，公诉机关指控的事实清楚，证据确凿，罪名成立，本院予以支持。被告人李某某已经着手实行犯罪，因意志以外的原因未能得逞，系犯罪未遂，依法可以比照既遂犯减轻处罚。鉴于李某某到案后能如实供述并自愿认罪，依法可以从轻处罚。现有证据证明本案被查获的侵权产品没有标价，也无相关销售账册等证据来证实其实际销售价格，根据相关司法解释，应按照被侵权产品的市场中间价格计算，现上海市价格认证中心对本案侵权产品所作出的价格鉴定，符合该规定，本院予以确认，但在量刑时结合假冒产品的市场销售情况予以综合考虑。为严肃国法，维护社会主义市场经济秩序，保护知识产权不受侵犯，根据被告人李某某的犯罪情节、社会危害性、认罪悔罪态度等，依照《中华人民共和国刑法》第二百一十四条，第二十三条，第六十七条第三款，第七十二条第一款、第三款，第七十三条第二款、第三款，第五十二条，第五十三条，第六十四条及最高人民法院、最高人民检察院《关于办理侵犯知识产权刑事案件具体应用法律若干问题的解释》第二条之规定，判决如下：

一、被告人李某某犯销售假冒注册商标的商品罪，判处有期徒刑一年十个月，缓刑二年，并处罚金人民币三万元；

（缓刑考验期限，从判决确定之日起计算）。

（罚金于本判决生效后十日内向本院缴纳）。

二、查获的假冒注册商标的商品予以没收。

李某某回到社区后，应当遵守法律、法规，服从监督管理，接受教育，完成公益劳动，做一名有益社会的公民。

3. 上海地区中级人民法院审结销售假冒注册商标的商品罪案件情况

2015年1~6月，第一、二中级人民法院共审结案件5件，其中准予被告人撤诉案件2件，驳回上诉、维持原判案件3件，未有一起改判案件。

序号	案号	文书分类	承办部门	审判长	级别	结案日期
1	(2015)沪一中刑(知)终字第6号	销售假冒注册商标的商品罪	刑二庭	周强	准予撤诉	2015 - 06 - 11
2	(2015)沪一中刑(知)终字第3号	销售假冒注册商标的商品罪	刑二庭	周强	驳回上诉,维持原判	2015 - 03 - 23
3	(2015)沪二中刑(知)终字第3号	销售假冒注册商标的商品罪	刑二庭	陈姣莹	驳回上诉,维持原判	2015 - 04 - 13
4	(2014)沪二中刑(知)终字第6号	销售假冒注册商标的商品罪	刑二庭	夏稷栋	驳回上诉,维持原判	2015 - 02 - 13
5	(2015)沪二中刑(知)终字第1号	销售假冒注册商标的商品罪	刑二庭	吕永波	准予撤诉	2015 - 01 - 15

中级人民法院作为基层法院的二审法院,在保障案件审理质量、确保定性准确、刑罚适用适当方面具有把关、纠正作用。从上海市第一、第二中级人民法院审结的5件案件看,其就一审法院的案件性质确定、刑罚适用结果给予认可、尊重,反映出一审法院在适用刑罚及确定罪质上严格遵循了既有法律的规定,犯罪人对刑罚适用不当的上诉理由不能成立。从具体5件案件的适用刑罚结果看,被告人均被判处了实刑,相对于多数犯罪人的缓刑适用而言,其感觉"严厉"是正常的。但是,依据我国《刑法》关于销售假冒注册商标的商品罪的刑罚配置规定以及司法解释,对于其中罪行严重的犯罪人,判处实刑是必要的,也是合乎法律规定的。二审法院针对被告人的上诉理由也进行了充分的回应,有较好的说服力。

4. 典型判例举要

(1)上海市第二中级人民法院(2015)沪二中刑(知)终字第3号刑事裁定书。

上海市黄浦区人民法院审理上海市黄浦区人民检察院指控原审被告人王某某、刘某丙犯销售假冒注册商标的商品罪一案,于2015年2月15日作出(2014)黄浦刑(知)初字第14号刑事判决。原审被告人王某某不服，提出上诉。本院依法组成合议庭，公开开庭审理了本案。上海市人民检察院第二分院指派检察员瞿某、代理检察员陈某出庭履行职务。上诉人王某某到庭参加诉讼。现已审理终结。

上海市黄浦区人民法院依据证人时某某的证言；相关商标权利人提供的商标注册证、续展清单、价格证明，犯罪现场及赃物照片，搜查笔录、扣押清单，相关行政处罚决定书、刑事判决书，公安机关出具的关于赃物收缴及两名原审被告人到案的证明；上海市黄浦区发展和改革委员会出具的价格鉴定意见书；原审被告人王某某、刘珍丙的供述等证据判决认定：

2014年6月起，王某某在本市静安区南京西路×××号韩城服饰礼品市场2楼101室"Alice"店铺经营过程中，雇用刘某丙作为店员进行协助，共同对外销售包袋、皮夹、眼镜等商品。同年9月3日，公安人员赴上述店铺进行搜查，当场从店铺暗间货架查扣标注有"GIVENCHY""CE-LINE""MARCBYMARCJACOBS""LV""GUCCI""BOTTEGAVENETA""ChristianDior""CHANEL"系列注册商标的待销售商品共计483件，并抓获正在看店经营的两名被告人。两名被告人到案后如实供述了自己的犯罪事实。

经相关商标权利人鉴定，上述查扣商品均系假冒注册商标的商品。经上海市黄浦区发展和改革委员会物品财产估价鉴定，上述483件商品中，除18件因无明确的对应款式型号而无法进行鉴定外，其余465件按被侵权产品市场中间价格计算，共计人民币6 157 330元。

另查明，2007年4月16日、2010年10月12日、2012年3月16日，王某某均因销售假冒注册商标商品的行为被上海市工商行政管理局静安分局予以行政处罚。

上海市黄浦区人民法院认为，王某某、刘某丙销售明知是假冒注册商标的商品，尚未销售商品金额数额巨大，其行为均已构成销售假冒注册商标的商品罪。在共同犯罪中，王某某起主要作用，系主犯，刘某丙起次要作用，系从犯，依法应当从轻处罚。两名被告人已经着手实施犯罪，由于其意志以外的原因而未得逞，系犯罪未遂，依法可以比照既遂犯减轻处罚。刘某丙在刑满释放后五年内重新犯罪，系累犯，依法应当从重处罚。两名被告人到案后能如实供述罪行，依法可以从轻处罚。据此，依照《中华人民共和国刑法》第二百一十四条，第二十五条第一款，第二十六条第一款、第四款，第二十七条，第二十三条，第六十五条第一款，第七十四条，第六十七条第三款，第五十三条，第六十四条，最高人民法院、最高人民检察院《关于办理侵犯知识产权刑事案件具体应用法律若干问题的解释》第二条第二款，最高人民法院、最高人民检察院《关于办理侵犯知识产权刑事案件具体应用法律若干问题的解释（二）》第三条第（一）项之规定，以销售假冒注册商标的商品罪分别判处王某某有期徒刑一年四个月，并处罚金人民币二万二千元；判处刘珍丙有期徒刑一年，并处罚金人民币一万五千元；查获的涉案假冒注册商标的商品，予以没收。

王某某上诉提出，原判对其量刑过重。

上海市人民检察院第二分院认为，原判认定王某某、刘珍丙犯销售假冒注册商标的商品罪的事实清楚，证据确实、充分，定罪量刑并无不当。综上，建议本院驳回上诉，维持原判。

本院经审理查明，上海市黄浦区人民法院（2014）黄浦刑（知）初字第14号刑事判决认定事实的证据，均经一审当庭出示、辨认、质证等法庭调查程序查证属实。本院审理查明的事实和认定依据，与原判相同。

本院认为，上诉人王某某、原审被告人刘某丙共同销售明知是假冒注册商标的商品，尚未销售商品金额数额巨大，其行为均已构成销售假冒注册商标的商品罪，依法应予惩处。原审法院根据原审被告人王某某、刘珍丙犯罪的事实、性质以及情节等，所作判决并无不当，且审判程序合法。王某某提出原判量刑过重的上诉理由不能成立。上海市人民检察院第二分院建议本院驳回上诉，维持原判的意见正确。据此，依照《中华人民共和国刑事诉讼法》第二百二十五条第一款第（一）项之规定，裁定如下：

驳回上诉，维持原判。

本裁定为终审裁定。

（2）上海市第二中级人民法院（2015）沪二中刑（知）终字第2号刑事裁定书

上海市杨浦区人民法院审理上海市宝山区人民检察院指控原审被告单位上海初远礼品有限公司（以下简称初远公司）和原审被告人李某华、何某犯销售假冒注册商标的商品罪一案，于2015年1月14日作出（2014）杨刑（知）初字第87号刑事判决。原审被告人李某华不服，提出上诉。

本院受理后依法组成合议庭，公开开庭审理了本案。上海市人民检察院第二分院指派代理检察员张乙出庭履行职务。上诉人李某华及其辩护人高某、初远公司诉讼代表人乔某某均到庭参加诉讼。现已审理终结。

上海市杨浦区人民法院判决认定：

2014 年 7 月，何某在接到上海全家康健电子科技有限公司（以下简称全家公司）需要 5 万瓶"蓝月亮"牌洗衣液的业务时，为牟取非法利益，与初远公司的经营负责人李某华结伙，以初远公司的名义与全家公司签订《采购合同》《反商业贿赂协议书》，并提供了《质量保证书》及伪造的证明材料等，约定初远公司以人民币 1 500 000 元的价格向全家公司销售 5 万瓶"蓝月亮"牌洗衣液。何某、李某华在收到全家公司的首笔货款人民币 750 000 元后，以人民币 475 000 元的价格从石家庄康范商贸有限公司（以下简称康范公司）陈某某处购得假冒"蓝月亮"品牌的洗衣液 5 万瓶，存放于本市宝山区北蕴川路×××弄×××号临时仓库，并按照全家公司的指示陆续发货。

同年 8 月 11 日，上海市质量技术监督局与上海市公安局宝山分局联合执法，当场在上述仓库查获印有"蓝月亮"商标的洗衣液共计 44 344 瓶。同日，李某华接通知后主动至上述临时仓库接受调查，并于当日协助民警至本市曹安路×××号 B 座 1225 室抓获何某。同年 9 月 16 日，民警根据李某华提供的线索，在河北省石家庄市深泽县西苑抓获陈某某。两人到案后均如实供述了上述事实。经权利人确认，上述查获的印有"蓝月亮"商标的 44 344 瓶洗衣液，均系假冒注册商标的商品。

上海市杨浦区人民法院认定上述事实的证据有初远公司的《企业法人营业执照》，诉讼代表人乔某某的陈述，广州蓝月亮实业有限公司提供的《商标注册证》《企业法人营业执照》《鉴定证明》等，上海市质量技术监督局提供的《案件移送意见书》《移送涉案物品清单》《现场笔录》及相关照片等，证人陈某某、张甲、王某某的证言及相关的《采购合同》《反商业贿赂协议书》《质量保证书》以及银行账户明细、短信记录、QQ 聊天记录、证明，以及原审被告人李某华、何某的供述等。

上海市杨浦区人民法院认为，原审被告单位初远公司和原审被告人何某、李某华的行为均已构成销售假冒注册商标的商品罪。结合本案系共同犯罪，初远公司和李某华有自首情节和立功表现，并退出部分违法所得；

何某到案后能如实供述等情节，依照《中华人民共和国刑法》第二百一十四条，第三十条，第二百二十条，第二十五条第一款，第六十七条第一款、第三款，第六十八条，第五十三条，第六十四条以及最高人民法院、最高人民检察院《关于办理侵犯知识产权刑事案件具体应用法律若干问题的解释》第二条第二款，最高人民法院、最高人民检察院《关于办理侵犯知识产权刑事案件具体应用法律若干问题的解释（二）》第六条之规定，以销售假冒注册商标的商品罪分别判处初远公司罚金人民币 30 万元；判处李某华有期徒刑二年十个月，并处罚金人民币 15 万元；判处何某有期徒刑四年，并处罚金人民币 30 万元。扣押在案的人民币 5 万元发还上海全家公司，责令初远公司和李某华、何某继续退缴违法所得；查获的假冒注册商标的商品均予以没收。

上诉人李某华及其辩护人、原审被告单位的诉讼代表人对原判认定的事实均无异议，但以李某华系初犯、并有自首情节、立功表现等为由请求对李某华适用缓刑。

上海市人民检察院第二分院认为，原判认定上诉人李某华及原审被告人初远公司、原审被告人何某犯销售假冒注册商标的商品罪的事实清楚，证据确实、充分，定罪量刑并无不当，且审判程序合法。建议本院驳回李某华的上诉，维持原判。

本院认为，原审被告单位初远公司与原审被告人何某结伙，销售明知是假冒注册商标的商品，其行为均已构成销售假冒注册商标的商品罪，且数额巨大，依法对初远公司判处罚金、对何某应予惩处。上诉人李某华作为初远公司的直接负责的主管人员，其行为亦构成销售假冒注册商标的商品罪，且数额巨大，依法应予惩处。经查，李某华负责经营初远公司期间，销售假冒注册商标的商品金额达到数额巨大，严重侵犯了他人的注册商标专用权和国家的商标管理制度，依法应对李某华判处三年以上七年以下有期徒刑，并处罚金。原判根据李某华的犯罪事实、情节和社会危害性已对其减轻处罚，且所作的判决并无不当，故对李某华及其辩护人要求对李适用缓刑的辩解和辩护意见不予采纳。上海市人民检察院第二分院的意见应予支持。原判认定事实和适用法律正确，量刑适当，且诉讼程序合法。据此，依照《中华人民共和国刑事诉讼法》第二百二十五条第一款第（一）项之规定，裁定如下：

驳回上诉，维持原判。

本裁定为终审裁定。

（3）上海市第一中级人民法院（2015）沪一中刑（知）终字第3号刑事裁定书。

上海市浦东新区人民法院审理上海市浦东新区人民检察院指控原审被告人简某某犯假冒注册商标罪一案，于2015年1月5日作出（2014）浦刑（知）初字第31号刑事判决。原审被告人简某某不服，提出上诉。本院受理后依法组成合议庭，经过阅卷和讯问被告人，认为事实清楚，决定不开庭审理。现已审理终结。

原判认定，2013年7月起，被告人简某某先后从广州等地购进假冒的壳牌润滑油空桶、标贴及包装箱等，从上海火炬润滑油有限公司购进大桶火炬牌润滑油，并租赁本市闵行区一仓库用于灌装假冒壳牌润滑油，嗣后在其注册的"超越养护"淘宝网店上销售。经鉴定，自2013年12月7日至2014年5月20日，简某某在上述网店销售各种型号的假冒壳牌润滑油，累计销售金额达人民币117 845元（以下币种相同）。

2014年5月24日，简某某被抓获归案，公安机关在其租住的闵行区剑川路×××弄×××号103室及其租赁的仓库内查获各类壳牌润滑油68桶、用于制假的火炬牌润滑油原油3桶、原油空桶19个、壳牌润滑油空桶1482个、桶盖268个、标贴2062张、包装箱80个及封口机1台，经鉴别，上述查获的壳牌润滑油、空桶、桶盖、标贴均系假冒注册商标的商品或标识，68桶假冒的壳牌润滑油按照实际销售的最低价格计算计7257.5元。简某某到案如实供述了犯罪事实，并在家属的帮助下主动退出部分违法所得12 000元。

认定上述事实的证据有：壳牌商标的注册、转让及续展材料、壳牌公司的企业法人营业执照、委托书、产品鉴定书，"超越养护"淘宝网店截屏和销售记录，公安机关出具的搜查笔录、清点记录、扣押物品清单和照片，证人任某某、秦某某、汤某某、徐某、刘某某、吴某某、胡某的证言，上海公信中南会计师事务所有限公司的司法鉴定意见书、公安机关出具的抓获经过和常住人口基本信息等，被告人简某某对在淘宝网店上销售假冒壳牌润滑油的事实亦供认不讳。

原判认为，被告人简某某未经商标所有人许可，在同一种商品上使用与其注册商标相同的商标，情节严重，其行为构成假冒注册商标罪。简某某到案后如实供述自己的罪行，可以从轻处罚。对于查获的大量待加工的原料以及假冒注册商标的标识，可在量刑时酌情考虑；同时鉴于简某某主动退出部分违法所得，在量刑时亦酌情考虑。简某某擅自生产、销售假冒注册商标的润滑油，时间长达 10 个月，非法经营的数额达 12 万余元，其行为不仅侵犯了商标注册人的商标权，扰乱了国家的商标管理秩序，还有可能危害消费者的人身安全，犯罪情节较重，社会危害性较大，不符合缓刑的适用条件。据此，根据被告人的犯罪情节、社会危害性、认罪悔罪态度等，依照《中华人民共和国刑法》第二百一十三条、第六十七条第三款、第五十三条、第六十四条，最高人民法院、最高人民检察院《关于办理侵犯知识产权刑事案件具体应用法律若干问题的解释》第一条第一款第（一）项、第十二条第一款、第十三条第一款、最高人民法院、最高人民检察院《关于办理侵犯知识产权刑事案件具体应用法律若干问题的解释（二）》第四条之规定，对被告人简某某犯假冒注册商标罪，判处有期徒刑一年二个月，罚金人民币五万元；违法所得予以追缴；查获的假冒注册商标的商品、原油、空桶、桶盖、标贴、包装箱、封口机予以没收。

上诉人简某某对原判认定的事实证据没有异议，只是提出原判量刑过重。

经二审审理查明的事实和证据与原判相同。

针对简某某提出原判量刑过重的上诉理由，本院认为，根据我国《刑法》规定，犯假冒注册商标罪，情节严重的，处三年以下有期徒刑或者拘役。最高人民法院、最高人民检察院《关于办理侵犯知识产权刑事案件具体应用法律若干问题的相关解释》规定，非法经营数额在五万元以上或者违法所得数额在三万元以上的，属于情节严重；对于侵犯知识产权犯罪的，应当综合考虑犯罪的违法所得、非法经营额、给权利人造成的损失、社会危害性等情节，一般在违法所得一倍以上五倍以下，或者按照非法经营数额的 50% 以上一倍以下确定罚金。根据现已查明的事实，上诉人简某某生产、销售假冒注册商标的商品，非法经营数额达 12 万余元，原判据此认定其犯罪情节严重，同时综合考虑简某某犯罪行为的社会危害性和到案后的认罪、悔罪表现，酌情判处其有期徒刑一年二个月，并处罚金五万元，符合上述法律规定，并无不当。

本院确认，原判认定上诉人简某某犯假冒注册商标罪的事实清楚，证据确实、充分，定性准确，量刑适当，审判程序合法。上诉人简某某认为原判量刑过重的上诉理由，本院不予采纳。现依照《中华人民共和国刑事诉讼法》第二百二十五条第一款第（一）项之规定，裁定如下：

驳回上诉，维持原判。

本裁定为终审裁定。

第三节　非法制造、销售非法制造的注册商标标识罪的刑罚适用实证分析

一、非法制造、销售非法制造的注册商标标识罪的刑罚构造

非法制造、销售非法制造的注册商标标识罪是指伪造、擅自制造他人注册商标标识或者销售伪造、擅自制造的注册商标标识的行为。依据《刑法》第215条的规定，伪造、擅自制造他人注册商标标识或者销售伪造、擅自制造的注册商标标识，情节严重的，处3年以下有期徒刑、拘役或者管制，并处或者单处罚金；情节特别严重的，处3年以上7年以下有期徒刑，并处罚金。单位犯本罪的，对单位判处罚金，并对其直接负责的主管人员和其他直接责任人员，依照该215条的规定处罚。

伪造、擅自制造他人注册商标标识或者销售伪造、擅自制造的注册商标标识，具有下列情形之一的，属于《刑法》第215条规定的"情节严重"，应当以非法制造、销售非法制造的注册商标标识罪判处3年以下有期徒刑、拘役或者管制，并处或者单处罚金：（1）伪造、擅自制造或者销售伪造、擅自制造的注册商标标识数量在2万件以上，或者非法经营数额在5万元以上，或者违法所得数额在3万元以上的；（2）伪造、擅自制造或者销售伪造、擅自制造两种以上注册商标标识数量在1万件以上，或者非法经营数额在3万元以上，或者违法所得数额在2万元以上的；（3）其他情节严重的情形。

具有下列情形之一的，属于《刑法》第215条规定的"情节特别严

重",应当以非法制造、销售非法制造的注册商标标识罪判处 3 年以上 7 年以下有期徒刑,并处罚金:(1)伪造、擅自制造或者销售伪造、擅自制造的注册商标标识数量在 10 万件以上,或者非法经营数额在 25 万元以上,或者违法所得数额在 15 万元以上的;(2)伪造、擅自制造或者销售伪造、擅自制造两种以上注册商标标识数量在 5 万件以上,或者非法经营数额在 15 万元以上,或者违法所得数额在 10 万元以上的;(3)其他情节特别严重的情形。

《刑法》第 72 条规定,对于被判处拘役、3 年以下有期徒刑的犯罪分子,同时符合下列条件的,可以宣告缓刑,对其中不满 18 周岁的人、怀孕的妇女和已满 75 周岁的人,应当宣告缓刑:(1)犯罪情节较轻;(2)有悔罪表现;(3)没有再犯罪的危险;(4)宣告缓刑对所居住社区没有重大不良影响。第 74 条规定,对于累犯和犯罪集团的首要分子,不适用缓刑。

依据 2007 年 4 月 5 日生效的最高人民法院、最高人民检察院的《关于办理侵犯知识产权刑事案件具体应用法律若干问题的解释(二)》第三条规定,侵犯知识产权犯罪,符合刑法规定的缓刑条件的,依法适用缓刑。有下列情形之一的,一般不适用缓刑:(1)因侵犯知识产权被刑事处罚或者行政处罚后,再次侵犯知识产权构成犯罪的;(2)不具有悔罪表现的;(3)拒不交出违法所得的;(4)其他不宜适用缓刑的情形。

二、非法制造、销售非法制造的注册商标标识罪的刑罚适用状况分析

笔者对上海法院法律文书检索中心网站检索发现,数据库中的判决书中只有 2011 年的一起非法制造、销售非法制造的注册商标标识罪审结案件。尽管我们不能确定该地区各级法院是否只审理过这一起案件,但实际审理的案件数量应该不会太多。从广东地区的案件审结情况看,情形大致相仿。经过检索,广东地区对此类案件的审理也并不多。下面,我们就广东审结的一起非法制造注册商标标识犯罪案件进行分析。

（一）吴某某非法制造注册商标标识犯罪案基本案情❶

揭西县人民检察院以揭西检公诉刑诉（2015）13号起诉书指控被告人吴某某犯非法制造注册商标标识罪，于2015年1月19日向揭西县人民法院提起公诉。揭西县人民法院依法适用简易程序，组成合议庭，公开开庭审理了本案。揭西县人民检察院指派检察员吴跃彬出庭支持公诉，被告人吴某某及其辩护人郑郁郸到庭参加诉讼。现已审理终结。

揭西县人民检察院指控：2014年2月，"杉哥"（具体姓名不详，另案处理）叫被告人吴某某在揭西县棉湖镇帮忙租赁厂房，后被告人吴某某通过范某光以月租5000元的价格在棉湖镇厚埔工业区租赁一厂房。"杉哥"还雇用吴某某负责接送货物，"阿华"（具体姓名不详，另案处理）负责管理工厂。2014年2月28日，"杉哥"购进一批机械设备、原料等物品，并在该厂房进行生产印有宝洁公司持有的"OLAY""海飞丝""潘婷""飘柔""沙宣""舒肤佳"等注册商标标识的洗发水、沐浴露瓶子；印有联合利华公司持有的"清扬""力士"等注册商标标识的洗发水、沐浴露瓶子。2014年6月10日，揭西县公安局民警查获该制假窝点，现场扣押飘柔洗发露裸瓶17 500个（规格：750ml）、飘柔洗发露裸瓶45 800个（规格：400ml）、飘柔洗发露裸瓶41 000个（规格：200ml）、海飞丝洗发露裸瓶42 500个（规格：200ml）、海飞丝洗发露裸瓶9500个（规格：400ml）、清扬洗发露裸瓶5600个（规格：750ml）、清扬洗发露裸瓶6500个（规格：200ml）、清扬洗发露裸瓶10 500个（规格：400ml）、潘婷洗发露裸瓶4400个（规格：750ml）、潘婷洗发露裸瓶13 000个（规格：400ml）、潘婷洗发露裸瓶8500个（规格：200ml）、沙宣洗发露裸瓶6700个（规格：200ml）、舒肤佳沐浴露裸瓶8760个（规格：400ml）、OLAY沐浴露裸瓶5280个（规格：720ml）、OLAY沐浴露裸瓶6000个（规格：400ml）、OLAY沐浴露裸瓶13 200个（规格：200ml）、力士沐浴露裸瓶6700个（规格：750ml）、力士沐浴露裸瓶9500个（规格：400ml）、力士沐浴露裸瓶16 000个（规格：200ml）、184捆商标（每捆10000个，各品牌均有）

---

❶ 广东省揭西县人民法院．（2015）揭西法刑初字第20号刑事判决书［EB/OL］．中国裁判文书网，http://www.court.gov.cn/zgcpwsw/gd/gdsjyszjrmfy/jxxrmfy/zscq/201505/t20150512_10147543.htm，2015－05－12/2015－05－24．

以及空白塑料瓶 30 万个、赛维贴标机器 2 台、模板 27 个（包括 LUX、沙宣等品牌）等物品，上述印有商标标识的产品合计 276 940 个。经鉴别，查获印有宝洁公司持有商标的产品属于侵犯宝洁公司相关注册商标专用权；查获印有联合利华公司持有商标的产品为侵犯联合利华公司注册商标的产品。

另查明，被告人吴某某于 2014 年 7 月 8 日主动到公安机关投案，并如实供述自己的犯罪事实。

上述事实，被告人吴某某在开庭审理过程中亦无异议，并有作案工具、赃物及现场照片，被告人吴某某的户籍证明，揭西县公安局经济犯罪侦查大队出具的抓获经过，提取笔录及扣押清单，宝洁（中国）有限公司的营业执照、企业法人营业执照，海飞丝、潘婷、飘柔、沙宣等商标的商标注册证、核准续展注册证明及核准转让注册商标证明，宝洁（中国）有限公司出具的证明及鉴别报告书，联合利华（中国）投资有限公司的营业执照、企业法人营业执照，清扬、CLEAR、力士、LUX 等商标的商标注册证、核准续展注册证明及核准转让注册商标证明，广州创品商标代理有限公司出具的未授权证明及鉴定书，证人赵某鹏、李某先、李某雄的证言及辨认笔录，证人李某俊、李某芝、李某华的证言，揭西县公安局刑事侦查大队出具的公（揭西）刑勘字（2014）026 号现场勘验检查笔录等证据证实，足以认定。

揭西县人民法院认为，被告人吴某某无视国家法律，未经商标所有权人许可，伙同他人伪造两种以上注册商标标识，且标识数量在 276 940 个，情节特别严重，其行为侵犯了国家的商标管理制度和他人注册商标的专用权，已构成非法制造注册商标标识罪，应依法惩处。公诉机关指控的犯罪事实清楚，证据确实、充分，罪名成立，揭西县人民法院予以支持。对被告人吴某某的辩护人辩护称被告人吴某某主动到公安机关投案，并如实供述自己的犯罪事实，属自首，依法予以减轻处罚的意见，经查，揭西县公安局经济犯罪侦查大队出具的抓获经过证实 2014 年 7 月 8 日，被告人吴某某主动到公安机关投案，且归案后如实供述自己的犯罪事实，属自首，故对该意见，揭西县人民法院予以采纳；辩护称被告人吴某某在犯罪过程中仅起到次要、辅助作用，应认定为从犯，依法从轻或减轻处罚的意见，经查，被告人吴某某受他人雇用，帮忙租赁厂房，并积极参与到生产活动中，在共同犯罪过程中无法区分主、从犯，应以一般共同犯罪论处，故对该意见，揭西县人民法院不予采纳。被告人吴某某主动到公安机关投案，并如实供述自己的罪行，属自首，依法可给予从轻处罚。依照《中华人民共和国刑法》第215条，第67条第1款，第72条第1款、第3款，第73条第2款、第3款，最高人民法院最高人民检察院《关于办理侵犯知识产权刑事案件具体应用法律若干问题的解释》第3条第2款第（二）项之规定，判决如下：被告人吴某某犯非法制造注册商标标识罪，判处有期徒刑3年，缓刑4年，并处罚金人民币50 000元（已缴纳）。（缓刑考验期限，从判决确定之日起计算）

（二）刑罚适用分析

在本案中，被告人吴某某被判处有期徒刑3年，缓刑4年，并处罚金人民币50 000元。这是较为适当的。从自由刑看，根据司法解释，具有下列情形之一的，属于《刑法》第215条规定的"情节特别严重"，应当以非法制造、销售非法制造的注册商标标识罪判处3年以上7年以下有期徒刑，并处罚金：（1）伪造、擅自制造或者销售伪造、擅自制造的注册商标标识数量在10万件以上，或者非法经营数额在25万元以上，或者违法所得数额在15万元以上的；（2）伪造、擅自制造或者销售伪造、擅自制造两种以上注册商标标识数量在5万件以上，或者非法经营数额在15万元以上，或者违法所得数额在10万元以上的；（3）其他情节特别严重的情形。吴某某非法制造多个注册商标的标识，合计数量达276 940个，已经超过5万件以上，构成"情节特别严重"，应当判处3年以上7年以下的有期徒刑。本案中，审判庭对吴某某判处有期徒刑3年，符合法律规定。依据我国刑法缓刑的规定，对于被判处拘役、3年以下有期徒刑的犯罪分子，同时符合下列条件的，可以宣告缓刑：（1）犯罪情节较轻；（2）有悔罪表现；（3）没有再犯罪的危险；（4）宣告缓刑对所居住社区没有重大不良影响。2007年4月5日生效的最高人民法院、最高人民检察院的《关于办理侵犯知识产权刑事案件具体应用法律若干问题的解释（二）》第3条规定，侵犯知识产权犯罪，符合刑法规定的缓刑条件的，依法适用缓刑。有下列情形之一的，一般不适用缓刑：（1）因侵犯知识产权被刑事处罚或者行政处罚后，再次侵犯知识产权构成犯罪的；（2）不具有悔罪表现的；（3）拒不交出违法所得的；（4）其他不宜适用缓刑的情形。吴某某在本案中，符合刑法典关于缓刑的条件，不具有《关于办理侵犯知识产权刑事案件具体应用法律若干问题的解释（二）》第3条所规定的禁止情形，对其适用缓刑，并无不当。

第四节　假冒专利罪的刑罚适用实证分析

一、假冒专利罪的刑罚构造

假冒专利罪是指违反国家专利法规，假冒他人专利，情节严重的行为。我国《刑法》第216条规定，假冒他人专利，情节严重的，处3年以下有期徒刑或者拘役，并处或者单处罚金。单位犯本罪的，对单位判处罚金，并对其直接负责的主管人员和其他直接责任人员，依照该条的规定处罚。

依照最高人民法院、最高人民检察院《关于办理侵犯知识产权刑事案件具体应用法律若干问题的解释》第4条假冒他人专利，具有下列情形之一的，属于《刑法》第216条规定的"情节严重"，应当以假冒专利罪判处3年以下有期徒刑或者拘役，并处或者单处罚金：（1）非法经营数额在20万元以上或者违法所得数额在10万元以上的；（2）给专利权人造成直接经济损失50万元以上的；（3）假冒两项以上他人专利，非法经营数额在10万元以上或者违法所得数额在5万元以上的；（4）其他情节严重的情形。

《刑法》第72条规定，对于被判处拘役、3年以下有期徒刑的犯罪分子，同时符合下列条件的，可以宣告缓刑，对其中不满18周岁的人、怀孕的妇女和已满75周岁的人，应当宣告缓刑：（1）犯罪情节较轻；（2）有悔罪表现；（3）没有再犯罪的危险；（4）宣告缓刑对所居住社区没有重大不良影响。第74条规定，对于累犯和犯罪集团的首要分子，不适用缓刑。

依据2007年4月5日生效的最高人民法院、最高人民检察院的《关于办理侵犯知识产权刑事案件具体应用法律若干问题的解释（二）》第3条规定，侵犯知识产权犯罪，符合刑法规定的缓刑条件的，依法适用缓刑。有下列情形之一的，一般不适用缓刑：（1）因侵犯知识产权被刑事处罚或者行政处罚后，再次侵犯知识产权构成犯罪的；（2）不具有悔罪表现的；（3）拒不交出违法所得的；（4）其他不宜适用缓刑的情形。

二、假冒专利罪的刑罚适用状况分析

经检索中国裁判文书网，在 2015 年 1～6 月，共有 1 件该类案件审结上网。

具体如下：

序号	案号	文书分类	承办部门	审判长	级别	结案日期
1	（2015）通中知刑初字第 0001 号	判决书	民三庭	顾华	一审	2015－04－08

该案的刑罚适用情况如下：

序号	案号	被告人	主要犯罪事实	量刑情节	刑罚适用结果	结案日期
1	（2015）通中知刑初字第 0001 号	张某甲、朱某	擅自在其生产的锅炉清灰剂产品的宣传册和公司网页上使用专利权人的发明专利号，非法经营额达 491 750 元	张某甲为主犯，有坦白情节；朱某为从犯，有自首情节	张某甲有期徒刑 1 年，缓刑 2 年，并处罚金人民币 25 万元；朱某拘役 3 个月，缓刑 6 个月，并处罚金人民币 5 万元	2015－04－08

江苏省南通市中级人民法院（2015）通中知刑初字第 0001 号刑事判决书详情如下。

南通市人民检察院以通检诉刑诉（2015）6 号起诉书指控被告人张某甲、朱某犯假冒专利罪，于 2015 年 1 月 15 日向本院提起公诉。本院立案受理后，依法组成合议庭，于 2015 年 2 月 3 日、同年 4 月 8 日公开开庭审理了本案。南通市人民检察院指派检察员马某某、杨某某出庭支持公诉，被告人张某甲、朱某到庭参加诉讼。本案现已审理终结。

公诉机关指控：被告人张某甲、朱某为牟取非法利益，在推销、宣传自己生产的锅炉清灰剂时，未经许可，在产品宣传册及网站上使用专利权人陆某的炉窑添加剂发明专利号 ZL9710×××××.4。2012 年 1 月至 2013 年 6 月期间，被告人张某甲、朱某采用上述方法销售锅炉清灰剂，非法经营额为人民币 491 750 元。

针对上述指控，公诉机关出示、宣读了以下证据：

1. 海安县公安局扣押的产品宣传材料等物证；

2. 发明专利证书、公证书、工商登记资料等书证；

3. 证人梅某、杨某、石某、鲍某等人的证言；

4. 被害人陆某的陈述；

5. 被告人张某甲、朱某的供述和辩解；

6. 海安县公安局网络安全保卫大队制作的远程勘验工作记录等现场勘验笔录；

7. 网站数据光盘等电子证据。

公诉机关认为：被告人张某甲、朱某假冒他人专利，情节严重，其行为已触犯《中华人民共和国刑法》第二百一十六条的规定，犯罪事实清楚，证据确实充分，应当以假冒专利罪追究刑事责任。本案系共同犯罪，被告人张某甲在共同犯罪中起主要作用，是主犯，应当按照其所参与的全部犯罪处罚；被告人朱某在共同犯罪中起次要作用，系从犯，应当从轻处罚。被告人朱某自动投案，如实供述自己的罪行，是自首，可以从轻处罚。被告人张某甲如实供述自己的罪行，可以从轻处罚。

庭审中，被告人张某甲、朱某对指控的犯罪事实和罪名无异议。

经审理查明：被告人张某甲与被告人朱某系夫妻关系，被告人张某甲原为案涉专利权人陆某经营的南通恒维化工厂业务人员，后因故离开该公司。2007 年 9 月 25 日，被告人张某甲注册成立海安县江源机电材料有限公司（以下简称海安江源机电公司），生产、销售锅炉清灰剂。2011 年海安江源机电公司因未接受年检被吊销营业执照。2008 年始，为增加销售量，被告人张某甲利用从南通恒维化工厂获取的产品宣传册，委托位于海安县人民西路供电局西侧的"方正"复印社以南通恒维化工厂的宣传册为蓝本，仅修改了发明专利号的字体、颜色、大小、布局，印刷了海安江源机电公司的宣传册 2000 本，用于推销产品。被告人张某甲还委托海安"金互动"网络公司制作海安江源机电公司网页。上述宣传册封面及互联网网页中均载有"发明专利号 ZL9710××××.4"字样，与陆某于 1997

年4月7日申请的尚处有效期间的炉窑添加剂发明专利号相同。被告人张某甲在销售锅炉清灰剂、被告人朱某协助销售锅炉清灰剂过程中，以发放宣传册及通过互联网向客户宣传推介产品。2012年1月至2013年6月期间，被告人张某甲、朱某向如东海能浆纱厂、南通瑶华纤维有限公司、如东县江川食品有限公司等18家单位销售锅炉清灰剂计65吨，销售金额共计491 750元。具体销售事实如下：

1. 2012年2月至5月，向如东海能浆纱厂销售假冒他人专利的锅炉清灰剂12吨，销售数额90 000元。

2. 2012年3月至2013年5月，向南通瑶华纤维有限公司、如东县江川食品有限公司共销售假冒他人专利的锅炉清灰剂19吨，销售数额154 800元。

3. 案发前，向江苏金太阳油脂有限公司销售假冒他人专利的锅炉清灰剂2吨，销售数额17 200元。

4. 2012年11月、2013年3月，向南通宇源织造有限公司（宇源浆纱厂）销售假冒他人专利的锅炉清灰剂2.5吨，销售数额21 500元。

5. 2012年2月、6月，向如东福佳纺织有限公司销售假冒他人专利的锅炉清灰剂3吨，销售数额25 800元。

6. 2011年5月、2012年3月，向如东鑫诚印染整理有限公司销售假冒他人专利的锅炉清灰剂6吨，销售数额25 800元。

7. 2012年6月，向如东永爱织造有限公司销售假冒他人专利的锅炉清灰剂1吨，销售数额8600元。

8. 2012年10月、2013年3月，向南通蒙娜丽莎家纺有限公司销售假冒他人专利的锅炉清灰剂7吨，销售数额60 200元。

9. 2013年3月，向如东县健骅织造有限公司销售假冒他人专利的锅炉清灰剂1吨，销售数额8600元。

10. 2012年3月、4月，向如东长新纤维有限公司销售假冒他人专利的锅炉清灰剂3吨，销售数额25 800元。

11. 2013年3月，向江苏新丝路丝业有限公司销售假冒他人专利的锅炉清灰剂1吨，销售数额8600元。

12. 2012年2月份，向如皋方达织造有限公司销售假冒他人专利的锅炉清灰剂2吨，销售数额10 000元。

13. 2013 年 5 月，向南通秋华纺织有限公司销售假冒他人专利的锅炉清灰剂 1 吨，销售数额 6800 元。

14. 2013 年 5 月、10 月，向海门市兴隆化纤制品有限公司销售锅炉清灰剂 1.5 吨，销售数额 3300 元。

15. 2012 年 5 月 3 日，向南通信一服饰有限公司销售假冒他人专利的锅炉清灰剂 0.5 吨，销售数额 3250 元。

16. 2013 年 4 月，向南通市屯满香食品限公司销售假冒他人专利的锅炉清灰剂 1.5 吨，销售数额 12 900 元。

17. 2013 年 5 月、7 月，向南通宥丰毛纺染织有限公司销售假冒他人专利的锅炉清灰剂 1 吨，销售数额 8600 元。

公安机关在两被告人家中扣押了尚未对外发放的海安江源机电公司宣传册 663 本。

被告人张某甲归案后如实供述假冒他人专利生产、销售锅炉清灰剂的事实。朱某在侦查机关未掌握其犯罪事实情形下，如实供述了其协助丈夫张某甲假冒他人专利的事实。

上述事实，被告人张某甲、朱某在庭审中均不持异议，并有公安机关侦查人员扣押的海安江源机电公司宣传册等物证及照片；公安机关出具的对海安江源机电公司网页远程勘验记录及光盘；网站续费服务协议书，ZL9710×××.4 号发明专利证书，南通恒维化工厂宣传册，海安县知识产权局出具的"ZL9710×××.4 炉窑添加剂"发明专利查询情况说明，公安机关在被告人家中调取的送（销）货单、收料单，销售货物的增值税发票，被害人陆某的陈述笔录；未到庭证人石某、鲍某、季某甲、张某乙、龚某、宗某、刘某、户益飞、顾某、钱某、姜某、王某、李某、段某、季某乙、马某、张某丙、梅某、杨某等人的证言笔录；海安县公安局制作的搜查笔录、扣押清单、查封清单；公安机关出具的发破案经过情况、被告人抓获经过情况说明；被告人张某甲、朱某的供述与辩解等证据在卷佐证，足以认定。

本院认为：被告人张某甲、朱某未经专利权人许可，擅自在其生产的锅炉清灰剂产品的宣传册和公司网页上使用专利权人的发明专利号，将产品冒充为专利产品，易使社会公众产生误认，侵害了专利权人的合法权益，且危害国家对专利的管理制度，非法经营额达 491 750 元，情节严重，其行为已构成假冒专利罪。南通市人民检察院指控的犯罪事实清楚，证据确实充分，罪名成立，本院予以支持。被告人张某甲、朱某共同实施假冒专利犯罪，属共同犯罪。在共同犯罪中，被告人张某甲起主要作用，为主犯，应当按照其所参与的全部犯罪处罚。被告人朱某起次要作用，为从犯，应当从轻、减轻处罚或者免除处罚。被告人张某甲归案后能如实供述自己的犯罪事实，可以从轻处罚。被告人朱某在公安机关未掌握其犯罪事实的情形下，主动交代其犯罪事实，应视为自首，可以从轻或减轻处罚。综衡两被告人的犯罪情节及悔罪表现，对两被告人适用缓刑可不致再危害社会，本院决定对两被告人从轻处罚并适用缓刑。为严肃国法，惩治侵犯知识产权犯罪，保护专利权人的合法权利，维护社会主义市场经济秩序，依照《中华人民共和国刑法》第二百一十六条，第二十五条第一款，第二十六条第一、第四款，第二十七条，第六十七条第一、第三款，第七十二条第一、第三款，第七十三条第二、第三款，第六十四条，最高人民法院、最高人民检察院《关于办理侵犯知识产权刑事案件具体应用法律若干问题的解释》第四条、第十条之规定，判决如下：

一、被告人张某甲犯假冒专利罪，判处有期徒刑一年，缓刑二年，并处罚金人民币二十五万元（缓刑考验期限，从判决确定之日起计算，罚金于判决生效之日起十日内缴纳）。

被告人朱某犯假冒专利罪，判处拘役三个月，缓刑六个月，并处罚金人民币五万元（缓刑考验期限，从判决确定之日起计算，罚金于判决生效之日起十日内缴纳）。

二、已扣押的假冒专利的宣传册依法予以销毁。

第五节　侵犯著作权罪的刑罚适用实证分析

一、侵犯著作权罪的刑罚构造

侵犯著作权罪，是指以营利为目的，违反著作管理法规，未经著作权人许可，侵犯他人的著作权，违法所得数额较大或者有其他严重情节的行为。根据《刑法》第217条规定，侵犯著作权罪是以违法所得数额或者情节来量刑的。只有违法所得达到一定的数额，或者情节具有一定的严重性才构成"侵犯著作权罪"。

根据最高人民法院、最高人民检察院《关于办理侵犯知识产权刑事案件具体应用法律若干问题的解释》第 5 条，以营利为目的，实施《刑法》第 217 条所列侵犯著作权行为之一，违法所得数额在 3 万元以上的，属于"违法所得数额较大；具有下列情形之一的，属于"有其他严重情节"，应当以侵犯著作权罪判处 3 年以下有期徒刑或者拘役，并处或者单处罚金：（1）非法经营数额在 5 万元以上的；（2）未经著作权人许可，复制发行其文字作品、音乐、电影、电视、录像作品、计算机软件及其他作品，复制品数量合计在 1000 张（份）以上的；（3）其他严重情节的情形。

以营利为目的，实施《刑法》第 217 条所列侵犯著作权行为之一，违法所得数额在 15 万元以上的，属于"违法所得数额巨大"；具有下列情形之一的，属于"有其他特别严重情节"，应当以侵犯著作权罪判处 3 年以上 7 年以下有期徒刑，并处罚金：（1）非法经营数额在 25 万元以上的；（2）未经著作权人许可，复制发行其文字作品、音乐、电影、电视、录像作品、计算机软件及其他作品，复制品数量合计在 5000 张（份）以上的；（3）其他特别严重情节的情形。

对于侵犯知识产权犯罪的，人民法院应当综合考虑犯罪的违法所得、非法经营数额、给权利人造成的损失、社会危害性等情节，依法判处罚金。罚金数额一般在违法所得的 1 倍以上 5 倍以下，或者按照非法经营数额的 50% 以上 1 倍以下确定。

被害人有证据证明的侵犯知识产权刑事案件，向人民法院起诉的，人民法院应当依法受理。对于严重危害社会秩序和国家利益的侵犯知识产权刑事案件，由人民检察院依法提起公诉。

单位实施本罪的，按照最高人民法院、最高人民检察院《关于办理侵犯知识产权刑事案件具体应用法律若干问题的解释》和该解释规定的相应个人犯罪的定罪量刑标准定罪处罚。

《刑法》第 72 条规定，对于被判处拘役、3 年以下有期徒刑的犯罪分子，同时符合下列条件的，可以宣告缓刑，对其中不满 18 周岁的人、怀孕的妇女和已满 75 周岁的人，应当宣告缓刑：（1）犯罪情节较轻；（2）有悔罪表现；（3）没有再犯罪的危险；（4）宣告缓刑对所居住社区没有重大不良影响。第 74 条规定，对于累犯和犯罪集团的首要分子，不适用缓刑。

依据 2007 年 4 月 5 日生效的最高人民法院、最高人民检察院的《关于办理侵犯知识产权刑事案件具体应用法律若干问题的解释（二）》第 3 条规定，侵犯知识产权犯罪，符合刑法规定的缓刑条件的，依法适用缓刑。有下列情形之一的，一般不适用缓刑：（1）因侵犯知识产权被刑事处罚或者行政处罚后，再次侵犯知识产权构成犯罪的；（2）不具有悔罪表现的；（3）拒不交出违法所得的；（4）其他不宜适用缓刑的情形。

二、侵犯著作权罪的刑罚适用状况分析

（一）上海基层法院审结案件适用刑罚的状况

1. 上海基层人民法院审结侵犯著作权罪案件情况

（1）案件审结状况。

序号	案号	文书分类	承办部门	审判长	级别	结案日期
1	（2015）徐刑（知）初字第 15 号	判决书	民三庭	王利民	一审	2015－06－11
2	（2015）普刑（知）初字第 16 号	判决书	民三庭	张佳璐	一审	2015－04－22
3	（2014）浦刑（知）初字第 33 号	判决书	民三庭	倪红霞	一审	2015－03－06

（2）案件适用刑罚状况。

序号	案号	被告人	主要犯罪事实	量刑情节	刑罚适用结果	结案日期
1	（2015）徐刑（知）初字第 15 号	郭某某	复制数量 4500 余部	坦白、赔偿受害人	有期徒刑 3 年，缓刑 3 年，并处罚金人民币 5 万元	2015－06－11
2	（2015）普刑（知）初字第 16 号	田某	非法经营数额达人民币 6.8 万余元	坦白	有期徒刑 9 个月，罚金人民币 2 万元	2015－04－22

续表

序号	案号	被告人	主要犯罪事实	量刑情节	刑罚适用结果	结案日期
3	（2014）浦刑（知）初字第33号	陈某	非法经营数额达324万余元	自首	有期徒刑3年3个月，罚金人民币170万元	2015－03－06

2. 上海中级人民法院审结侵犯著作权罪案件情况

（1）案件审结情况。

序号	案号	文书分类	承办部门	审判长	级别	结案日期
1	（2015）沪二中刑（知）终字第5号	裁定书	刑二庭	夏稷栋	二审	2015－06－16
2	（2014）沪一中刑（知）终字第14号	裁定书	刑二庭	李长坤	二审	2015－03－05

（2）案件适用刑罚情况。

序号	案号	被告人	主要犯罪事实	量刑情节	刑罚适用结果	结案日期
1	（2015）沪二中刑（知）终字第5号	王某	非法经营数额达人民币11.8万余元	坦白	驳回上诉，维持原判（有期徒刑1年3个月，并处罚金人民币3万元）	2015－06－16
2	（2014）沪一中刑（知）终字第14号	李某、杨某	非法经营数额达14万余元	李某系主犯、坦白；杨某系从犯、坦白	驳回上诉，维持原判（李某有期徒刑1年，罚金人民币10万元；杨某有期徒刑6个月，罚金人民币5000元）	2015－03－05

（二）上海地区适用刑罚典型判例举要

1. 上海市徐汇区人民法院（2015）徐刑（知）初字第 15 号刑事判决书

上海市松江区人民检察院以沪松检金融刑诉（2015）4 号起诉书指控被告人郭某某犯侵犯著作权罪，向上海市松江区人民法院提起公诉。上海市松江区人民法院根据上海市第一中级人民法院知识产权刑事案件指定管辖的规定，将案件移送至本院审理。本院于 2015 年 5 月 28 日受理后，依法适用简易程序，组成合议庭，公开开庭审理了本案。上海市松江区人民检察院指派检察员李某某出庭支持公诉。被告人郭某某到庭参加了诉讼。现已审理终结。

上海市松江区人民检察院指控：2010 年 9 月起，被告人郭某某以营利为目的，在未经玄霆公司许可的情况下，将从互联网上下载的该公司旗下网站"起点中文网"拥有著作权的小说共计 4582 部，上传至其开设的"无名小说网"和"小说下载网"，供人免费下载和观看。为牟取广告投放收入，被告人郭某某在百度广告联盟注册用户名为 txtqb 的账户，将广告代码同时发布在上述两个网站，通过网民点击、浏览以获取广告收益。另查明，被告人郭某某从互联网上下载并上传至其开设的上述两个网站的小说量达 10 万余部。2014 年 5 月 6 日，被告人郭某某在山东省济南市被公安民警抓获。公诉机关认定被告人郭某某以营利为目的，未经著作权人许可，复制发行其文字作品，有其他特别严重情节，其行为已触犯《中华人民共和国刑法》第二百一十七条第（一）项，犯罪事实清楚，证据确实、充分，应当以侵犯著作权罪追究其刑事责任。被告人郭某某到案后如实供述基本犯罪事实，根据《中华人民共和国刑法》第六十七条第三款，可以从轻处罚，现提请依法审判。

被告人郭某某对起诉书指控的犯罪事实及罪名均无异议。

经审理查明，公诉机关指控的被告人犯罪事实，有上海玄霆娱乐信息科技有限公司提供的报案材料、授权委托书、服务器托管合同、通用网址注册证书、增值电信业务经营许可证、互联网出版许可证、权利证明文件（光盘）、作品清单、情况说明、福建中证司法鉴定中心出具的司法鉴定检验报告及证人季某的证言、公安机关调取的账户信息、付款记录、中国工商银行银行卡交易明细、公安机关出具的搜查证、搜查笔录、扣押决定书、扣押清单、扣押笔录、远程勘验工作记录（含光盘）、远程勘验笔录、固定电子证据清单、调取证据通知书、调取证据清单、福建中证司法鉴定中心出具的司法鉴定检验报告、公安机关出具的抓获经过、上海市公安局松江分局摘录的户籍信息、被告人郭某某的供述、上海盛聚网络科技有限公司出具的谅解书及收据等经庭审质证的证据予以证实，被告人郭某某对此表示无异议，本院予以确认。

本院认为，被告人郭某某以营利为目的，未经著作权人许可，复制发行其文字作品，复制数量达 4500 余部，属特别严重情节，其行为已构成侵犯著作权罪，应予处罚，公诉机关的指控成立。被告人郭某某到案后如实供述自己的罪行，认罪态度较好，并积极赔偿相关权利人经济损失，依法可以从轻处罚。根据被告人犯罪的事实、性质、情节和对于社会的危害程度，依照《中华人民共和国刑法》第二百一十七条第（一）项，第六十七条第三款，第七十二条第一款、第三款，第七十三条第二款、第三款，第五十三条，第六十四条之规定，判决如下：

一、被告人郭某某犯侵犯著作权罪，判处有期徒刑三年，缓刑三年，并处罚金人民币五万元。

（缓刑考验期限，从判决确定之日起计算。罚金自本判决生效之日起一个月内向本院缴纳。）

二、查获的相关犯罪工具予以没收。

郭某某在社区中，应当遵守法律、法规，服从监督管理，接受教育，完成公益劳动，做一名有益社会的公民。

2. 上海市普陀区人民法院（2015）普刑（知）初字第 16 号刑事判决书

按照上海市第二中级人民法院指定管辖的决定，上海市嘉定区人民检察院以沪嘉检金融刑诉〔2015〕6 号起诉书指控被告人田某犯侵犯著作权罪向本院提起公诉。本院于 2015 年 3 月 27 日受理，依法适用简易程序并组成合议庭，公开开庭审理了本案。上海市嘉定区人民检察院指派代理检察员陈某某出庭支持公诉。被告人田某及其辩护人上海市海上律师事务所律师王某某到庭参加诉讼。现已审理终结。

经审理查明，2012 年 12 月 13 日，上海灵娱网络科技有限公司（以下简称灵娱公司）将计算机游戏软件《大闹天宫 OL》在国家版权局进行了著作权登记，并于次年 12 月 10 日授权北京百度网讯科技有限公司（以下简称百度公司）推广、运营该游戏。2014 年 1 月 7 日，灵娱公司对该游戏名称进行了著作权变更登记，变更后的游戏名为《灵娱大闹天宫 OL》。

2014 年 5 月，被告人田某未经著作权人许可，非法获取《灵娱大闹天宫 OL》的游戏程序，更名为《九尾狐》网络游戏，租用服务器，绑定域名 www. souhaowan. com，私自架设游戏服务器端，用于在互联网上发布《九尾狐》网络游戏，并通过游戏玩家向其控制的利保平台账户充值以获利。经上海辰星电子数据司法鉴定中心鉴定，涉案被扣押的游戏服务器端程序与灵娱公司提供的《灵娱大闹天宫 OL》游戏服务器端程序存在实质性相似。经上海司法会计中心审计，2014 年 5 月 4 日至同年 7 月 24 日，被告人田某非法经营上述游戏金额共计人民币 6.8 万余元。

2014 年 9 月 11 日，被告人田某被公安机关抓获，到案后如实供述了上述犯罪事实。

上述事实，被告人田某及辩护人在开庭审理过程中均无异议，并有被告人田某的供述，证人代某某的证言，公安机关调取的相关登录界面截图、支付平台界面截图、QQ 聊天界面、证据清单、扣押、随案移送物品清单、现场勘验工作记录，计算机软件著作权登记证书，灵娱公司报案材料、营业执照、授权书、证明，房屋租赁合同，上海辰星电子数据司法鉴定中心出具的司法鉴定意见书，上海司法会计中心出具的司法鉴定意见书，公安机关出具的案发经过等证据证实，足以认定。

本院认为，被告人田某以营利为目的，未经著作权人许可，复制发行他人的计算机软件，非法经营数额达人民币 6.8 万余元，情节严重，其行为已构成侵犯著作权罪，依法应予处罚。公诉机关指控的犯罪事实清楚，罪名成立，予以支持。被告人田某到案后能如实供述犯罪事实，依法可从轻处罚。

为严肃国法，维护社会主义市场经济秩序，保护知识产权权利不受侵犯，根据被告人的犯罪情节、社会危害性、认罪悔罪态度等，依照《中华人民共和国刑法》第二百一十七条第（一）项、第六十七条第三款、第五十三条、第六十四条及最高人民法院、最高人民检察院《关于办理侵犯知识产权刑事案件具体应用法律若干问题的解释》第五条第一款、第十一条第三款之规定，判决如下：

一、被告人田某犯侵犯著作权罪，判处有期徒刑九个月，罚金人民币二万元。

（刑期从判决执行之日起计算。判决执行以前先行羁押的，羁押一日，折抵刑期一日。即自 2014 年 9 月 11 日起至 2015 年 6 月 10 日止；罚金款应于本判决生效之日起一个月内缴纳）。

二、违法所得予以追缴；扣押在案的犯罪工具予以没收。

3. 上海市浦东新区人民法院（2014）浦刑（知）初字第 33 号刑事判决书

上海市浦东新区人民检察院以沪浦检金融刑诉［2014］818 号起诉书指控被告人陈某犯侵犯著作权罪，于 2014 年 10 月 29 日向本院提起公诉。本院受理后，依法组成合议庭，公开开庭审理了本案。上海市浦东新区人民检察院指派检察员蒋凤静、周少怡出庭支持公诉。被告人陈某及辩护人贺某某到庭参加诉讼。期间，经公诉机关建议，本案延期审理一次。本案现已审理终结。

上海市浦东新区人民检察院指控，2012 年 5 月起，被告人陈某在明知上海盛大网络发展有限公司（以下简称盛大公司）是网络游戏《热血传奇》在中国大陆地区唯一合法运营商的情况下，未经著作权人许可，在广东省、福建省等地租用服务器，绑定 sl. yuyuan99. com 域名，架设与《热血传奇》游戏服务器端程序存在实质性相似的《神龙天下》游戏服务器端，用于在互联网上发布《神龙天下》网络游戏。玩家通过点击其游戏页面上的"元宝充值"按钮，将充值钱款通过盛付通、支付宝等交易平台打入被告人陈某及其控制的王某某个人银行账户。至案发，被告人陈某收到玩家充值费用共计人民币 324 万余元。

2014 年 7 月 30 日，被告人陈某经公安机关电话通知主动投案，到案后对犯罪事实供认不讳。

公诉机关当庭宣读、出示了计算机软件著作权登记证书、授权委托书、国家版权局著作权合同登记批复、网络文化经营许可证、互联网出版许可证、进口网络游戏产品批准单、授权声明以及维权许可协议、证人徐某的证言、被害单位盛大公司出具的报案材料及相关游戏界面截图、证人证言、搜查笔录、扣押决定书、扣押物品清单、调取证据清单、远程勘验工作记录、相关服务器 IP 地址信息、游戏截屏照片、上海辰星电子数据司法鉴定中心司法鉴定意见书、上海盛付通电子支付服务有限公司出具的情况说明、付款至陈某、王某某账户的明细清单、相关银行账户历史明细、支付宝账户基本信息、支付宝交易记录、上海公信中南会计师事务所有限公司司法鉴定意见书、案发经过、工作情况、常住人口基本信息等证据。公诉机关据此认定，被告人陈某以营利为目的，未经著作权人许可，非法运营盗版网络游戏，非法经营数额达 324 万余元，情节特别严重，其行为已触犯《中华人民共和国刑法》第二百一十七条第（一）项，应当以侵犯著作权罪追究其刑事责任。被告人陈某系自首，根据《中华人民共和国刑法》第六十七条第一款之规定，可以从轻或减轻处罚。

被告人陈某对公诉机关的指控没有异议。

被告人陈某的辩护人提出，对起诉书指控的事实和罪名无异议。被告人陈某系初犯、偶犯，没有前科劣迹，本案是由于其法制意识淡薄引起。被告人陈某系自首，可予以从轻、减轻处罚。被告人陈某的行为造成的社会危害性较小，其也愿意赔偿被害单位的损失。建议法院对被告人陈某从轻或者减轻处罚，并适用缓刑。

经审理查明，中华人民共和国国家版权局颁发计算机软件著作权登记证书，软件名称：Legend of Mir2（传奇）游戏软件（简称：Mir2 游戏软件）V1.0，著作权人 We Made Entertainment CO.，Ltd, Actoz Soft CO.，Ltd，权利取得方式为原始取得，权利范围为全部权利。首次发表日期 2000 年 8 月 22 日。

后 The Legend of Mir2 游戏软件开发者之一的 Actoz Soft CO.，Ltd 出具授权委托书，称其与 We Made Entertainment CO.，Ltd 共同开发了 The Legend of Mir2（中文名称为"传奇"或"传奇 2"或"热血传奇"）网络游戏软件，该游戏软件已经在中国授权盛大公司独家运营。中国很多企业或个人未经授权，擅自通过信息网络向公众传播"传奇"计算机软件，其行为严重侵犯其合法著作权，造成巨大的经济损失。其委托盛大公司作为代理人，采取必要措施，处理打击侵犯其合法权益的行为。

2004 年 12 月 2 日，中华人民共和国文化部出具进口网络游戏产品批准单，进口单位盛大公司，产品名称《热血传奇》，版权提供单位韩国 We

Made 公司，批准文号文网进字 012 号。

2009 年 2 月 10 日，盛大公司获得中华人民共和国文化部出具的网络文化经营许可证，经营范围：利用互联网经营游戏产品、演出剧（节）目等其他文化产品等，有效期限 2008 年 9 月至 2011 年 9 月。2011 年 8 月 17 日，盛大公司获得中华人民共和国文化部出具的网络文化经营许可证，经营范围：游戏产品（游戏产品运营、网络游戏虚拟货币发行）、演出剧（节）目等，有效期限 2011 年 8 月至 2014 年 8 月。

2009 年 11 月 16 日，国家版权局著作权合同登记办公室出具著作权合同登记批复，对盛大公司申报的关于引进出版 Legend of Mir2（热血传奇）与韩国 Actoz Soft CO.，Ltd 所签订的延期合同的著作权合同予以登记。合同有效期自 2009 年 6 月 29 日至 2015 年 9 月 28 日。

2013 年 10 月 30 日，国家新闻出版广电总局出具互联网出版许可证，出版机构为盛大公司，业务范围为游戏作品互联网出版业务，有效期自 2013 年 10 月 30 日至 2019 年 3 月 31 日。

2012 年 5 月起，被告人陈某在明知盛大公司是网络游戏《热血传奇》在中国大陆地区唯一合法运营商的情况下，未经著作权人许可，非法获取《热血传奇》的游戏程序，改编为《神龙天下》网络游戏，并在广东省、福建省等地租用服务器，绑定 sl. yuyuan99. com 域名，私自架设游戏服务器端，用于在互联网上发布《神龙天下》网络游戏。玩家通过点击其游戏页面上的"元宝充值"按钮，将充值钱款通过盛付通、支付宝等交易平台打入被告人陈某及其控制的王某某个人银行账户。至案发，被告人陈某收到玩家充值费用共计 3 246 296.23 元。

2014 年 7 月 30 日，被告人陈某经公安机关电话通知主动投案，到案后对犯罪事实供认不讳。

经公安机关委托，2014 年 8 月 13 日，上海辰星电子数据司法鉴定中心出具沪辰司鉴中心［2014］计鉴字第 188 号《热血传奇私服程序司法鉴定》，对涉案被查封的涉案游戏服务器端程序与《热血传奇》V1.78 版本游戏服务器端程序进行相似性比对，结论为涉案游戏服务器端程序与盛大公司提供的样本《热血传奇》V1.78 版本游戏服务器端程序存在实质性相似。

经公安机关委托，2014 年 9 月 25 日，上海公信中南会计师事务所有限公司出具公信中南［2014］鉴字第196号《关于陈某涉嫌侵犯著作权涉案金额的司法鉴定报告》，鉴定意见为：2012年10月至2014年1月期间陈某建行账户收到上海盛付通电子商务有限公司、上海盛付通电子支付服务有限公司支付的金额分别为340 991.76元、2 119 304.04元，收到支付宝（中国）网络技术有限公司支付的提现金额为10 727元；2014年1月至7月王某某工商银行账户收到结算款金额为775 273.43元。

上述事实，由下列证据予以证实：

1. 计算机软件著作权登记证书，证明 Legend of Mir2（传奇）游戏软件著作权人的情况，首次发表日期，权利取得方式及权利范围。

2. 韩国 Actoz Soft Co.，Ltd 公司出具的授权委托书、《国家版权局著作权合同登记批复》《网络文化经营许可证》《互联网出版许可证》《进口网络游戏产品批准单》，证明网络游戏《热血传奇》在中国境内具有著作权，盛大公司对该游戏享有独家运营权及维权权利。

3. 盛大公司出具的授权声明以及维权许可协议，授权武汉盛威网络科技有限公司在中国大陆对涉案游戏进行维权。武汉盛威网络科技有限公司出具的授权委托书，授权证人徐某全权处理涉案游戏维权的事宜。

4. 证人徐某的证言，被害单位盛大公司出具的报案材料及相关游戏界面截图，证实被告人陈某在未经著作权利人允许的情况下，私自架设《热血传奇》的私服《神龙天下》，进行非法经营的事实。

5. 证人王某某、黄某、魏某、丁某的证言，公安机关搜查笔录、扣押决定书、扣押清单、调取证据清单、远程勘验工作记录、相关服务器 IP 地址信息、游戏截屏等证据，证实被告人陈某租用服务器，私自架设私服《神龙天下》网络游戏，进行非法运营。案发后被公安机关扣押涉案硬盘等事实。

6. 上海辰星电子数据司法鉴定中心出具的沪辰司鉴中心［2014］计鉴字第188号《热血传奇私服程序司法鉴定》，证明涉案游戏服务器端程序与盛大公司提供的样本《热血传奇》V1.78 版本游戏服务器端程序存在实质性相似。

7. 上海盛付通电子支付服务有限公司出具的情况说明、付款至陈某、王某某账户的明细清单，相关银行账户历史明细、支付宝账户基本信息、支付宝交易记录及上海公信中南会计师事务所有限公司出具公信中南

[2014] 鉴字第 196 号《关于陈某涉嫌侵犯著作权涉案金额的司法鉴定报告》，证明被告人陈某涉案非法经营额共计 324 万余元。

8. 案发经过、工作情况，证明被告人陈某的到案情况。

9. 常住人口基本信息，证明被告人陈某的身份情况。

10. 被告人陈某的供述。

上述证据均经庭审质证属实，本院予以确认。

本院认为，被告人陈某以营利为目的，未经著作权人许可，复制发行计算机软件，情节特别严重，其行为已构成侵犯著作权罪。公诉机关指控的罪名成立，予以支持。被告人陈某具有自首情节，依法从轻处罚。被告人陈某的辩护人提出建议法院对陈某从轻处罚的意见，本院予以采纳。

被告人陈某的辩护人提出陈某的行为造成的社会危害性较小，建议法院对被告人陈某减轻处罚并适用缓刑的意见。因被告人陈某在明知未获得涉案游戏软件权利人授权许可的情况下，仍积极实施涉案行为以获取非法利益，主观故意恶性较大。虽然其具有自首情节，但其非法经营额达 324 万余元之巨，情节特别严重，其行为侵害了涉案软件著作权人的著作权，具有较大的社会危害性，不宜适用缓刑。其辩护人提出的相关辩护意见，本院不予采纳。

为严肃国家法制，规范市场经济秩序，保护知识产权权利不受侵犯，根据被告人的犯罪情节、社会危害性、认罪悔罪态度等，依照《中华人民共和国刑法》第二百一十七条第（一）项、第六十七条第一款、第五十三条、第六十四条及最高人民法院、最高人民检察院《关于办理侵犯知识产权刑事案件具体应用法律若干问题的解释》第五条第二款第（一）项、最高人民法院、最高人民检察院《关于办理侵犯知识产权刑事案件具体应用法律若干问题的解释（二）》第四条之规定，判决如下：

一、被告人陈某犯侵犯著作权罪，判处有期徒刑三年三个月，罚金人民币一百七十万元。

（刑期从判决执行之日起计算。判决执行以前先行羁押的，羁押一日折抵刑期一日，即自 2014 年 7 月 30 日起至 2017 年 10 月 29 日止。罚金于判决生效后一个月内缴纳。）

二、违法所得予以追缴。

三、扣押的作案工具笔记本电脑三台、台式电脑主机一台予以没收。

4. 上海市第二中级人民法院（2015）沪二中刑（知）终字第 5 号刑事裁定书

上海市普陀区人民法院审理上海市嘉定区人民检察院指控原审被告人王某犯侵犯著作权罪一案，于 2015 年 4 月 24 日作出（2015）普刑（知）初字第 17 号刑事判决。原审被告人王某不服，提出上诉。本院受理后依法组成合议庭，公开开庭审理了本案。上海市人民检察院第二分院指派检察员瞿某出庭履行职务。上诉人王某到庭参加诉讼。现已审理终结。

上海市普陀区人民法院根据证人孟某某的证言，公安机关制作的扣押（随案移送）物品清单、调取证据清单、现场勘验记录、远程勘验记录等，计算机软件著作权登记证书及登记事项变更（或补充）证明，上海灵娱网络科技有限公司（以下简称灵娱公司）的营业执照及授权书，上海辰星电子数据司法鉴定中心出具的《司法鉴定意见书》，上海司法会计中心出具的《司法鉴定意见书》及原审被告人王某的供述等证据判决认定：

2012 年 12 月 13 日，灵娱公司将计算机游戏软件《大闹天宫 OL》在国家版权局进行著作权登记，并于次年 12 月 10 日授权北京百度网讯科技有限公司（以下简称百度公司）推广及运营。2014 年 1 月 7 日，灵娱公司对该游戏名称进行著作权变更登记为《灵娱大闹天宫 OL》。2014 年 4 月底，原审被告人王某未经著作权人许可，非法获取《灵娱大闹天宫 OL》的游戏程序，更名为《咖啡大闹天宫》网络游戏，租用服务器，绑定域名 www.kuwandao.com，私自架设游戏服务器端，在互联网上发布并通过游戏玩家向其利保平台账户充值获利。2014 年 6 月起，王某未经著作权人许可，还将上述游戏程序更名为《我爱大闹天宫》网络游戏，在上述同一个服务器上绑定域名 www.52acn.com，私自架设游戏服务器端，在互联网上发布并通过游戏玩家向其 9 网科技平台账户充值获利。经上海辰星电子数据司法鉴定中心鉴定，上述涉案游戏服务器端程序与灵娱公司提供的《灵娱大闹天宫 OL》游戏服务器端程序存在实质性相似。经上海司法会计中心审计，2014 年 4 月 27 日至同年 9 月 4 日间，王某通过利保平台非法经营《咖啡大闹天宫》网络游戏金额达人民币 4.7 万余元；2014 年 6 月 9 日至同年 9 月 2 日，王某通过 9 网科技平台非法经营《我爱大闹天宫》网络游戏金额达人民币 7 万余元。

2014 年 9 月 5 日，王某被公安机关抓获，到案后如实供述了上述犯罪事实。

上海市普陀区人民法院认为，原审被告人王某以营利为目的，未经著作权人许可，复制发行他人的计算机软件，非法经营数额达人民币 11.8 万余元，情节严重，其行为已构成侵犯著作权罪，依法应予处罚。王某到案后能如实供述犯罪事实，依法可从轻处罚。依照《中华人民共和国刑法》第二百一十七条第（一）项、第六十七条第三款、第五十三条、第六十四条及最高人民法院、最高人民检察院《关于办理侵犯知识产权刑事案件具体应用法律若干问题的解释》第五条第一款、第十一条第三款之规定，以侵犯著作权罪判处被告人王某有期徒刑一年三个月，并处罚金人民币三万元；违法所得予以追缴；扣押在案的犯罪工具予以没收。

上诉人王某以其具有自首情节，未非法获取游戏源代码等为由，认为原判量刑过重，请求本院从轻处罚。

上海市人民检察院第二分院认为，原判认定原审被告人王某犯罪的事实清楚，证据确实、充分，定罪量刑并无不当，建议本院驳回王某上诉，维持原判。

二审审理查明的事实和证据与原审相同。

本院认为，上诉人王某以营利为目的，未经著作权人许可，复制发行他人的计算机软件，情节严重，其行为已构成侵犯著作权罪，依法应予惩处。王某系被抓获到案，依法不能认为其具有自首情节。王某通过互联网获取灵娱公司的《灵娱大闹天宫 OL》的游戏源代码后，以营利为目的，在互联网上发布并非法获利，非法经营额达人民币 11.8 万余元，已严重侵害他人著作权。原判根据王某的犯罪事实、性质及其到案后能如实供述犯罪事实等情节，已对其从轻处罚，定罪量刑并无不当。综上认为，王某的上诉理由不能成立，本院不予采纳。上海市人民检察院第二分院的意见正确。原判认定王某犯罪的事实清楚，适用法律正确，量刑适当，且诉讼程序合法。据此，依照《中华人民共和国刑事诉讼法》第二百二十五条第一款第（一）项之规定，裁定如下：

驳回上诉，维持原判。

本裁定为终审裁定。

5. 上海市第一中级人民法院（2014）沪一中刑（知）终字第14号刑事裁定书

上海市闵行区人民法院审理上海市闵行区人民检察院起诉指控被告人李某、杨某侵犯著作权罪一案，于2014年11月12日作出（2014）闵刑（知）初字第51号刑事判决，原审被告人李某不服，提出上诉。本院依法组成合议庭，公开开庭审理了本案。上海市人民检察院第一分院指派检察员万某某出庭履行职务。上诉人（原审被告人）李某及其辩护人到庭参加诉讼。现已审理终结。

原审判决认定：

2012年6月21日，上海易娱网络科技有限公司将计算机游戏软件《勇者之塔》在国家版权局进行了著作权登记，后授权深圳市腾讯计算机系统有限公司推广、运营该游戏。

2014年2月初至案发，被告人李某未经著作权人许可，从网上下载该游戏的源代码，并租用服务器，在彩8平台、利保卡平台设立充值账户，非法运营名为"极品勇者之塔"的私服网站，通过游戏玩家向被告人李某控制的彩8平台、利保卡平台账户充值而获利，非法经营数额计人民币14万余元（以下币种均为人民币）。同年2月24日起，被告人杨某明知被告人李某非法运行"极品勇者之塔"私服游戏，仍帮助其在广东省佛山市×××区×栋×××室非法维护运营上述私服游戏，涉及非法经营数额计7万余元。2014年3月4日，被告人李某、杨某被公安机关抓获，到案后如实供述了上述犯罪事实。

认定上述事实并经一审庭审质证的证据有：公安机关出具的扣押决定书、扣押清单、调取证据清单、远程勘验工作记录、调取的唐某某工商银行账户卡交易明细及工作情况等，国家版权局出具的《计算机软件著作权登记证书》及上海易娱网络科技有限公司的企业法人营业执照和声明书，福建中证司法鉴定中心出具的《电子数据鉴定意见》，证人××等人的证言及被告人李某、杨某的供述等证据。

原审法院据此认为，被告人李某、杨某结伙，以营利为目的，未经著作权人许可，复制发行他人的计算机软件，其中被告人李某非法经营数额达14万余元，被告人杨某参与非法经营数额达7万余元，均属具有其他严重情节，其行为均已构成侵犯著作权罪，且属共同犯罪，依法应予惩处。

在共同犯罪中，被告人李某起主要作用，系主犯；被告人杨某起次要、辅助作用，系从犯，应当从轻处罚。被告人李某、杨某到案后如实供述自己的罪行，系坦白，依法可以从轻处罚。被告人李某的辩护人提出对李某适用缓刑的意见，根据李某的犯罪情节，本案不宜对其适用缓刑。据此，依照《中华人民共和国刑法》第二百一十七条第（一）项、第二十五条第一款、第二十六条第一款及第四款、第二十七条、第六十七条第三款、第五十二条、第五十三条、第六十四条，最高人民法院、最高人民检察院《关于办理侵犯知识产权刑事案件具体应用法律若干问题的解释》第五条第一款第（一）项以及《关于办理侵犯知识产权刑事案件具体应用法律若干问题的解释（二）》第四条之规定，以侵犯著作权罪，判处被告人李某有期徒刑一年，并处罚金人民币十万元；判处被告人杨某有期徒刑六个月，并处罚金人民币五千元；违法所得予以追缴。

上诉人李某及其辩护人认为，原判量刑过重，希望二审考虑本案事实、情节及上诉人的家庭情况，对李某从轻处罚并适用缓刑。

上海市人民检察院第一分院出庭意见认为，原判认定上诉人李某犯侵犯著作权罪的事实清楚，证据确实、充分，定性准确，量刑适当，且审判程序合法，建议二审法院驳回上诉，维持原判。

经审理查明，原判认定的事实清楚，证据确实、充分，应予以确认。

本院认为，上诉人李某伙同原审被告人杨某，以营利为目的，未经著作权人许可，复制发行他人的计算机软件，李某的非法经营数额达 14 万余元，属具有其他严重情节，其行为已构成侵犯著作权罪，依法应处三年以下有期徒刑或者拘役，并处或者单处罚金。原判综合考虑被告人李某系主犯，具有坦白情节，李某系初犯、偶犯，犯罪时间较短，认罪、悔罪态度较好等情节，对其从轻处罚，原判根据本案的事实、性质、情节及对社会的危害程度所作判决并无不当，且审判程序合法。二审检察机关建议驳回上诉、维持原判的出庭意见依法有据，应予采纳。据此，依照《中华人民共和国刑事诉讼法》第二百二十五条第一款第（一）项之规定，裁定如下：

驳回上诉，维持原判。

本裁定为终审裁定。

第六节　销售侵权复制品罪的刑罚适用实证分析

一、销售侵权复制品罪的刑罚构造

销售侵权复制品罪是以营利为目的，销售明知是侵犯他人著作权、专有出版权的文字作品、音乐、电视、录像、计算机软件、图书及其他作品以及假冒他人署名美术作品，违法所得数额巨大的行为。我国《刑法》第218条规定，犯销售侵权复制品罪的，处3年以下有期徒刑或者拘役，并处或者单处罚金。

依据最高人民法院《关于审理非法出版物刑事案件具体应用法律若干问题的解释》第4条，以营利为目的，实施《刑法》第218条规定的行为，个人违法所得数额在10万元以上，单位违法所得数额在50万元以上的，依照《刑法》第218条的规定，以销售侵权复制品罪定罪处罚。

最高人民法院、最高人民检察院2004年12月28日通过的《关于办理侵犯知识产权刑事案件具体应用法律若干问题的解释》第6条规定，以营利为目的，实施《刑法》第218条规定的行为，违法所得数额在10万元以上的，属于"违法所得数额巨大"，应当以销售侵权复制品罪判处3年以下有期徒刑或者拘役，并处或者单处罚金。

单位犯销售侵权复制品罪的，依照《刑法》第220条的规定，对单位判处罚金，并对其直接负责的主管人员和其他直接责任人员，依照个人犯该罪的规定处罚。最高人民法院、最高人民检察院《关于办理侵犯知识产权刑事案件具体应用法律若干问题的解释》第15条规定，单位犯本罪的，应按照相应个人犯罪的定罪量刑标准的3倍定罪。

《刑法》第72条规定，对于被判处拘役、3年以下有期徒刑的犯罪分子，同时符合下列条件的，可以宣告缓刑，对其中不满18周岁的人、怀孕的妇女和已满75周岁的人，应当宣告缓刑：（1）犯罪情节较轻；（2）有悔罪表现；（3）没有再犯罪的危险；（4）宣告缓刑对所居住社区没有重大不良影响。第74条规定，对于累犯和犯罪集团的首要分子，不适用缓刑。

2007年4月5日生效的最高人民法院、最高人民检察院的《关于办理侵犯知识产权刑事案件具体应用法律若干问题的解释（二）》第3条规定，侵犯知识产权犯罪，符合刑法规定的缓刑条件的，依法适用缓刑。有下列情形之一的，一般不适用缓刑：（1）因侵犯知识产权被刑事处罚或者行政处罚后，再次侵犯知识产权构成犯罪的；（2）不具有悔罪表现的；（3）拒不交出违法所得的；（4）其他不宜适用缓刑的情形。

二、销售侵权复制品罪的刑罚适用状况分析

（一）近年上海地区刑罚适用状况

经检索上海法院法律文书检索中心，2014～2015年，上网的该类案件共有2件。具体如下：

案号	文书分类	承办部门	审判长	级别	结案日期
（2013）杨刑（知）初字第107号	判决书	民三庭	陈蔓莉	一审	2014－01－03
（2013）杨刑（知）初字第106号	判决书	民三庭	陈蔓莉	一审	2014－01－03

上述两案件的刑罚适用情况如下：

序号	案号	主要犯罪事实	量刑情节	刑罚适用结果	结案日期
1	（2013）杨刑（知）初字第107号	×××销售的盗版光碟72 135张	未遂、坦白	有期徒刑1年3个月，缓刑1年3个月，罚金人民币5万元	2014－01－03
2	（2013）杨刑（知）初字第106号	购进20余万张予以销售，至案发查获待售1.2万余张	李某某坦白；施某某自首，退出了部分违法所得	李某某有期徒刑1年3个月，缓刑1年3个月，罚金人民币4万元；施某某有期徒刑10个月，缓刑1年，罚金人民币3万元	2014－01－03

从两起案件的刑罚适用结果可以看出，法院对被告人均适用了缓刑，消除了监禁刑的弊端。罚金刑的适用，有利于对被告人的惩戒和预防。

（二）典型判例举要

1. 上海市杨浦区人民法院（2013）杨刑（知）初字第 107 号刑事判决书

上海市杨浦区人民检察院以沪杨检刑诉［2013］997 号起诉书指控被告人×××犯销售侵权复制品罪提起公诉。本院于 2013 年 11 月 26 日受理后，经审查发现，被告人×××的犯罪地及户籍地、居住地均不在本市杨浦区，本院遂请示上级法院，经指定，本案由本院审判。本院依法组成合议庭，公开开庭审理了本案。上海市杨浦区人民检察院指派检察员潘某某出庭支持公诉，被告人×××到庭参加诉讼。本案现已审理终结。

公诉机关指控，2013 年 4 月起，被告人×××明知是侵权复制品，仍低价购进 20 余万张盗版光碟，并先后在本市浦东新区浦电路×××号及浦东新区东方路×××号裙房二楼销售。2013 年 7 月 3 日，民警在本市浦东新区东方路×××号裙房二楼抓获被告人×××，并当场查获待销售的盗版光碟 72 135 张。经上海市新闻出版局鉴定，上述 DVD 音像制品均属非法音像制品。

公诉机关确认，被告人×××的行为已构成销售侵权复制品罪，提请依法惩处。

被告人×××对起诉书指控的事实及罪名均无异议。

经审理查明，2013 年 4 月起，被告人×××明知是侵权复制品，仍低价购进 20 余万张盗版光碟，并先后在本市浦东新区浦电路×××号及浦东新区东方路×××号裙房二楼销售。2013 年 7 月 3 日，民警在本市浦东新区东方路×××号裙房二楼抓获被告人×××，并当场查获待销售的盗版光碟 72 135 张。经上海市新闻出版局鉴定，上述查获的音像制品均属非法音像制品。

上述事实，有证人李某某、施某某、韦某某、魏某的证言及辨认笔录，公安机关出具的《工作情况》《搜查笔录》《扣押决定书》《扣押清单》及照片，快递单据、上海市公安局《侦查实验笔录》，证人吴某的证言及《仓库租赁协议》，上海市新闻出版局出具的《上海市出版物鉴定书》，上海市浦东新区人民法院《刑事判决书》、被告人×××的供述等证据证实，足以认定。

本院认为，未经著作权人许可复制发行的电影、电视、录像等制品，属于侵权复制品。被告人×××以营利为目的，明知是侵权的音像制品购进20余万张予以销售，至案发查获待售7万余张，其行为已构成销售侵权复制品罪。公诉机关指控的罪名成立，对被告人×××依法应予惩处。本案中虽查明已销售和待销售的盗版光碟数量达20余万张，但无证据证明违法所得达到人民币10万元以上，故对被告人×××的行为以销售侵权复制品罪（未遂）定罪，依法比照既遂犯从轻处罚。被告人×××到案后能如实供述自己的罪行，依法可以从轻处罚。为严肃国法，维护著作权人的著作权和著作权管理制度，保护知识产权，根据被告人×××的犯罪情节、社会危害性、认罪悔罪态度等，依照《中华人民共和国刑法》第二百一十八条，第二十三条，第六十七条第三款，第七十二条第一款、第三款，第七十三条第二款、第三款，第五十三条，第六十四条之规定，判决如下：

一、被告人×××犯销售侵权复制品罪，判处有期徒刑一年三个月，缓刑一年三个月，罚金人民币五万元；

（缓刑考验期限，从判决确定之日起计算；罚金自本判决发生法律效力之日起十日内向本院缴纳。）

×××回到社区后，应当遵守法律、法规，服从监督管理，接受教育，完成公益劳动，做一名有益社会的公民。

二、查获的侵权复制品均予以没收；责令被告人×××退赔违法所得。

2. 上海市杨浦区人民法院（2013）杨刑（知）初字第106号刑事判决书

上海市杨浦区人民检察院以沪杨检刑诉〔2013〕974号起诉书指控被告人李某某、施某某犯销售侵权复制品罪提起公诉。本院于2013年11月26日受理后，经审查发现，被告人李某某、施某某的犯罪地及户籍地、居住地均不在本市杨浦区，本院遂请示上级法院，经指定，本案由本院审判。本院依法组成合议庭，公开开庭审理了本案。上海市杨浦区人民检察院指派检察员何某出庭支持公诉，被告人李某某、施某某到庭参加诉讼。本案现已审理终结。

公诉机关指控，2012年12月起，被告人李某某、施某某先后从他人处租借本市浦东新区浦电路×××号、东方路×××号裙房二楼等处作为囤积仓库，并从广东省陆续购进20余万张各类盗版光盘通过佳吉快运至上述地址进行销售。

2013 年 7 月 3 日，民警在本市浦东新区东方路×××号裙房二楼仓库将被告人李某某抓获，并当场查获待销售的光盘 1.2 万余张。经鉴定，均系非法音像制品。

2013 年 7 月 15 日，被告人施某某主动至上海市公安局杨浦分局投案自首。

公诉机关确认，被告人李某某、施某某的行为均已构成销售侵权复制品罪，提请依法惩处。

被告人李某某、施某某对起诉书指控的事实及罪名均无异议。

经审理查明，2012 年 12 月起，被告人李某某、施某某从广东省陆续购进 20 余万张各类盗版光碟，通过佳吉快运运送，囤放于其先后租借的本市浦东新区浦电路×××号、东方路×××号裙房二楼等处，进行批量销售。

2013 年 7 月 3 日，民警在本市浦东新区东方路×××号裙房二楼仓库将被告人李某某抓获，并当场查获待销售的光碟 1.2 万余张。经鉴定，均系非法音像制品。

2013 年 7 月 15 日，被告人施某某主动至上海市公安局杨浦分局投案自首。

审理中，被告人李某某、施某某退出违法所得人民币 30 000 元。

上述事实，有证人冯某某、刘某、谢某某的证言及辨认笔录，公安机关出具的《工作情况》《搜查笔录》《扣押决定书》《扣押清单》及案发现场照片等，上海佳吉快运有限公司提供的货运清单，上海市公安局《侦查实验笔录》，上海市新闻出版局出具的《上海市出版物鉴定书》《仓库租赁协议》，被告人李某某、施某某的供述等证据证实，足以认定。

本院认为，未经著作权人许可复制发行的电影、电视、录像等制品，属于侵权复制品。被告人李某某、施某某结伙以营利为目的，明知是侵权的音像制品购进 20 余万张予以销售，至案发查获待售 1.2 万余张，其行为均已构成销售侵权复制品罪。公诉机关指控的罪名成立，对两被告人依法均应予惩处。本案中虽查明已销售和待销售的盗版光碟数量达 20 余万张，但无证据证明违法所得达到人民币 10 万元以上，故对两被告人的行为以销售侵权复制品罪（未遂）定罪，依法比照既遂犯从轻处罚。被告人李某某到案后能如实供述自己的罪行，被告人施某某有自首情节，并退出了部分违法所得，依法均可从轻处罚。为严肃国法，维护著作权人的著作权和著作权管理制度，保护知识产权，根据二名被告人的犯罪情节、社会危害性、认罪悔罪态度等，依照《中华人民共和国刑法》第二百一十八条，第二十三条，第二十五条第一款，第六十七条第一款、第三款，第七十二条第一款、第三款，第七十三条第二款、第三款，第五十三条，第六十四条之规定，判决如下：

一、被告人李某某犯销售侵权复制品罪，判处有期徒刑一年三个月，缓刑一年三个月，罚金人民币四万元；

二、被告人施某某犯销售侵权复制品罪，判处有期徒刑十个月，缓刑一年，罚金人民币三万元；

（上述二名被告人的缓刑考验期限，均从判决确定之日起计算；罚金均自本判决发生法律效力之日起十日内向本院缴纳。）

李某某、施某某回到社区后，应当遵守法律、法规，服从监督管理，接受教育，完成公益劳动，做一名有益社会的公民。

三、扣押在案的违法所得及查获的侵权复制品等均予以没收；责令被告人李某某、施某某继续退赔违法所得。

第七节 侵犯商业秘密罪的刑罚适用实证分析

一、侵犯商业秘密罪的刑罚构造

侵犯商业秘密罪是指以盗窃、利诱、胁迫或者其他不正当手段获取权利人的商业秘密，或者非法披露、使用或者允许他人使用其所掌握的或获取的商业秘密，给商业秘密的权利人造成重大损失的行为。我国《刑法》第219条规定，有下列侵犯商业秘密行为之一，给商业秘密的权利人造成重大损失的，处3年以下有期徒刑或者拘役，并处或者单处罚金；造成特别严重后果的，处3年以上7年以下有期徒刑，并处罚金：（1）以盗窃、利诱、胁迫或者其他不正当手段获取权利人的商业秘密的；（2）披露、使用或者允许他人使用以前项手段获取的权利人的商业秘密的；（3）违反约定或者违反权利人有关保守商业秘密的要求，披露、使用或者允许他人使用其所掌握的商业秘密的。明知或者应知前款所列行为，获取、使用或者披露他人的商业秘密的，以侵犯商业秘密罪论。

依据最高人民法院、最高人民检察院2004年12月22日颁行的《关于办理侵犯知识产权刑事案件具体应用法律若干问题的解释》第7条，实施《刑法》第219条规定的行为之一，给商业秘密的权利人造成损失数额在50万元以上的，属于"给商业秘密的权利人造成重大损失"，应当以侵犯商业秘密罪判处3年以下有期徒刑或者拘役，并处或者单处罚金。给商业秘密的权利人造成损失数额在250万元以上的，属于《刑法》第219条规定的"造成特别严重后果"，应当以侵犯商业秘密罪判处3年以上7年以下有期徒刑，并处罚金。

《刑法》第72条规定，对于被判处拘役、3年以下有期徒刑的犯罪分子，同时符合下列条件的，可以宣告缓刑，对其中不满18周岁的人、怀孕的妇女和已满75周岁的人，应当宣告缓刑：（1）犯罪情节较轻；（2）有悔罪表现；（3）没有再犯罪的危险；（4）宣告缓刑对所居住社区没有重大不良影响。第74条规定，对于累犯和犯罪集团的首要分子，不适用缓刑。

依据2007年4月5日生效的最高人民法院、最高人民检察院的《关于办理侵犯知识产权刑事案件具体应用法律若干问题的解释（二）》第3条规定，侵犯知识产权犯罪，符合《刑法》规定的缓刑条件的，依法适用缓刑。有下列情形之一的，一般不适用缓刑：（1）因侵犯知识产权被刑事处罚或者行政处罚后，再次侵犯知识产权构成犯罪的；（2）不具有悔罪表现的；（3）拒不交出违法所得的；（4）其他不宜适用缓刑的情形。

二、侵犯商业秘密罪的刑罚适用状况分析

2011~2013年，深圳市检察机关提起公诉的涉及侵犯知识产权犯罪案件中，涉侵犯商业秘密罪26件47人，❶ 年均8.6件。上海地区法院2015年1~6月结案1件。具体如下：

案号	文书分类	承办部门	审判长	级别	结案日期
（2014）徐刑（知）初字第12号	判决书	民三庭	王利民	一审	2015-03-04

---

❶ 蔡佩琼等. 侵犯商业秘密入罪难 [N]. 深圳特区报，2014-04-26（A3）.

（一）基本案情❶

上海市徐汇区人民检察院以沪徐检刑诉（2014）91 号起诉书指控被告人张某、泽某犯侵犯商业秘密罪，于2014 年4 月8 日向本院提起公诉。本院于同日受理后，依法适用普通程序，组成合议庭，公开开庭审理了本案。上海市徐汇区人民检察院指派代理检察员许某出庭支持公诉。被告人张某及其辩护人叶家平、被告人泽某及其辩护人张某华均到庭参加了诉讼。期间，根据法律法规，本案曾延期审理。现已审理终结。

上海市徐汇区人民检察院指控：北京合众思壮科技股份有限公司（以下简称合众思壮公司）于2005 年独家投资成立上海易罗信息科技有限公司，将该公司定位为合众思壮公司的产品研发中心。合众思壮公司向易罗公司安排研发任务，提供运营资金，要求易罗公司对相关科技产品进行技术开发，形成技术信息并投入生产。因此，合众思壮公司及易罗公司均是上述技术信息的所有人及使用人。

被告人张某于2006 年、被告人泽某于2005 年分别加入易罗公司时，均与该公司签订《员工保密合同》，承诺对该公司在研发、生产产品期间形成的技术信息履行保密义务。

2010 年，被告人张某、泽某分别担任易罗公司专业产品事业部总经理、研发经理，并在组织、领导一款名为E750 型的GIS 采集器的研发期间，掌握了对该产品研发成功起核心作用的PCBA 板设计的有关技术信息。

自2011 年初，被告人张某、泽某经共谋，违反上述有关保守商业秘密的约定，结伙使用上述技术信息，以提供相应设计图纸等方式先后委托上海恒途信息科技有限公司、深圳中恒泰电子科技有限公司生产PCBA 板，再采购其他零部件，组装为GIS 采集器。其间，张某、泽某于同年3、4月份从易罗公司离职，以同期成立的上海昊纬信息科技有限公司（经营场所位于本市徐汇区××路×××号×××室，以下简称昊纬公司）名义，将上述GIS 采集器命名为S10、S12 型对外销售，并陆续招揽曾在易罗公司任职的多名员工参与产品的生产、测试等各项活动。

经司法鉴定，易罗公司在E750 型GIS 采集器中的PCBA 板设计等方面的技术具有新颖性；上述PCBA 板与昊纬公司生产的S10、S12 型GIS 采集

---

❶　上海市徐汇区人民法院（2014）徐刑（知）初字第12 号刑事判决书。

器中的 PCBA 板之间高度相似，两者设计不具备独立性。

经司法审计，至案发，被告人张某、泽某以昊纬公司名义销售 GIS 采集器共计 1520 台，给权利人造成的损失数额共计人民币 370 万余元。

2012 年 4 月 24 日，被告人泽某在上述昊纬公司经营场所被公安人员抓获，并被当场查扣储存 E750 型 GIS 采集器设计资料的电脑等物品。次日，被告人张某经公安人员联系，至公安机关接受讯问。公诉机关认定被告人张某、泽某结伙违反权利人有关保守商业秘密的要求，使用其所掌握的商业秘密，给权利人造成的损失数额达人民币 370 万余元，造成特别严重后果，其行为均已触犯《中华人民共和国刑法》第二百一十九条第一款第（三）项、第三款、第四款、第二十五条第一款，应当以侵犯商业秘密罪追究二名被告人共同犯罪的刑事责任。现提请依法审判。

被告人张某辩称，涉案产品的权利人应当是易罗公司；S10、S12 型是不同的产品，金额计算上应当区别对待；其不认可将合众思壮公司的销售利润作为涉案金额的计算标准；案发后其连夜从北京赶到公安机关配合侦查，具有自首情节。

被告人张某的辩护人叶家平辩称，本案的"PCBA 板设计的有关技术信息"系公知技术信息；中科院上海科技查新咨询中心出具的《技术秘密检索报告》形式上并非法定的鉴定报告，其实质结论也系错误，依法不得作为定案依据；起诉书所指控的"给权利人造成的损失数额达人民币 370 万余元"的计算方式和审计结论错误，合众思壮公司、北京合众思壮信息技术有限公司、北京合众思壮导航科技有限公司并非涉案的权利人，其销售利润不应作为权利人的损失数额计入；被告人张某所供职的昊纬公司所生产的 S12 数据采集器中的 PCBA 板与易罗公司生产的 MG758 采用的 PCBA 板不相同；被告人张某主动到公安机关配合侦查，依法应当认定为自首，其如实交代犯罪事实，属于主动投案，有认罪悔罪表现；被告人张某以往表现较好，无刑事处罚记录；综上，希望法庭能够依法从轻或者减轻处罚。

被告人泽某对本案指控的事实及罪名均无异议。其辩护人张秀华辩称，本案定性为单位犯罪更为恰当，两名被告人同样以公司经营管理的身份涉案，涉案获益均由公司取得，未有个人分赃事实；S12 型产品被指控为涉案侵权产品缺乏事实依据，理应将 S12 型产品的生产与销售予以排除，故涉案侵权产品仅为 250 台 S10 型；损失金额界定为易罗公司与合众思壮公司下属子公司的共同损失 370 万元缺乏事实依据；涉案损失的计算理应考虑侵权的 PCBA 板与整个产品的技术占比问题；计算利润时未将研发成本分摊进入成本，导致损失计算明显不合理性；被告人泽某的主观过错较小，且已经获得被害单位的谅解，最大限度地降低了对社会的不良影响；被告人泽某在本案中处于从属地位，且未经采取强制措施即主动到案，如实供述，符合自首要件；综上，希望法院能够对被告人泽某从轻、减轻处罚，并适用缓刑。

经审理查明，1998 年，案外人郭某、李某共同出资设立了北京合众思壮科技有限责任公司，2005 年 6 月，北京合众思壮科技有限责任公司独家出资设立了易罗公司。2007 年底，北京合众思壮科技有限责任公司改制为北京合众思壮科技股份有限公司，易罗公司出资人相应变更为合众思壮公司，出资额变更为 3000 万元，仍占注册资本的 100%。合众思壮公司的经营范围为技术开发、推广、转让、咨询、服务、培训；销售机械设备、五金交电、计算机、软件及辅助设备、电子产品、通信设备、卫星导航产品及辅助设备等。易罗公司的经营范围为导航、制导仪器仪表专业领域内技术开发、咨询、服务、转让、培训、承包、入股、中介；导航、制导仪器仪表及相关产品的产销、维修等。

2005 年 10 月、2006 年 7 月，被告人泽某、张某分别加入易罗公司，先后担任公司研发经理及产品部经理、副总经理，两被告人入职时均与公司签订了《劳动合同》及《员工保密合同》，被告人保证自合同生效之日起至合同终止或解除后，遵守保密规定，不得直接或间接泄露公司的商业机密和技术信息，不得为自己的利益使用或计划使用这些信息，不得使他人获得、使用或计划使用这些信息。在合同有效期内及合同终止或解除后三年内，被告人不得与第三方从事与公司业务发生竞争或冲突的业务，或自己生产、经营与公司有竞争关系的同类产品或业务，或通过其他形式对公司进行不正当竞争，如公司提出竞业禁止要求，被告人需遵守，公司将向被告人支付一定的生活费。被告人承诺，未经公司同意，合同期或离职以后，不得以泄密、告知、公布、发布、出版、传授、转让或者其他任何方式使任何第三方知悉属于公司或者虽属于他人但公司承诺有保密义务的技术秘密或其他商业秘密信息，技术秘密及其他商业秘密包括但不限于技术方案、工程设计、电路设计、制造方法、配方、工艺流程、技术指标、计算机软件、数据库、研究开发记录、技术报告、检测报告、实验数据、试验结果、图纸、样品、样机、模型、模具、操作手册、技术文档、相关函电、公司重大决策中的秘密事项、公司尚未付诸实施的发展（经营）战略、方向、规划、项目及经营决策、工程标底、合同、协议、意向书、可行性报告、重要会议记录、经营状况、客户名单、行销计划、采购资料、定价政策、财务资料、进货渠道等。

2010 年起，易罗公司开始自主研发"集思宝"移动 GIS 数据采集器，其中一款定名为 E750 型，被告人张某、泽某担任研发工作的主要组织、领导者，两人均掌握了 GIS 采集器的相关技术信息及经营信息，包括该产品核心部件 PCBA 板设计的相关技术秘密。2010 年底，两被告人共谋离开易罗公司自行另设新公司并经营原公司的同类产品，遂委托上海恒途信息科技有限公司设计、制作 PCBA 板，欲再自行采购其他零部件后组装出类似 GIS 采集器销售后牟利。2011 年 1 月 17 日，被告人张某违反公司相关保密规定，通过其个人邮箱，将包含有 E750 产品 PCBA 板设计图纸等的邮件发送给上海恒途信息科技有限公司吴某，用于设计、制作其 GIS 采集器的 PCBA 板。同月 25 日，被告人泽某通过私人邮箱将包含有 E750 产品制板工艺文件等的邮件发送给吴某，同年 3 月又将包含有 E750 产品相关技术内容的邮件通过私人邮箱发送给吴某。后上海恒途信息科技有限公司共计交付两被告人 PCBA 板 500 余片。

2011 年 3 月，被告人张某与冯某（系被告人泽某之丈夫）、宋某三人成立了昊纬公司，注册资金 100 万元，张某为法定代表人，公司经营范围为信息技术、电子产品、机械设备领域内的技术开发、咨询、服务、转让，电子产品、机械设备、电子元器件、计算机软硬件的销售。同年 4 月，被告人张某、泽某从易罗公司离职后进入昊纬公司，张某担任总经理，泽某为研发经理。两被告人组织他人将上海恒途信息科技有限公司生产的 PCBA 板及采购的其他零部件组装成 GIS 数据采集器，并定型为 S10 对外销售。2011 年 9 月，被告人张某又委托深圳中恒泰电子科技有限公司生产 PCBA 板，由昊纬公司员工潘某（原易罗公司硬件工程师，负责 E750 等产品的开发，2011 年 6 月被公司开除）根据两被告人提供的 S10 采集器设计出改进图纸，并由被告人泽某将相关文件发送给深圳中恒泰电子科技有限公司，据此该公司共计生产 PCBA 板 1000 余片，亦由两被告人组织他人组装成 GIS 数据采集器，并定型为 S12 对外销售后牟利。

另查，就易罗公司研发的基于 Windows Mobile 智能系统的 GIS 数据采集器，侦查机关委托中国科学院上海科技查新咨询中心进行了技术秘密查新检索，就国内外有无相同或类似文献与研究公开报道，作对比分析及新颖性判断，最终查新结论为国内外虽然已有针对 GIS 采集器关键技术方面的报道，但这些研究皆侧重于某些关键技术，这些研究与 GIS 采集器的终端产品相距甚远，还需要大量的开发研究工作，除来源于委托方的产品外，公开的同类产品均未采用"海思 K3 平台参考设计方案"，且这些产品仅公开了产品功能与特点，未涉及产品工业化的设计方案。与委托项目不同。除来源于委托方的产品外，国内外未见有述及与委托项目"基于 Windows Mobile 智能系统的 GIS 数据采集器"相同的产品公开报道，该项目具有新颖性。侦查机关另委托上海辰星电子数据司法鉴定中心就易罗公司研发的 E750 型 GIS 数据采集器与昊纬公司生产 S10、S12 型 GIS 数据采集器 PCBA 板是否存在相同或实质性相似进行了比对鉴定，结论为 E750、S10、S12 均为 GIS 数据采集器，其基本功能、可扩展功能和应用领域基本相同。就 E750 型与 S10 型比对，硬件电路原理图均基于海思公开的 K3 HI3611 芯片参考设计进行设计，但两种 GIS 的 PCBA 与 K3 参考设计的 PCBA 的相似度低于 10%；两种 GIS 的 PCBA 之间具有 95% 以上的相似度，基于该 PCB 设计基本常识可以断定：E750 型与 S10 型的 PCBA 设计不具有独立性。就 E750 型与 S12 型比对，两种 GIS 的 PCBA 板均基于海思公开的 K3 HI3611 芯片参考设计进行设计制造，两种 GIS 的 PCBA 之间具有 81.9% 的加权平均相似度，基于该 PCB 设计基本常识可以断定：E750 型与 S12 型的 PCBA 设计不具有独立性。

另经上海公信中南会计师事务所有限公司司法鉴定，2011 年 8 月 18 日至 2012 年 4 月 26 日，昊纬公司共计销售 GIS 采集器 1520 台，合计金额 3 806 555 元；易罗公司的 GIS 采集器系由该公司先销售给合众思壮公司下属子公司，再由下属子公司销售给直接用户。2011 年 1 月至 7 月，易罗公司销售给合众思壮公司下属子公司 GIS 产品的平均销售单价为 1709.40 元，平均单位销售利润为 552.27 元；合众思壮公司下属子公司销售给直接用户的平均销售单价为 3607.90 元，平均销售利润为 1898.50 元。

2012 年 4 月 24 日，被告人泽某在昊纬公司经营场所被公安人员抓获后到案，次日，被告人张某经公安人员联系，至公安机关接受讯问。

以上事实，有证人左某、潘某、马某、李某、吴某、陈某、谢某、张某、吴某、朱某、刘某、于某、冯某、黄某的证言、企业工商登记资料、公证书及网页截屏、劳动合同、员工保密合同、银行汇款收据、中国科学院上海科技查新咨询中心出具的技术秘密检索报告、电子邮件截屏、设计图纸、购销协议、合作协议、采购合同、销售合同、增值税专用发票、上海辰星电子数据司法鉴定中心出具的司法鉴定意见书、合众思壮公司年报、上海公信中南会计师事务所有限公司出具的司法鉴定意见书、上海市公安局徐汇分局接受刑事案件登记表、案发经过、搜查证、搜查笔录、扣押清单、被告人张某、泽某的供述等经庭审质证的证据予以证实，本院予以确认。

本院认为，本案的主要争议焦点是：1. 易罗公司研发生产的"集思宝"移动 GIS 数据采集器 PCBA 板的设计及其他相关技术信息是否属于其商业秘密。2. 两被告人的行为是否侵犯了易罗公司的商业秘密权。3. 本案被侵权人的直接经济损失应如何认定。

关于争议焦点 1，商业秘密是指不为公众所知悉，能为权利人带来经济利益，具有实用性并经权利人采取保密措施的技术信息和经营信息。"不为公众所知悉"和"采取相关保密措施"是判断本案易罗公司 GIS 数据采集器相关技术信息是否属于商业秘密的关键。"不为公众所知悉"是指该信息无法从公开渠道直接获得，公开渠道包括出版物的公开及其他公开销售、使用、反向工程解密、知情者口头泄密等方式的公开（以上仅有公开可能但并不必然导致公开后知悉），知悉应理解为对相关技术原理及使用方法的完全知晓及掌握。本案易罗公司 GIS 数据采集器系公司投入大量人力物力所研发，相关的工艺技术信息如核心部件 PCBA 板的设计具有独创性，系公司核心产品，且该技术信息从未以相关文献公开，中国科学院上海科技查新咨询中心的技术秘密查新检索报告也已证明，国内外虽然已有针对 GIS 采集器关键技术方面的报道，但这些研究皆侧重于某些关键技术，与 GIS 采集器的终端产品相距甚远，公开的同类产品均未采用"海思 K3 平台参考设计方案"，且这些产品仅公开了产品功能与特点，未涉及产品工业化的设计方案。国内外未见有述及涉案 GIS 数据采集器相同的产品公开报道，该项目具有新颖性。故可以认定本案易罗公司 GIS 数据采集器相关技术信息不为公众所知悉。本案被告人张某的辩护人关于易罗公司 GIS 数据采集器相关技术信息特别是"PCBA 板设计的有关技术信息"系公知技术信息的意见，缺乏事实和法律依据，本院不予采纳。"采取保密措施"是指商业秘密权利人采用订立保密协议、建立保密制度及采取其他合理保密措施等来保护其商业秘密。本案中，易罗公司作为一家研发型、技术型的高新企业，深知保护企业相关商业秘密的重要性，建立了严密的保密制度，明确了公司商业秘密的具体范围，在劳动合同及保密协议中均确定了职工在职、离职后的保密义务。本案两被告人均系易罗公司 GIS 数据采集器研发工作的领导者、组织者，掌握着公司大量的技术及经营信息，在与公司订立劳动合同及保密协议时均已明知自己的保密义务并承诺加以遵守，故可以认定易罗公司对 GIS 数据采集器相关技术信息采取了合理的保密措施。综上，可以确认本案易罗公司 GIS 数据采集器相关技术信息不为公众所知悉，且已投入生产并为权利人带来经济利益，权利人亦采取了保密措施，应认定为商业秘密。本案中易罗公司虽系合众思壮公司的独资子公司，但两者均为独立法人，涉案 GIS 数据采集器系由易罗公司组织研发、生产、销售，劳动合同及相关商业秘密的保密协议亦由易罗公司与两被告人所订立，故 GIS 数据采集器的商业秘密权利人应认定为系易罗公司。

关于争议焦点 2，根据侵犯商业秘密罪的构成要件，侵权人主观上必须是故意，对于负有保密义务的人员，客观上应具有披露、使用或者允许他人使用其所掌握的商业秘密的行为。本案中，正如前文所述，两被告人均系易罗公司的管理人员，公司 GIS 数据采集器研发工作的领导者、组织者，掌握着公司大量的技术及经营信息，且亦明知这些信息均系公司的商业秘密范围，但两被告人于在职期间，即已共谋另设企业经营公司同类产品牟利，并利用领导、组织公司 GIS 数据采集器研发工作、掌握公司大量技术信息的便利，漠视公司的各项保密规定，直接将 GIS 数据采集器核心部件 PCBA 板的设计图纸通过其私人邮箱发送给加工单位，用于其类似 GIS 采集器（S10 型）PCBA 板的设计制造，嗣后（离职前）即注册昊纬公司开始设计、生产 S10 型产品，经鉴定，该产品的 PCBA 板与易罗公司 GIS 采集器 PCBA 板之间具有 95% 以上的相似度，应确认系直接使用易罗公司的相关商业秘密后而形成。关于 S12 型产品，系两被告人离职后所开发，该产品的 PCBA 板，系昊纬公司员工潘某根据两被告人提供的 S10 型产品设计改进后，由被告人泽某将相关文件发送给深圳中恒泰电子科技有限公司所加工生产，故 S12 系脱胎于 S10，而 S10 如前所分析，则基本照搬于易罗公司产品，况且潘某本人即系原易罗公司的硬件工程师，负责 GIS 采集器等产品的开发，同样掌握有易罗公司的相关技术信息，经鉴定，S12 型产品的 PCBA 板与易罗公司 GIS 采集器 PCBA 板之间同样具有 81.9% 相似度，不具有独立性，故可以认定系使用了易罗公司的相关商业秘密后所产生，被告人及辩护人关于 S12 型产品不是侵权产品，相关金额应予扣除的辩称同样缺乏事实和法律依据，本院不予采纳。综上，本院认定两被告人侵犯了易罗公司的商业秘密权。

另关于被告人泽某的辩护人提出的本案应定性为昊纬公司单位犯罪的辩称，本院认为，两被告人在尚未离职及昊纬公司尚未成立前，即已利用易罗公司的相关商业秘密委托他人加工侵权产品的核心部件及组装侵权产品，昊纬公司成立之后，主要经营活动为生产、销售 S10、S12 型侵权产品，故不符合刑法及相关司法解释规定的单位犯罪的构成要件，对其该辩称不予采纳。

关于争议焦点 3，刑法及相关司法解释规定，给商业秘密的权利人造成损失数额在 50 万元以上的，属于"给商业秘密的权利人造成重大损失"，应当以侵犯商业秘密罪追究刑事责任。本案中，公诉机关系以侵权人侵权产品的销售数量乘以权利人同期相关产品的平均销售利润的计算方法，得出了权利人的直接经济损失，根据相关司法解释规定及司法实践中的普遍做法，权利人因被侵权所受到的损失可以根据权利人因侵权所造成销售数量减少的总数乘以每件产品的合理利润所得之积计算，销售数量减少的总数难以确定的，侵权产品的销售总数乘以权利人每件产品的合理利润所得之积可以视为权利人因被侵权所受到的损失。基于 GIS 数据采集器同类产品的市场广泛性及竞争性，易罗公司相关 GIS 数据采集器销售数量的起伏不必然系被告人生产侵权产品所造成的结果，具有不确定性，而被告人侵权产品的销售数量不仅直接反映了侵权行为的客观事实，以其乘以权利人每件产品的合理利润所得之积也直接、客观地反映了权利人被侵权后的直接损失，故本案中公诉机关认定权利人经济损失的计算方法合理、合法，本院予以采纳。就权利人经济损失的具体金额，经司法审计，两被告人销售的侵权产品的具体数量为 1520 台；关于权利人产品的平均利润，公诉机关认为合众思壮公司及易罗公司均是本案商业秘密的所有人及使用人，产品的利润应为易罗公司销售给合众思壮公司下属子公司平均销售利润（552.27 元）及合众思壮公司下属子公司销售给直接用户平均销售利润（1898.50 元）的总和，即每台 2420 余元，本院认为，如前文所述，易罗公司与合众思壮公司均为独立法人，涉案 GIS 数据采集器系由易罗公司组织研发、生产，劳动合同及相关商业秘密的保密协议亦由易罗公司与两被告人所订立，本案商业秘密的权利人应认定为系易罗公司，同样，易罗公司将产品销售给合众思壮公司下属子公司及合众思壮公司下属子公司再销售给直接用户的行为，均系各自独立的行为，缔约独立、销售独立，利润独立，核算独立，故本案权利人经济损失的具体金额应认定为两被告人销售的侵权产品数量（1520 台）乘以易罗公司销售给合众思壮公司下属子公司平均销售利润（552.27 元）所得之积，即 83 万余元，两被告人及辩护人关于本案诉称的损失金额认定有所不妥的辩称本院予以采纳。

综上，本院认为，被告人张某、泽某结伙违反权利人有关保守商业秘密的要求，使用其所掌握的商业秘密，给权利人造成达人民币 83 万余元的重大损失，其行为均已构成侵犯商业秘密罪，应予处罚。公诉机关的指控成立。被告人张某虽经公安机关传唤后主动到案，但到案后对自己的犯罪事实并未作如实供述，依法不应认定为自首，对其辩护人的相关辩称不予采纳。被告人泽某依法不具有自首情节，但庭审中被告人泽某能如实供述自己的犯罪事实，认罪态度较好，依法可予以从轻处罚，被告人张某在庭审中对自己的犯罪事实及行为的性质也有了较好的认识，可酌情从轻处罚。根据本案被告人犯罪的事实、性质、情节和对于社会的危害程度，依照《中华人民共和国刑法》第二百一十九条第一款第（三）项、第三款、第四款，第二十五条第一款，第六十七条第三款，第七十二条第一款、第三款，第七十三条第二款、第三款，第五十三条，第六十四条之规定，判决如下：

一、被告人张某犯侵犯商业秘密罪，判处有期徒刑一年三个月，缓刑一年三个月，并处罚金人民币五万元。

（缓刑考验期限，从判决确定之日起计算。罚金自本判决生效之日起一个月内向本院缴纳。)

二、被告人泽某犯侵犯商业秘密罪，判处有期徒刑一年，缓刑一年，并处罚金人民币五万元。

（缓刑考验期限，从判决确定之日起计算。罚金自本判决生效之日起一个月内向本院缴纳。）

三、被告人张某、泽某的违法所得责令退赔给被害单位。

四、查获的侵权产品及犯罪工具等予以没收。

张某、泽某在社区中，应当遵守法律、法规，服从监督管理，接受教育，完成公益劳动，做一名有益社会的公民。

（二）刑罚适用分析

本案中，张某被判处有期徒刑一年三个月，缓刑一年三个月，并处罚金人民币5万元，泽某被判处有期徒刑一年，缓刑一年，并处罚金人民币5万元。此刑罚结果较为适当。从自由刑来看，被告人张某、泽某给权利人造成的损失额为人民币83万余元。依据最高人民法院最高人民检察院2004年12月22日颁行的《关于办理侵犯知识产权刑事案件具体应用法律若干问题的解释》第7条，实施《刑法》第219条规定的行为之一，给商业秘密的权利人造成损失数额在50万元以上的，属于"给商业秘密的权利人造成重大损失"。张某、泽某的行为已构成侵犯商业秘密罪，应当在"3年以下有期徒刑或者拘役并处或者单处罚金"这一法定刑幅度内判处。法院根据本案具体情形，判处各自一年三个月和一年的有期徒刑符合法律规定，同时，根据其悔罪表现和人身危险性，对其同时适用缓刑，并无不当。

第八节　知识产权犯罪人的司法矫正

知识产权犯罪人作为贪利性犯罪人，既与其他财产犯罪的犯罪人有相同、相似之处，也有其不同特点。司法实践中，知识产权犯罪的被告人适用缓刑率较高，犯罪人往往在社区进行矫正，同时，判处实刑的罪犯仍同其他罪犯一样将在监狱等服刑场所进行司法改造。

一、刑法矫正功能的输出

刑罚执行是刑罚运行过程的最后环节，是我国刑事司法中的一项重要刑事活动。规范化、科学性是其应有之义。目前，我国已初步形成了以宪法为统帅、以监狱法为核心的一整套行刑法律体系，行刑机制较为健全，准确刑罚所必须具备的法律保障基本建立起来。然而，我们也看到刑罚从设定、适用到执行，并非一个简单的、刑事司法机关间机械分工操作和权力配置的刑罚"流动"过程，其整体运行绩效依托于运行中每一环节的本体良性。刑罚由刑法所规定，由是，刑法中的诸多问题自然也与行刑问题唇齿相依、息息相关，从刑法视野审视、检讨行刑问题便别有"洞天"。

（一）刑罚执行与刑罚目的的法定

"刑法是被告人自由的大宪章"，刑法的社会功能从刑罚的发动转变为刑罚发动者的障碍和藩篱，这种保护功能的转变代表了对刑罚本质的一种否定。由于这种变化、发展，在贝卡利亚那里我们明显看到，刑法成为防止刑罚擅自发动的一个规则的集合体，很明显没有刑法也可能动用刑罚，但是，没有刑法却不可能限制刑罚权。先进、科学的刑罚观念既是一个国家刑制先进、文明程度的标志，同时也是当代社会治理犯罪这一复杂变动现象的应有出路。刑罚是"聪明"的人类为了避免肆意的侵害，保全秩序、维护社会的有序、安宁而"发明"的一种制裁措施。从这种方法现世以来，其就以痛苦性、严厉性昭示天下。但应当明确，现代刑罚仅仅是治理犯罪的一种手段，而且也并不是根本手段，在现代国家创立刑罚之始，它在内容上就应当是有效的、价值指向是积极的。

行刑是刑罚内容的具体化，是实现刑罚所预定价值目标的最后过程。行刑目的是刑罚目的的有机内核，是指导行刑活动的最基础理念，其内容如何及其实现程度又直接关乎刑罚目的的实现程度。反过来，没有鲜明、科学、先进的刑罚目的，也就无科学的行刑目的观念。可见，在刑法学中确立科学、明晰的刑罚目的是准确理解行刑的保障和先导。

那么，刑法学界是究竟如何理解我国刑罚目的的呢？一言以概之：观点纷纭、诉争未止。"双重预防说""报应说""报应与预防说""刑罚功能充分发挥说""二元目的说"等仍在探论之中。❶ 刑罚目的上的观点纷呈在昭示刑罚本体论繁荣的同时，也为行刑目的确定及其指导下的行刑活动提供了行刑思想上可能的变数。既然刑罚目的都无法明确，其"旗下"的行刑目的又怎能既定呢？每名行刑人员都有自己的观点，在不同的时间里，也可能会从不同的角度看待行刑活动的目标。行刑的精神、旨意究竟如何，取决了具体行刑人员刑罚观念上的个体差异。也无怪乎仍有人在拷问监狱法"惩罚与改造相结合、以改造人为宗旨"的刑罚观念基础何在？仍还有人在疾呼不应以"罪犯改好率"作为评价监狱效绩的标准！还有人在疑问：行刑是执行法院裁判，为何还要强制对罪犯进行法制、伦理、文化等方面的思想改造？在自由刑中改变、转化他人的思想、观念有无违背基本的法理？诸如此类，似乎"谜团"犹存。这既有认识者主观认识局限的原因，刑罚目的上的模糊与立法缺失恐也难失此咎。改变这一现象既有赖于行刑学界的智力支持，更要依求于刑法学界在刑事一体化视野下最终对刑罚目的取得最大范围的认同。在广泛认可基础上，对行刑活动最具有导向性的莫过于对刑罚目的以及行刑目的在立法上加以"尘埃落定"了。这并非要力图通过强制遵守立法而信守某一刑罚目的观念，而是要在信奉科学先进理念和信守法律权威的基础上使得行刑活动有统一的指向，使得行刑人员再无混沌、摇摆的司法观念。事实上，刑罚目的立法例已不鲜见。《俄罗斯联邦刑法典》第 43 条规定："……二、适用刑罚的目的在于恢复社会公正，以及改造被判刑人和预防实施新的犯罪。"我国《澳门刑法典》第 40 条第 1 条款指出："刑罚及保安处分之目的旨在保护法益及使行为人重新纳入社会"；在第 43 条中又进一步加以明确："……徒刑的执行应以使囚犯重新纳入社会为方针，为此，应教导囚犯，使之能以对社会负责之方式生活而不再犯罪。2. 徒刑之执行亦具有预防犯罪以防卫社会之作用……"❷

（二）刑种本体的清晰与刑罚功能的达成

制刑是刑罚运动的发端，刑罚执行是将法院所确定的刑罚内容加以具

---

❶ 谢望原. 刑罚价值论［M］. 北京：中国检察出版社，1999.
❷ 澳门政府法律翻译办公室等编译. 澳门刑法典、澳门刑事诉讼法典［M］. 北京：法律出版社，1997.

体化，以实现最终刑罚目的的过程。刑种本身的明晰、确定无疑是法院量刑和行刑机关行刑的前提。我国的整个刑罚体系是在长期的司法实践基础上，依据我国国情设定的，体系完备、结构合理、方法人道是其基本特点。但同时，我们也应当看到，在整个刑罚结构和刑种本体内容上仍有诸多问题。一些刑种先天生成上的"不良"为后天执行中的"不足"提供了可能。

"在一个自由受到推崇、自由属于一切人、每一个人都怀有一种'普遍而持久'的情感向往自由的社会里，监禁怎么会不成为典型的刑罚呢？因为失去自由对于一切人都是同样重要的。"❶ 在外国刑法中，自由刑的内容不同，可以将自由刑分为徒刑与监禁。前者是指在犯罪人的人身自由受剥夺期间，必须从事一定的劳动，后者是仅仅将犯罪人予以拘禁。自由刑是我国刑罚体系的核心，"自由刑被赋予矫正罪犯的作用以实现犯罪人的再社会化，自由刑传统上所具有的赎罪、威慑、隔离功能受到限制，首要的位置逐渐让位于矫正功能，原有的羞辱作用与功能则被有意识地加以抛弃和禁止。"❷ 但是，一些自由刑内容本身的不完整性导致了行刑时的实体法律依据缺失。我国刑法第 46 条规定："被判处有期徒刑、无期徒刑的犯罪分子，在监狱或其他执行场所执行；凡有劳动能力的，都应当参加劳动，接受教育和改造。" 这无疑就是有期徒刑、无期徒刑刑种本身内容的规定了，但是却也让我们生发困惑：其一："凡有劳动能力的，都应当参加劳动，接受教育和改造"，那么言下之意，无劳动能力的人，就没有劳动的义务了，同一种刑种之下却设立了不同刑罚内容，是否合乎法理？其二："凡有劳动能力的，都应当参加劳动，接受教育和改造"，规定的仅仅是罪犯的劳动义务，罪犯无接受思想、文化等教育的义务；而监狱法又明确规定了罪犯的接受教育改造义务，并且是将罪犯的生产劳动义务纳入教育改造体系。作为实体法的刑法和作为行刑法的监狱法明显不相衔接。刑法和监狱法的各自规定何者更先进？显然，依据《宪法》第 28 条"惩办和改造犯罪分子"的规定和我国刑事政策加以制定的《监狱法》下的徒刑规定更为可取。由是，我们应当及时修正、充实刑法中徒刑的内容。

---

❶ 米歇尔．福柯．规训与惩罚［M］．北京：三联书店，1999.
❷ 曲新久．刑法的精神与范畴［M］．北京：中国政法大学出版社，2003.

拘役刑也同样存在本体内容的不清问题。《刑法》第43条规定："被判处拘役的犯罪分子，由公安机关就近执行；在执行期间，被判处拘役的犯罪分子每月可以回家一至两天；参加劳动的，可以酌量发给报酬。"从该规定看，行刑时对被判处拘役的罪犯加以监禁无疑是应该的，那么能否对其强制加以劳动改造和思想教育改造呢？换言之，劳动与教育是否为拘役刑本身的内容？若是，是否推论于"参加劳动的，可以酌量发给报酬"之规定？该规定仅仅是就关于"参加劳动可以获取报酬"进行规定，缘何如此扩大成强制义务的理解？若拘役犯没有劳动和思想改造义务，且并不自愿参加，那么执行机关仅仅成了单纯的羁押机关，此又不符合刑罚设定的目的观念！另一问题是，在《刑法》第43条中，规定"在执行期间，被判处拘役的犯罪分子每月可以回家一至两天"，此处既使用酌定的"可以"用语，也未规定能够每月回家者的具体适用对象及条件，那么，又如何能保障行刑当中的准确、合理适用呢？

我们认为，这些问题恐怕都与《刑法》在有期徒刑、无期徒刑、拘役刑刑种本身内容规定上的模糊不清不无相关。意大利、日本等国刑法在自由刑本体规定上的明确、具体值得我们借鉴。《意大利刑法典》第18条第1款规定："法律所称的监禁刑或限制人身自由刑包括：无期徒刑、有期徒刑和拘役。"该法典第22条规定："无期徒刑是终身的，在为此而指定的监狱场所中执行，服刑期间必须劳动并且实行夜间隔离。被判处无期徒刑的人可以获准参加室外劳动。"第23条规定："有期徒刑的期限为15日至24年，在为此而指定的监狱场所执行，服刑期间必须劳动并且实行夜间隔离。被判处有期徒刑的人，在至少服刑1年后，可以获准参加室外劳动。"第25条规定："拘役刑的期限为5日至3年，在为此而指定的监狱场所或者专门区域内，服刑期间必须劳动并且实行夜间隔离。对于被判处拘役的人，可以考虑其才能和以前的职业安排从事劳动，包括不是在监狱场所中组织的劳动。"❶❷《日本刑法典》第12条规定："惩役分为无期和有期两种。有期惩役为一个月以上十五年以下。惩役是拘禁在监狱内服一定劳役。"❸

❶ 马克昌．比较刑法原理［M］．武汉：武汉大学出版社，2002.
❷ 张明楷．日本刑法典［M］．北京：法律出版社，1998.
❸ 张明楷．日本刑法典［M］．北京：法律出版社，1998.

（三）制度衔接与顺利回归

刑罚运行是个复杂的动态化过程，其运行机制有内在规律，其运行过程有其内在要求。因而，刑罚运行中需要制度间的相互协调以及制度间的统一。行刑机关对刑罚的执行是具体展现刑罚痛苦本性，实现刑罚报应的过程，同时也是释放现代刑罚积极预防犯罪功能的过程，由此，刑罚的各种制度运行设计与完善便需围绕此而紧密展开。在现代以自由刑为中心的刑罚体系和"双刑罚目的"观念下，刑罚各种制度的构建，既不能背弃刑罚的报应基础，更不可脱离对未来之罪的预防。从有利于行刑目的和刑罚目的的实现看，刑罚制度体系构建的基点要建立在合理报应、减小、消除罪犯人身危险性和良好行为的养成上。

依据于我国的刑事政策和长期刑事司法实践，我国建立了较为合理的刑罚体系和缓刑、减刑、假释等刑罚执行制度，为罪犯的认罪伏法、积极转化提供了良好条件。但是就与治理犯罪的根本要求和社会发展状况看，刑事制裁体系以及制度间的协调仍不够完善，我们仍有诸多问题亟待深思后的刑法解决。

首先是确立刑事制裁的基础观念问题。在人类长河中，刑罚的出现是人类为维护自身的社会秩序不得已设计出来的对抗犯罪的方法，在人类社会中必然还将继续存在一段时间。但是，显然其价值、功用已经不仅停留在其产生初始意义上的"以恶制恶"，那么，顾及预防未来之罪的观念就应合理吸收。由此看来，我国《刑法》第 2 条关于我国刑法任务的规定虽很明确，但似乎并不先进、科学。该条规定："我国刑法的任务是用刑罚同一切犯罪做斗争，以保护……。"这与现代刑事制裁的一个基础观念并不相符：刑罚是解决刑事责任的基本途径，非刑罚处分措施是刑事责任的重要实现方式。犯罪的后果是刑事责任或曰面临刑事制裁，如今，刑罚牢牢成为实现刑事责任的基本途径，这是可以让人理解的，但不能抹杀非刑罚处分措施的应有地位和独特价值。用"我国刑法的任务，是用刑罚同一切犯罪行为做斗争……"之语，无疑显露出长期占支配地位的刑罚在刑事责任体系中居于独占的传统观念，进一步，还可以说透视出传统重刑思想的影踪。由此，可以想象，在立法上设计出体系协调的刑罚运行制度自然绝非易事，自然也更难奢望会在刑法中构建出完整、科学的非刑罚处分措施和相应的运行制度来。

其次，刑罚运行制度下应否构建更丰富多样的社会化行刑方式、开放性内容？

监禁刑是在剥夺、限制人身自由并在此基础上附加其他内容的刑事制裁方法，其在行刑中体现出的不足与缺陷早已被人认识。赋予监禁刑的执行以开放性、社会化内容，不仅会有利于社会力量的参与改造、帮教，而且更有利于罪犯顺利回归社会。在我国对犯罪分子的行刑实践中，我们积累出许多适合于我国国情、有利于罪犯改悔自新的创新措施与方法，值得认真总结并加以在刑事实体法上加以体现。如我国监狱机关在实践中探索出的恶性较小罪犯"探监同居"、末刑较短犯"刑末探亲"等与目前其他一些国家推行的一些做法具有同效之妙。时至今日，随着行刑改良在全球的推进，各国行刑学界也都提出了适合于本国的一些社会化改造方案，积累了许多有效的做法，值得我们在批判吸收中优化刑法的基础性观念。

第三，要否建构协调、统一的刑罚运行体系？

我们以为，必须注意制度设计中的"上下呼应、左右逢源"。"上下呼应、左右逢源"是强调在制度构建中必须注意，以报应、预防目的为统帅，制刑、量刑、行刑各制度间应配套、衔接。在刑事司法活动中，审判机关的现有法定职能是依法定罪量刑，定罪准确、量刑适当是对其实体上的全部要求。而没有全面地回顾考察、评估罪犯人身危险性的法定职能，其法定任务是在量刑时要考察犯罪人在犯罪时的主观罪过和犯罪前后的一些表现，以便确定合理的刑罚。行刑机关依据审判机关做出的判决和提供的案件材料予以执行，欠缺既往恶性的全面反映，自然也难以全面、准确地考察、评估出罪犯现有的人身危险程度，而这无疑又会相应影响行刑期间对罪犯的针对性改造。如何在行刑前就建立起科学、通畅的罪犯恶性考察、评估制度是摆在我们面前的话题。我们的设想是，由检察机关在社会基层街道组织或社区组织等配合下，在公诉中，提出反映人身危险性程度的考察材料。这样既能保障人身危险性调查的真实、可靠，同时也为审判机关的量刑提供了全面的材料参考。❶另一方面，由于罪犯回归后的再犯可能性并不完全依赖于行刑机关改造的效果，回归时经济的困窘、心理的沉重、社会的压力、技能的欠缺、社会竞争的残酷、不良环境的再次影响

---

❶ 这并不意味着推行量刑时的主观归罪或者抛开犯罪事实唯案内、案外恶性论。

等都会影响罪犯回归，故我们既应当在罪犯释放时对其做出人身危险性的合理评估，同时也应当强化社会组织对释放人员回归时的帮扶机制。因此，在刑事基本法中确立一整套的犯罪人人身危险性考察、评估机制以及在社会上建立起以促进回归人员顺利融入社会为主旨的保障体系是有必要的。

刑法是规制刑罚的基本法，它与刑事诉讼法、刑事执行法等一起形成了刑罚有效运行的规范保障，但刑法是关于刑罚有效运行的初始规范，刑法中关于犯罪与刑罚的基础观念、刑罚体系、刑罚结构等均制约着刑罚的执行，在刑事一体化的视野下，基于保障刑罚执行的最大效度，认真审视并梳理一下现行刑法中的刑罚制度是极有裨益的。

二、知识产权犯罪人的狱内矫正

尽管比例较低，但是，仍然会有一些知识产权犯罪人因被判处实刑，尤其是较长有期徒刑而被收监执行。在监狱内，罪犯在接受监规管理的同时，能够受到规范化的教育改造，以便矫正其恶性，促进其回归。

知识产权犯罪人不同于职务犯罪、暴力犯罪的犯罪人，在监狱内接受改造时，应注意以下几方面的问题。

（一）坚持分类管理

我国监狱长期实行分类关押、分类改造的制度，对于知识产权犯罪人这类群体，应继续坚持对其分类关押、分类管理、分类改造。这不仅是指要将该类犯罪人与暴力性等罪犯的关押、管理相区分，还指对于这一群体内部，也要根据罪犯的具体差异，采取不同的管理、矫正措施。

（1）对知识产权犯罪的罪犯要分类专管。在区分罪犯性别、年龄的基础上，我们要根据知识产权犯罪人的犯罪性质、恶性大小、心理行为特征、入监表现等进行分类管理。如此，才能更好地管理、教育和改造这类罪犯。

（2）配备好专管干警。知识产权犯罪的罪犯能否被改造好，除其自身努力改造外，有一支过硬的专管干警队伍以及良好的矫正体系十分重要。为此，监狱机关就管理知识产权犯人的干警人员选择上，要选配高素质的人员，并对其定期培训，保障其管理、改造罪犯上的相应能力。

（二）开展有针对性的教育改造

1. 注重对知识产权犯罪人思想道德教育的实效性

知识产权犯罪人犯罪的主要思想根源在于其享乐主义、个人利己思想、拜金主义意识严重。监狱对其思想道德教育的过程中，应注意提高思想教育的实效性，创新教育内容与形式，增强教育的感染力、接受度，促进其正确人生观和价值观的形成。

2. 强化心理矫治

根据知识产权犯罪人的心理及行为特征，教育管理人员应制订有针对性的心理矫治计划，邀请社会心理专家、志愿者和警察心理咨询师等一起，对罪犯开展多形式的心理诊断、心理评估、心理疏导、心理矫治。

3. 促进罪犯积极自我教育

在集体教育学习的基础上，应突出知识产权犯罪人的自我教育。教育管理人员应当了解知识产权犯罪人的不同学习需求，通过优化知识产权犯罪人自我管理组织，创新知识产权犯罪人自主学习形式，增加教育内容的可选择性和罪犯自主学习平台、载体与内容。监狱等管理机关应积极创建现代化网络自助平台，开展多种类、多形式的罪犯自我教育活动，引导罪犯乐于自主学习，善于自省反思，以便促使其更快地悔过自新，早日养成良好的思想行为习惯。

三、知识产权犯罪人的社区矫正

"缓刑是一种附条件地不执行原判刑罚的制度，通过缓刑的适用，可以在没有实际执行刑罚的情况下，达到对犯罪人进行教育改造的目的，因而具有明显的刑事政策的意蕴。"❶ 缓刑作为非监禁的刑罚执行制度，有利于避免监禁刑的弊端，消除监禁刑给罪犯带来的痛苦。日常生活工作学习的正常性，使得罪犯能够早日回归社会，同时，附条件的暂时不执行，又会给罪犯带来震慑，促使其认真遵纪守法，遵守缓刑管理规定，接受有效改造。我国《刑法修正案（八）》确定了社区矫正法律制度，在社区矫正中，知识产权犯罪人不脱离社区，按矫正计划学习法律及相关知识，接受教育，培养工作技能，矫正贪利等不良嗜好。

---

❶ 陈兴良. 本体刑法学 ［M］. 北京：商务印书馆，2001：832.

为了有效对知识产权罪犯进行社区矫正，笔者认为，实践中，应当注意以下六方面的问题。

第一，应始终重视社区矫正的价值和实际意义，防止罪犯在社区矫正中走过场。社区矫正作为监督、帮扶罪犯的一种改造方法，实践证明是有效的，也符合教育刑、非监禁刑发展的发展趋势。不过，由于多方面因素制约，一些地方的社区矫正不够健全，导致部分罪犯在社区矫正上效果不明显。司法部门及社会各界应注重社区矫正的社会改造价值，积极支持社区矫正举措，坚决防止知识产权犯罪人在缓刑执行中走过场。

第二，要积极动员社会力量积极参与社区矫正工作。社区矫正价值能否发挥，关键是矫正力量及矫正举措是否到位。而这两者均离不开社会各界力量的有效参与，单纯依靠矫正主管机关一家难以成功。社会是不可分割的群体，作为社会中的每一成员和组成要素，均有义务消除、控制影响社会正常化的因素，均有义务对一些具有反社会性的居民进行帮扶、矫正。社会有关力量及社区居民应充分利用自己的专业力量和优势，投入社区矫正，帮助知识产权罪犯矫正其恶性。

第三，社区矫正应纳入社区建设规划中。社区建设内容庞杂，但是，每一社区都难免会存在"落后分子"，甚至"犯罪人"，为此，在社区建设中，应做好对假释、缓刑等"犯罪人"矫正治理的规划方案，而坚决不能放任自流，任其自由为之。在规划方案中，应重点解决矫正力量、矫正措施、监督方法、考核、物资保障、支援救济手段等，做到方案明了，目标清晰，措施完备。

第四，矫正措施要注重与社区及罪犯个人的实际相结合。矫正措施不能纸上谈兵，不能脱离实际，既要有效矫正罪犯，同时，也不能给罪犯工作生活带来困扰。实践上，要结合罪犯生活工作需要，充分利用罪犯所在社区的各类人、财、物资源开展多样化的矫正教育活动。如，结合他人利益尊重意识的培养需要，可以要求知识产权犯罪人在社区从事绿地维护、修理、清洗健身器材、照顾老弱病残等，帮助其树立良好的道德意识；在培养其公平竞争、积极进取意识上，可以带领罪犯积极参加社区体育、文艺、知识、技能比赛活动，让罪犯在比赛中能够体会到进取的乐趣和受尊重的心理满足，学习到与他人公平竞争的重要。

第五，矫正的内容和形式应丰富多样。单一的形式不仅效果不佳，也缺乏矫正的广度。矫正应契合矫正对象的特点和需求，为此，开展丰富多样的矫正活动是极为必要的。

第六，应对知识产权罪犯加强心理矫正教育，培养其健康的心理和良好的人格。既要防止其消极、懈怠，也要注重健康心理教育和良好人格达成的有效性，杜绝仅从形式以及工作任务的是否完成上来考核其成绩的优劣。

第五章　知识产权保护新需要与刑法完善

第一节　知识产权犯罪的智能化及其应对

知识产权犯罪是一种严重危及经济秩序稳定和经济正常发展的活动。随着国际社会知识产权环境的变化和国内知识产权保护力度的加强，知识产权犯罪的智能特点日益突显，其对经济及知识创新的破坏作用也更为严重，刑事司法工作面临着新情况、新挑战。因而加强对知识产权犯罪智能化特点的认识，寻求相应的应对措施，无疑对更好地打击、防范知识产权犯罪具有重要的现实意义。

一、新形势下知识产权犯罪的智能化特点

知识产权犯罪通常都具有智能性特点，但在新形势下，知识产权犯罪智能化的特点日益明显。这主要表现在以下几个方面。

（一）犯罪人自身知识的智能性

随着人们对知识产权犯罪防范打击能力的增强，犯罪分子也增强了自身犯罪的"能力"。从近几年看，知识产权犯罪分子的学历构成较过去已大为提高，他们的知识、对事物分析、洞察、辨别的能力和犯罪技能也较以前有所提高。他们利用自己的一定能力不择手段地攫取他人财产，以图满足自己膨胀的私欲。

（二）犯罪预备的周密性

对犯罪人而言，知识产权犯罪和其他犯罪一样，同样是一种具有较强

风险和犯罪成本的活动。因而加强犯罪预备的周密性就成为犯罪分子图谋犯罪成功的常用手段。在实践中，他们往往仔细设计、谋划犯罪预案，分析犯罪可能的困难，认真准备犯罪工具、勘察犯罪地形，慎重选择作案对象和作案环境，仔细设计脱逃的方法、手段、路线等。

（三）作案手段的科技性

从近几年的知识产权犯罪看，许多犯罪分子在作案时大量使用科技、网络等手段以达到非法牟利等犯罪目的。之前侵犯知识产权犯罪常见的是食品加工、出版发行、手表箱包等小范围领域，涉案罪名多以假冒注册商标罪、侵犯著作权罪为主，罪名比较集中，而近年侵犯知识产权犯罪罪名逐渐扩大到侵犯商业秘密、非法获取计算机信息系统数据等科技、管理领域所涉罪名。

（四）证据收集困难性

由于知识产权犯罪本身隐蔽性的特征，犯罪分子作案又极其狡猾、隐秘，因而虽然在案件侦查方向、犯罪人范围等的确定上较相对容易确定，但侦查中对犯罪证据的收集、保全却存在着诸多困难。譬如，司法实践中，盗版侵权出版物的查处通常是先由版权、公安、文化等执法部门单独或联合执法，涉案物要经版权鉴定部门鉴定。而著作权鉴定需要提供权利人对鉴定作品的认证材料、出版和制作合同、权利登记证明等系列手续，不过，通常这一手续难以提供，致使鉴定机构将盗版图书、音像制品往往只认定为"非法出版物"，难以作出侵犯他人著作权的认定。

二、传统刑事司法工作面临的挑战

刑事司法工作是我国公安工作的重要一环，在长期的不断探索和理论指导下，目前已形成了一整套具有我国特色的科学有效的经侦组织及工作体系。从根本看，我国的刑事司法工作有两大鲜明特点：一是打防结合、综合治理、体系完整；二是力量完备、组织科学、出警迅速。这种刑事司法工作体系，对我国知识产权犯罪的有效打击、防范起到了关键作用。但在新形势下，知识产权犯罪的智能化对传统的刑事司法工作带来了新的课题，传统刑事司法工作在新形势下的知识产权犯罪打、防中，面临新挑战。这集中表现在以下方面。

（一）知识产权犯罪社会防控的难度加大

犯罪是人类社会的一种伴生现象，它的孕育和生成从根本上取决于人类及其社会的自身状况。因而，犯罪的根本治理之路在于社会发展的和谐以及社会自我克服失范现象的程度，知识产权犯罪的治理也莫不如此。知识产权犯罪的社会防控是由社会主体在社会、经济领域进行犯罪防范的一项复杂的体系性工程。随着知识产权犯罪智能化的突显，社会防控工作对社会防控参与者的知识技能要求势必增强；由于知识产权犯罪本身的隐蔽性，其对防控的人员、范围的要求也必然进一步扩大；在犯罪社会防控的手段要求上也不能仅仅局限于常规的加快经济的发展和社会管理改革、强化社会价值的重整与统一。知识产权犯罪的智能性特点使犯罪的社会预防不能止于传统的个人、社区、社会积极参与的机制，社会预防的方式、途径需要多层次、网络化、系统性。可以说，知识产权犯罪的社会预防在新形势下成本增加，难度增强。

（二）对治安预防深度、广度的要求进一步增强

对知识产权犯罪实施治安预防，是我国犯罪防范的重要途径，司法实践表明，由经侦队伍及经保部门运用职权，加强管理，控制知识产权犯罪行为所需要的或可能利用的外部条件，能够有效地发现和制止知识产权犯罪的发生。其根本要求就在于要通过管理，控制可能被利用实施犯罪或掩护犯罪的环境因素，消除、减少犯罪机会，并运用特殊的专门手段、措施寻找犯罪的迹象，阻止潜在的犯罪人实施和完成犯罪。在传统的工作中，我们常通过主动深入社区、企业、事业等组织进行防范教育。但现代科技渗透到各个经济领域，潜在的犯罪人遍布各个角落，因而知识产权犯罪的智能性特点使犯罪环境的转化、治理变得复杂、困难，加大了捕捉、发现犯罪迹象的不确定性。由此，治安预防的深度、广度必然要随之增强。在犯罪治安的防范手段上，也不能仅仅局限于常规的情报信息收集、重点人员的控制等方面，急需深化、创新一些手段。如帮助企业建立严格的知识产权保护规程和预警、救济机制。同时，对治安预防跟踪监督体系的要求也进一步提高。

（三）案件及时侦破的艰巨性增强

因知识产权犯罪事后追究的特性和其本身的隐蔽性，其案件的侦破往

往具有诸多困难，犯罪智能化的出现无疑又加剧了案件侦破的艰巨性。在司法实践中，有的犯罪分子作案设计周密，及时销毁犯罪证据，未留下对案件侦破有用的线索；有的犯罪人利用高科技作案，长时间未被发现，在败露后又潜逃他地，这些情形都为及时有效地侦破案件增加了难度。

（四）侦查中的协作配合进一步亟待提高

经济活动具有复杂性，犯罪分子也往往"巧妙"地利用多种多样的经济联系来实施犯罪，因而对知识产权犯罪的侦查也需要从多渠道入手来发现、确定侦查线索和收集、固定证据。这必然不能脱离与国内外其他相关职能机关、部门、企业的协作配合。知识产权犯罪智能化对侦查中这种协作配合的要求空前提高。

三、知识产权犯罪智能化的应对

知识产权犯罪智能化特点的出现，是新时期犯罪发展的客观现象。面对这一犯罪状况，我们必须认真思考、积极探索、沉着应对。我们认为，在刑事司法工作中，可以从以下几个方面入手抗制知识产权犯罪的智能化。

（一）深入调查研究，不断掌握新形势下知识产权犯罪智能化的规律

预防犯罪必须首先掌握犯罪的本身特点和发展规律。因而，我们首要的是应实事求是，认真地调查研究知识产权犯罪在新形势下的规律特点及其表现形式，尤其要加强对犯罪智能化现象的分析、研究。在此基础上，要不断总结以往智能性知识产权犯罪侦破、控防的有效途径、措施，为知识产权犯罪的整体治理提供理论支持。

（二）积极探索知识产权犯罪防控的新措施、新手段

知识产权犯罪防控体系是与该时期知识产权犯罪的特点相适应的。因而知识产权犯罪的社会防控也必须以该时期知识产权犯罪的状况而确定。在新形势下，必须以知识产权犯罪发展的现实状况为构建社会防控手段的基础，同时，应不断创新管理方式和方法，依据犯罪智能化的特点，探索治安防范的新措施、新手段。犯罪防控部门应勇于创新，开拓奋进，以"打防并举、关口前移"为指导，摸索出多种行之有效的防范措施，拓宽治理智能性知识产权犯罪的新方法。

（三）进一步加强科技强警的力度

科技是第一生产力，科技出效益。在犯罪智能化的新形势下，科技建警、科技强警就具有更为重要的现实意义。目前，应重点加强一线经侦科技的研制、开发以及基层现代科技设备的装配等工作，以适应有效打击智能知识产权犯罪的需要，切实夯实打击智能性知识产权犯罪的物质基础。

（四）进一步加强组织队伍的业务素质建设

经侦队伍是担负经济案件侦破和犯罪预防的专业队伍，人员建设历来是刑事司法工作的重要内容。在长期的刑事司法工作中，我国的经侦队伍建设不断开创佳绩，但同时一些地方也存在着人员结构不够合理、专业素质有待提高、创新意识不强的状况。在新形势下，随着犯罪智能化情形的出现，对经侦队伍业务素质的要求进一步提高，讲政治、懂科技、肯钻研、善创新成为经侦人员的内在要求。目前首要的，是应做好以下工作：第一，应加强一线经侦人员的业务培训，使其掌握工作必备的现代科技知识、知识产权犯罪发展的规律、特点以及新时期经济侦查的常用手段、策略。第二，采取有效激励机制，调动广大经侦人员，尤其骨干经侦人员学科技、钻业务的积极性。第三，加强对智能性知识产权犯罪侦查预案的编制、研究，制订出科学、机动、有效的侦查预案，从而为有效及时打击犯罪提供智力准备。

（五）进一步加强国内外的刑事司法协作

积极开展有效的刑事司法协作是案件侦破的重要保障。知识产权犯罪的智能化使知识产权犯罪侦查中的刑事司法协作变得尤为重要。在新时期，可以在以下两方面加强工作：

一是就犯罪人犯罪事实调查、嫌犯查控、证据收集等在国内外加强协作。在长期的侦查实践中，我国经侦部门与异地经侦部门多次开展积极有效的合作，积累了丰富经验。目前应加强在国际范围内就上述工作如何与国际刑警组织及有关国家警察部门如何协作的思考，探讨有效合作的新途径、新方式。

二是应加强智能性知识产权犯罪情报信息以及知识产权犯罪打防专业力量的交流培训。我们不仅要重视国内智能性知识产权犯罪情报信息的定期相互交流，加强对经侦人员交流培训的力度。同时，也应重视分析、利用有关国际组织、专业商会、国际资信调查机构已有的情报信息、技术力量，与之开展平等、有效的合作，以促进我国知识产权犯罪防治工作的开展。

第二节　国外知识产权的协调保护与刑事保障❶

美国十分重视知识产权的协调保护，通过多种途径强化对知识产权权利人权益的尊重与维护。刑法保障是维护合法权益的积极手段。美国在民事、行政等途径之外，努力通过对知识产权侵权行为的入罪与刑事司法推动对知识产权的保护。

一、美国对知识产权的协调保护

美国建立了相应的专门机构，强化部门间以及与国外执法机构的合作，积极推进本国知识产权的协调保护。美国知识产权的保护方式主要是司法保护。版权、注册商标、专利、植物品种、集成电路图设计等侵权案件的初审法院为联邦地区法院。如原被告双方有不服，可向联邦巡回法院上诉，联邦巡回法院的判决为终审判决。在行政程序上，美国国际贸易委员会根据《美国关税法》，对包括侵犯产权的进口商品的案件拥有管辖权。美国海关有权对准备进口美国的假冒商品或盗版商品实施扣押。2005年以来，美国大力加强了打击盗版的举措。在2005年，美国最高法院裁定，任何辅助盗版文件交换的P2P软件开发商，均可以被告上法庭。同年，美国政府还首次设立了一个协调各部门打击知识产权侵权行为的职位，以加强对知识产权的保护。美国的"全国知识产权协调中心"（IPR中心）是美国治理侵犯知识产权行为的重要机构。该中心设于美国海关总署内，为多边协调机构，其负责协调政府各部门有关知识产权执法的行动。该中心的成员来自海关总署和联邦调查局，重点监控对象为重要犯罪组织和利用网络侵犯知识产权者。该中心的职责有以下6项：对美国政府涉及知识产权

---

❶　本部分内容曾最早发表于2008年，现稍有修改、补充。详见穆伯祥. 美国知识产权的协调保护与刑事保障［J］. 法制与经济，2008（5）：43-44.

的国内和国际执法行动进行协调；集中收集私人企业提供的情报，在具体的执法行动中充当政府与私人企业合作的桥梁；对有关知识产权犯罪的国内和国际执法情报以及私人提供的情报进行整合；为有关部门提供知识产权情报以便利其开展调查，制订策略；增强开展调查、收集情报和查禁的能力；在知识产权执法中，充任政府、国会、媒体机构的联络中心。

国际反假冒联盟（IACC）是成立于美国的一民间机构，现已成为致力于打击伪造产品的最大国际组织，其成员的构成从汽车、服装、奢侈品和制药业到食品、书籍出版、软件及娱乐业。其为美国国内外的执法官员组织培训，提供鉴别伪造及盗版产品的咨询与培训，防止其成员的知识产权不受非法侵犯的产品安全方法，提供旨在增加对专利、商标、版权、服务标记和交易机密予以保护的反仿冒方案。此外，还对美国及国外的知识产权执行状况提供评论，并参与旨在改善知识产权执行标准的地区及国际性项目，是美国反跨国侵犯知识产权的重要力量。其在世界各地还与各国政府进行了大量对话，致力于创造一个安全的环境，使其成员的知识产权不受非法拷贝、侵犯及其他形式的窃取。

二、美国知识产权的海外协调保护

除司法程序外，美国还利用行政手段防控海外侵犯知识产权的行为。手段之一是启动 1930 年《美国关税法》第 337 条规定的行政调查程序，该程序由国际贸易委员会（ITC）来运行。美国企业认为某一货物的进口侵犯了其知识产权时，即要求国际贸易委员会启动该程序，在该企业有证据证明进口产品对其知识产品构成侵权时，国际贸易委员会就有权暂时或永久禁止该产品的进口。根据相关规定，行政调查程序应在 1 年内结束，取证和庭审应在 7 个月左右完成，即使是复杂的案件，也只能将调查延长半年，因而该程序也是当事人保护知识产权权益中节约诉讼资源的优良手段之一。

保护美国在海外的知识产权，是美国外交政策的重要任务之一。美国早在 20 世纪 70 年代就制定了相关法律，其中最著名的就是特殊 301 条款。该条款规定，美国贸易谈判代表要呈送一份年度报告，列出拒绝有效保护美国知识产权的国家，并同时列出重点国家。在确定重点国家后的 30 天内，美国贸易代表开始对这些国家的知识产权保护情况进行调查，在半年内做出是否采取报复性措施的决定，即可能实施进口限额、增加进口关税，或取消贸易最惠国待遇。同时，美国贸易代表办公室还会在每年一度的国别贸易壁垒报告中，对各国在知识产权保护方面的情况进行评估。

2005 年 9 月，美国派出"美国知识产权专家组"到海外参与当地政府的打击盗版活动，他们在打击盗版上和当地政府进行合作，并对重大盗版案件进行监督。美国公司、企业自身在海外反跨国侵犯知识产权是美国海外反知识产权犯罪体系中的重要一环。2006 年，微软公司在英国格拉斯哥地区打击软件盗版，在对 12 个公司进行了为期三年的盗版调查后，英国法院判决每个采用盗版软件的公司向微软公司支付 75 000 英镑的赔偿。此后，微软公司启动了新一轮名为"保持真实 IT"的反对盗版活动，三年内在英国企业中派遣了二个调查小组对软件许可进行核查，调查小组对怀疑有盗版行为的 800 多个英国公司进行调查，力图把盗版软件削减 5% 。美国公司企业的亲历海外反跨国侵权，不仅维护了自己的知识产权权益，而且无形中扩大或巩固了其在国际上的影响，引起越来越多的跨国大公司投身其中。

三、美国知识产权协调保护中的刑法措施

在通过知识产权法中的规范知识产权使用、管理的规定加强对知识产权不法行为的预防、管理外，美国还设立了一些刑事规范来惩治侵犯知识产权的犯罪行为。

（一）美国对著作权的刑法保护

美国于 1897 年就开始了对戏剧作品著作权的刑事立法保护。随着美国经济、社会的发展，12 年后，美国扩大了知识产权刑事保护的范围，将知识产权的范围全部涵盖进去。1976 年，在原有刑事立法的基础上，美国对侵犯知识产权的犯罪作了进一步规定。为适应制裁盗版犯罪的需要，1992年，美国加强了刑事惩罚的强度。《美国著作权法》第 506 条规定了相关著作权犯罪，依据该条规定，为了商业利益或以个人谋利为目的，故意侵犯版权的，应依照第 18 编第 2319 条予以处罚。

（二）对专利权的刑法保护

依据《美国专利法》第 292 条规定，虚假专利标记罪是指几种行为之

一：第一，未经专利人同意，在其所制造、使用或者出售的物品上，标注、加附或者在该物品有关的广告中使用专利权人的姓名或者姓名的伪造、专利号或者"专利""专利人"等类的字样的标记，以图伪造或者仿造专利权人的标记，或者以图欺骗公众使其相信该物品是经过专利权人同意而制造或者销售的行为；第二，为了欺骗公众，在未取得专利权的物品上标注、加附，或者在与该物品有关的广告中使用"专利"字样或者任何含有该物品已经取得专利权之意的其他字样或者号码的行为；第三，为了欺骗公众在其并未申请专利，或者已申请而非审查中时，即已在物品上标注、添附，或者在有关的广告中使用"已申请专利""专利在审查中"字样，或者任何含有已经申请专利之意的其他字样的行为。对该行为，应处最高 500 美元的罚金。任何人均可以要求对冒用者予以处罚。在此类案件中，罚金的一半将付给控告人，另一半收缴政府所有。

美国现行的专利法中也规定了对侵犯专利犯罪的处罚。1984 年美国在《美国商标假冒条例》中对假冒商标的行为规定了刑事制裁措施。依据该法，所谓假冒商标罪，是指在商品使用或服务贸易中，使用与在这些商品或服务上逐步注册的商标相同或者不能区别的欺骗性的商标的行为。构成该罪的，应受 25 万美元的罚金或者 5 年的监禁或者数刑并罚。如果是非个人，则应受到 100 万美元的罚金。

（三）对侵犯商业秘密的刑法保护

为保护财产性经济信息和其他目的，美国第 10 届国会第 2 次会议于 1996 年 1 月 3 日通过了 1996 年《美国反经济间谍法》，并将其纳入《美国法典》第 18 篇。在 1996 年《美国反经济间谍法》中，规定了经济间谍罪和窃取商业秘密罪两个罪名。依据该法，经济间谍罪是指以图或者明知其行为将使外国政府、外国机构或者外国政府代理人受益，而故意实施下列行为之一的行为：窃取或未取得适当授权而取得、掠取或隐匿，或者以欺诈等方法获取此等信息；未经授权而拷贝、复制、素描、绘制、拍摄、下载、上传、变更、毁损、影印、重制、传送、交付、寄送、传播此信息；明知该信息系被窃取、盗用或者未经授权而取得或占有，而收受、购买、持有这些信息。与 1 人或多人共谋实施第一至第三种行为之一，而其中 1 人或多人为达成共犯之目标已着手实施的，对于自然人应处于 15 年以下监禁或处以 50 万美元以下的罚金。对于任何团体实施上述行为的，应处以

1000 万美元以下的罚金。

窃取商业秘密罪是指意图将为洲际贸易或外贸而生产、销售之产品中的营业秘密，转化为营业秘密所有人以外其他任何人的经济利益，且明知此行为将对营业秘密所有人造成伤害而仍故意实施的行为。意图实施上述任何行为，或者与 1 人或多人共谋实施上述任何行为，而其中 1 人或多人为达成其共犯之目标已着手实施的，对于自然人，应处最高 50 万美元的罚金；对于任何法人团体实施上述行为的，应处 500 万美元以下的罚金。

尤其应该指出的是，依据该法规定，上述规定也适用于美国境外所发生的下列行为：侵害行为人为自然人，且为美国公民或者拥有永久居留权者，若为团体，则为根据美国联邦法律、洲际法律或者其所属于各级政府所组织之团体；犯罪行为过程中的任何一行为系原生在美国境内的。从该规定不难看出，美国公民或团体在海外从事跨国侵犯商业秘密的行为以及行为中涉及美国的，均可以依照该法予以处罚，由此，更加明确了该法对于防治跨国侵犯知识产权的积极意义。依据该法规定，法院处罚各罪犯的，除其他处罚外，应责令向美国政府清缴下列犯罪财产：犯罪人直接或间接地获得的、构成或导源于作为犯罪结果的收入的任何财产；法院根据案情，考虑性质、范围和比例，认定的在犯罪中或为帮助犯罪，以任何方式、任何部门，使用或企图使用的犯罪人的财产。

第三节　知识产权刑法保护的完善

我国现行刑法对知识产权的保护建立了一套有机体系，对于知识产权的有效保护发挥了重要作用，有效地维护了市场主体利益和知识产权人的正当权益，促进了社会创新机制的正常发展。刑事司法保护上，人民法院等机关充分发挥司法职能，依法追诉知识产权犯罪，有效打击了知识产权犯罪的发生、发展。据统计，2014 年，全国地方人民法院共审结涉知识产权刑事一审案件 10 803 件，同比上升 17.27%；生效判决人数 13 904 人，同比上升 3.58%；给予刑事处罚 13 734 人，同比上升 3.54%。其中，审结侵犯知识产权罪案件 5103 件，生效判决人数 6959 人；涉及侵犯知识产权的生产、销售伪劣商品罪案件 3856 件，生效判决人数 4474 人；涉及侵犯知识产权的非法经营罪案件 1663 件，生效判决人数 2210 人；涉及侵犯知识产权的其他罪名案件 181 件，生效判决人数 261 人。在审结的侵犯知识产权罪案件中，假冒注册商标罪案件 2031 件，生效判决人数 3003 人；销售假冒注册商标的商品罪案件 1903 件，生效判决人数 2410 人；非法制造、销售非法制造的注册商标标识罪案件 397 件，生效判决人数 617 人；假冒专利罪案件 1 件，生效判决人数 0 人；侵犯著作权罪案件 722 件，生效判决人数 850 人；销售侵权复制品罪案件 12 件，生效判决人数 20 人；侵犯商业秘密罪案件 37 件，生效判决人数 59 人。❶

不过，尽管我国的知识产权刑法保护在立法、司法乃至刑事执行上成效显著，但从司法实践及现实需要看，我国的刑法立法及司法仍存在一些不足，尚待不断完善。

一、我国知识产权刑法立法、司法中的主要不足

（一）集中立法模式有一定局限性

我国现行刑法采用将严重侵犯知识产权的犯罪行为集中规定，列专节排列的模式，即集中立法。在我国《刑法》分则的第三章第七节，共规定了假冒注册商标罪、销售假冒注册商标的商品罪、非法制造或者销售非法制造注册商标标识罪；侵犯著作权罪、销售侵权复制品罪；假冒专利罪；侵犯商业秘密罪七个知识产权罪名，就知识产权刑法保护进行了统一、集中规制。此种立法模式优点在于，既有利于刑法罪名的系统化、集中化，增强刑法的科学性、统一性和体系性，也便于司法机关适用和社会各界学习掌握。这种立法模式，凸显了刑法的威慑性，彰显了对知识产权刑法保护的严正立场。不过，任何事物均有两面性，此种立法模式尽管集中、统一，但另一方面在适应知识产权保护的新问题、新要求上难免会僵化，对知识产权犯罪新问题、新要求的反应慢，自我调整、完善的活力不足。

与此同时，知识产权的刑法保护在促进科技文化进步的同时，科学文化的发展及科技技术创新也给现行刑法立法带来挑战。新的科技遭严重侵权要否刑法介入？刑法的边界要否扩大？这无不冲击着刑法既有的罪刑规

---

❶ 最高人民法院. 中国法院知识产权司法保护状况(2014)［N］. 人民法院报，2015 – 04 – 21（02）.

范。一旦采用集中立法模式，刑法典作为法律体系中的基本法典，所需要的稳定性和权威性就必须受到尊重，不能对其随时修改、变动。而在科技、文化快速发展的形势下，知识产权刑法保护领域出现的新情况、新问题确是不争事实，刑法既有知识产权犯罪条款中的某些规定在新形势面前显现出有些不合时宜和无能为力。在这种情况下，一面是刑法典的稳定需要，另一方面却又是呼唤刑法的需要。如果知识产权的刑法保护体系不适时完善，就不能及时回应新技术发展的要求，不利于对知识产权的有效保护。

（二）知识产权刑法保护的现有范围过窄

我国现有的知识产权权益非常广泛，不过，能够受到我国刑法所保护的类别却比较有限。受制于立法时的经济社会发展状况及犯罪态势，我国1997年《刑法》保护的基本是传统的知识产权，对于一些新出现的重要权利类型并未规定。在一些新型知识产权权利被其他法律赋予、明确的情况下，严重侵权行为得不到刑法的立法保护，从而造成新型知识产权法律保护体系上的断裂。譬如，我国《植物新品种保护条例》对植物新品种权进行了立法保护，《商标法》《地理标志产品保护规定》对地理标志专有权进行了立法保护。不过，现行刑法却没有关于这些权益的立法保护。尽管《植物新品种保护条例》第40条规定"假冒授权品种……构成犯罪的，依法追究刑事责任"在现实中，却对此无真正的罪刑规范。何谓"假冒授权品种"？达到何种程度？是造成他人经济损失，还是有非法获利额等方能构成犯罪？其刑罚配置是什么？这些问题都亟待解决。再如，现行刑法保护的是注册商品商标，那么，侵犯注册服务商标的行为如何处理？难道该行为不具有危害性吗？司法实践中，严重侵犯注册服务商标的行为依然存在。而从TRIPs和其他一些国家的法律看，注册服务商标同样受到了刑法保护。TRIPs协定第16条明文规定：注册商标的所有人对其商标具有专属权，未经许可，第三方不得擅自在相同或相似产品或服务上使用相似、相同标识，否则应予以刑事惩罚。

（三）现行部分知识产权罪刑规范有待进一步明确

法律规范的明确、具体有利于正确理解刑法规范与司法。《刑法》第217条第4款规定，未经著作权人同意、制作、出售、假冒他人署名的作品，违法数额较大、情节严重的，构成犯罪。这里的"他人署名"指的是什么？是指他人的姓名权还是署名权？法律规范列明得不够明确、具体。

（四）侵犯专利权的犯罪行为类型过于单一

专利法赋予了实用新型和发明专利人的权利，但是，刑法却没有对其进行保护，缺少对犯罪行为的相应规定。现行《刑法》第216条假冒专利罪采取了简单罪状形式，犯罪行为类型及内部构造的理解与认定较为困难。在专利侵权行为中，一般存在有专利侵权行为和冒充专利行为两种类型，前者是侵权人对专利人专利独占性的侵犯，侵害的是专利权权利人的权利，主体确定；后者是将非专利产品冒充为专利产品的行为，侵害的是专利使用者的权利，有可能是不特定的群体。不论何种行为类型，二者均对社会造成了危害，侵害了国家专利管理制度，损害专利权人和消费者的合法权益。严重情形的两种行为都应受到刑法保护。

（五）商业秘密的刑法保护力度不足

从TRIPs协定看，一些具有新型化学成分的产品如需在异国获得市场准入许可，则应将该产品的配料及其保密内容一并交到该国主管部门，为防止不当的商业利用，该国赋有对其保密的义务。对此类国外商业秘密，我国刑法目前无法保护。

（六）罚金刑数额的确定及有效执行需要完善

最高人民法院、最高人民检察院《关于办理侵犯知识产权刑事案件具体应用法律若干问题的解释（二）》第4条规定，"对于侵犯知识产权犯罪的，人民法院应当综合考虑犯罪的违法所得、非法经营数额、给权利人造成的损失、社会危害性等情节，依法判处罚金。罚金数额一般在违法所得的一倍以上五倍以下，或者按照非法经营数额的50%以上一倍以下确定。"尽管有了比例罚金制，但是，在司法实践中，有的被告人被判处罚金3000元，难以给罪犯带来刑罚痛苦，不利于剥夺其再犯能力。有的被告人被判处几十万元、上百万元罚金，但是，能否有效执行，面临不确定性。如何增强罚金刑的严肃性，确保执行到位，应是需要解决的问题。

（七）受害人权益的专门救济途径有限

知识产权案件中，被害人一般是通过民事诉讼来维护自己的权利，但是，又受制于我国刑事附带民事赔偿法定范围的限制。实践中，有的被告人愿意与被害人达成民事赔偿和解协议，从而有利于减轻其自由刑的承担，这客观上有利于受害人权益的保护。不过，这并非是专门救济途径，实践中，有一些被告人也不愿或者无能力给予被害人赔偿，如此一来，被害人权益的维护途径显得较狭窄、有限了。

二、完善我国知识产权刑法保护制度的设想

（一）设置知识产权犯罪的单行刑法规范

单行刑法不仅既能保障刑法典的稳定性、权威性，又能灵活适应新情况、新形势，具有较强的适应性。随着知识产权保护面临的新问题、新情况逐渐增多，知识产权刑法保护制度可以及时修改完善，通过单行刑法规范对新出现的情况及时作出回应，以适应形势的需要。单行刑法能够灵活地对新的侵犯知识产权行为入罪化，做出及时的刑事反应，保障创新的动力与活力。同时，还应进一步细化相关犯罪规范，完善对罪状和犯罪行为特征的状述。

（二）适当扩大保护范围

刑法应结合司法实践需要和现有经验，对危害严重的新型知识产权侵权行为入罪化。譬如，可以将地理标志、动植物新品种、集成电路布图设计权、服务商标、非注册驰名商标等作为刑法保护对象纳入刑法保护范围。

（三）注重并充分发挥罚金刑的作用

财产刑的适用能使犯罪人受到精神痛苦，削弱或剥夺其再犯能力。司法实践中，应切实重视并发挥好罚金刑的作用，既要使罪犯受到痛苦，受到教育，也要保障判后的有效执行。我们要反对不重视罚金刑的观点，同时，也要反对唯罚金论，片面夸大罚金的作用，降低了对自由刑适用的重视。

参考文献

［1］赵秉志，田宏杰．侵犯知识产权犯罪比较研究［M］．北京：法律出版社，2004.

［2］莫洪宪，贺志军．多维视角下我国知识产权的刑事保护研究［M］．北京：中国人民公安大学出版社，2009.

［3］刘科，程书兵．侵犯知识产权犯罪专题整理［M］．北京：中国人民公安大学出版社，2008.

［4］郑成思．知识产权——应用法学与基本理论［M］．北京：人民出版社，2005.

［5］蒋言斌．知识产权制度反思与法律调试［M］．北京：知识产权出版社，2007.

［6］王志广．中国知识产权刑事保护研究（理论卷）［M］．北京：中国人民公安大学出版社，2007.

［7］赵国玲．知识产权犯罪调查与研究［M］．北京：中国检察出版社，2002.

［8］赵秉志．侵犯知识产权犯罪专题整理［M］．北京：中国人民公安大学出版社，2008.

［9］赵秉志．侵犯著作权犯罪研究［M］．北京：中国人民大学出版社，2008.

［10］雷山漫．中国知识产权刑法保护［M］．北京：法律出版社，2014.